Geschichte Spaniens
1400–1800

HARTMUT HEINE

Geschichte Spaniens
in der frühen Neuzeit
1400–1800

VERLAG C.H.BECK MÜNCHEN

‚Geschichte Spaniens. 1400–1800' ist der zweite Band
einer auf drei Bände angelegten
Geschichte Spaniens vom Mittelalter bis zur Gegenwart

Mit 3 Karten und 2 Stammtafeln

CIP-Kurztitelaufnahme der Deutschen Bibliothek

Heine, Hartmut:
Geschichte Spaniens in der frühen Neuzeit:
1400 – 1800 / Hartmut Heine. – München: Beck, 1984.
ISBN 3 406 30296 3

ISBN 3 406 30296 3

Umschlagentwurf von Bruno Schachtner, Dachau
(Unter Verwendung eines Kupfers von Francisco de Goya:
Der Blinde auf den Hörnern des Stieres.)
© C. H. Beck'sche Verlagsbuchhandlung (Oscar Beck), München 1984
Gesamtherstellung: C. H. Beck'sche Buchdruckerei, Nördlingen
Printed in Germany

Inhaltsverzeichnis

I. Spanien am Vorabend seiner politischen Einigung

1. Grenzen und Demographie

Obwohl die verschiedenen politischen Machtstrukturen auf dem Boden der Pyrenäenhalbinsel dank ihres gemeinsamen historisch-kulturellen Werdegangs – so durch die Zugehörigkeit zur römischen ‚Hispania' und zum Nachfolgereich der Westgoten sowie den gemeinsamen Kampf gegen die Mauren – und der Geschlossenheit ihres geographischen Rahmens seit der Eroberung Córdobas (1236) geradezu prädestiniert schienen, sich rasch zu einem Nationalstaat zu vereinigen, deutete noch im frühen 15. Jahrhundert wenig darauf hin, daß eine solche Entwicklung auch tatsächlich stattfinden würde. Der Grund hierfür war nicht so sehr jene sprachliche Vielfalt, die im späten Mittelalter weit weniger den Rang des Außergewöhnlichen beanspruchen konnte als dies heute der Fall ist – immerhin war Kastilisch oder Spanisch nicht nur die Sprache der Königreiche Kastilien und Navarra, sondern behauptete auch in Portugal und den Ländern der Krone Aragon die Stellung einer Kultur- bzw. Verwaltungssprache –, sondern vielmehr die Tatsache, daß keines der christlichen Königreiche in der Lage war, seinen Führungsanspruch nachhaltig gegenüber seinen Nachbarn durchzusetzen.

So wurde Kastilien, das aufgrund seiner Ausdehnung, seiner Bevölkerungszahl und seiner zentralen geopolitischen Lage zu einer Integrationsrolle berufen schien, durch häufige innere Wirren und durch die Verstrickung in die Jahrhunderte während Auseinandersetzung zwischen England und Frankreich an der Wahrnehmung dieser Rolle gehindert oder zog es vor, seine expansionistischen Kräfte weiterhin vorrangig in den Dienst der Reconquista zu stellen. Im Gegensatz zu Portugal, wo die frühe Vollendung der Reconquista (1250) und ein wachsendes Engagement im atlantischen Raum bereits ein solches Maß an Nationalbewußtsein geschaffen hatte, daß nur noch wenig Raum für gemeinsame iberische Interessen verblieben war, erfreute sich der Einheitsgedanke in den Ländern der Krone Aragon – insbesondere durch Kardinal Margarit, den Kanzler Johanns II. – zwar eines gewissen intellektuellen Zuspruchs, doch richtete sich auch hier die Politik der Krone, soweit es die inneren Probleme zuließen, vornehmlich auf die Sicherung außeriberischer Interessen. Folglich lassen sich die Ereignisse und die sozio-politischen Gegebenheiten Kastiliens und der Krone Aragon während des frühen 15. Jahrhunderts auch nicht auf einige wenige Fakten reduzieren, die dem 1469 einsetzenden Einigungsprozeß eine unumstößliche Logik verleihen würden – der Suche Johanns II. von Aragon und des isabelinischen Lagers in Kastilien nach Verbündeten im iberischen Ausland kann, trotz ihrer Bedeutung, eine solche Rolle nicht zugesprochen werden –, sondern es ist gerade das Wissen um die Vielfalt der z. T. widersprüchlichen Faktoren jener Epoche, das ein gewisses Verständnis dieses Vorgangs ermöglicht.

Am Vorabend seiner über 40 Jahre während Entstehung gliederte sich das Gebiet des zukünftigen spanischen Königreichs in vier, völlig voneinander unabhängige, politische Einheiten. Das Königreich Navarra, mit dessen Eingliederung der Einigungsprozeß 1512 seinen Abschluß fand, umfaßte ungefähr die heutigen spanischen Provinzen Navarra und Logroño sowie einige kleinere Gebiete im Süden Frankreichs. Es war der kleinste dieser Staaten. Das Emirat Granada, das als einzige der ‚Taifas‘ oder maurischen Kleinstaaten der christlichen Reconquista widerstanden und seit dem Beginn des 15. Jahrhunderts nur noch geringe territoriale Einbußen erlitten hatte, erstreckte sich ungefähr über die heutigen Provinzen Granada, Málaga und Almería. Eine zentrale Rolle beim Zusammenschluß der hispanischen Völker kam jedoch Aragon und Kastilien zu, die neben Portugal seit mehr als 300 Jahren die Geschicke der Pyrenäenhalbinsel beherrschten.

Kastilien war im Kampf gegen die Mauren, der sieben Jahrhunderte zuvor in den Bergen Asturiens seinen Anfang genommen hatte, zu Macht und Ansehen gelangt. Es kontrollierte seit der Einverleibung Leóns (1230) den Norden und das Zentrum der Halbinsel und besaß seitdem die beste Ausgangsposition für die Ausdehnung seines Einflusses in den noch maurischen Süden. Zu seinem Territorium gehörten in der zweiten Hälfte des 15. Jahrhunderts nicht nur Galicien, Asturien, das Baskenland sowie Alt- und Neukastilien, sondern auch die südlichen Regionen Extremadura, Murcia, Jaén, Córdoba und Sevilla, d. h. ein Gebiet von ungefähr 355 000 km². Wenngleich einige dieser Gebiete, wie etwa Asturien und das Baskenland, noch über weitreichende autonome Machtstrukturen verfügten, trug Kastilien doch schon die grundsätzlichen Merkmale eines Einheitsstaates.

Kastiliens östlicher Nachbar hatte dagegen eine völlig anders geartete politische Struktur, die es erlaubt, die Krone Aragon auch als die katalanisch-aragonische Föderation zu bezeichnen. Ihr politisches Herzstück war Aragon, das seinen Ursprung in der in den Pyrenäen gelegenen karolingischen Grafschaft gleichen Namens hatte. Sein Gebiet umfaßte die heutigen Provinzen Zaragoza, Huesca und Teruel. Die Föderation von Aragon und Katalonien bestand seit dem Verlöbnis Petronilas, der Tochter Ramiros II., mit Raimund Berengar IV., dem Grafen von Barcelona (1137). Die Herrschaft Barcelona war, ebenso wie andere von ihr beherrschte Grafschaften beiderseits der Pyrenäen, ein Relikt der karolingischen ‚Marca Hispanica' und wurde mit dem Abschluß der Reconquista entlang der nördlichen Mittelmeerküste das Zentrum des neuentstandenen Katalonien. Das dritte Glied der Föderation, Valencia, erstreckte sich von der Ebromündung entlang der Mittelmeerküste bis an das kastilische Murcia und entsprach in seiner Ausdehnung ungefähr der heutigen Region gleichen Namens. Neben der Eroberung Valencias – das bis dahin eine der bedeutendsten ‚Taifas' war – war auch die Reconquista der Balearen (1229–1235) das gemeinsame Werk Aragons und Kataloniens, und es waren größtenteils Katalanen, die in der Folgezeit diese Gebiete besiedelten.

Die Macht der Krone Aragon beschränkte sich jedoch nicht nur auf dieses, ungefähr 110000 km² umfassende Gebiet, sondern hatte sich seit dem 13. Jahrhundert auch ständig auf das westliche Mittelmeer ausgedehnt. Seit Peter III. den Thron Siziliens im Gefolge der Sizilianischen Vesper (1282) bestiegen hatte, gehörte die Insel zur Krone Aragon. Sie wurde entweder direkt oder von Angehörigen des aragonischen Königshauses verwaltet. Den vorläufigen Höhepunkt dieser Expansion bildet 1325 die endgültige Inbesitznahme Sardiniens. Die zeitweilige Einflußnahme der Krone Aragon auf die griechischen Herzogtümer Athen, Neopatras und Salona durch die sogenannte Katalanische Gesellschaft, oder Almogavaren, endete dagegen schon im späten 14. Jahrhundert.

Es gibt leider keine verläßlichen Unterlagen, die eine genaue Bestimmung der Bevölkerungsdichte Spaniens in dieser Epoche zulassen. Die Daten der wenigen, hauptsächlich zu Besteuerungszwecken durchgeführten Volkszählungen beziffern im allgemeinen nur die Anzahl der Haushalte und lassen folglich sehr unterschiedliche Koeffizienten zu. Das Königreich Navarra zählte im späten 15. Jahrhundert ungefähr 100000 Einwohner. (Schätzungen, die für 1512 eine Bevölkerungszahl von ca. 150000 für zulässig halten, sind wesentlich zu hoch gegriffen.) Etwa 300000 Menschen lebten im Emirat Granada im Jahr seiner Zerstörung (1492), während die entsprechende Zahl für das Königreich Kastilien auf weniger als fünf Millionen, d. h. auf ca. ein Drittel der Bevölkerung Frankreichs, geschätzt wird. (Schätzungen von sechs bis siebeneinhalb Millionen – bezogen auf die 150000 Haushalte der Erhebung von 1482 – beruhen auf einem unvertretbar hohen Koeffizienten.) Die größten Städte Kastiliens waren Sevilla (ca. 75000) und Córdoba (maximal 35000), die beide im Süden Andalusiens und damit im volkreichsten Teil des Königreiches lagen. Ihnen folgten Toledo, Valladolid, Salamanca, Medina del Campo und Burgos, bei denen die Größenbestimmungen zwischen 15000 und 25000 schwanken. Neuere Forschungsergebnisse geben indessen zu der Warnung Anlaß, außer im Fall Sevillas, von mehr als 20000 Einwohnern auszugehen.[1]

In den Ländern der Krone Aragon lebten weniger als eine Million Menschen. Von diesen entfielen ungefähr je 300000 auf Katalonien und Valencia, unter 250000 auf Aragon, ca. 80000 auf die Balearen und weitere 50000 auf das Roussillon und die Cerdagne. Größte Stadt beider Königreiche war Valencia, deren Bevölkerung von ca. 40000 im Jahre 1418 auf über 75000 im Jahre 1483 stieg. Barcelona dagegen, früher das Juwel in der Krone Aragon, erlebte im Zeitraum von 1359 bis 1497 einen Bevölkerungsschwund von 38000 auf 20000. In allen spanischen Königreichen lag der Bevölkerungszuwachs zwischen dem 13. und 15. Jahrhundert erheblich unter dem anderer westeuropäischer Staaten. Die Hauptursachen hierfür waren die Pestepidemien des späten 14. Jahrhunderts und die Massenausweisungen religiöser und rassischer Minderheiten ein Jahrhundert später.

2. Kastilien und die aragonische Föderation

Trotz ihrer unterschiedlichen ökonomischen und politischen Strukturen war das 15. Jahrhundert für Kastilien und Aragon gleichermaßen eine Epoche tiefgreifender wirtschaftlicher, sozialer und konstitutioneller Krisen.

Die aragonische Dynastie aus dem Hause Barcelona war 1410 mit dem Tod Martins I. erloschen. Ihm folgte zwei Jahre später mit dem durch die Ständevertretungen Aragons, Kataloniens und Valencias (‚Schiedsspruch von Caspe‘) gewählten Ferdinand I. ein Infant aus dem kastilischen Herrscherhaus der Trastámara auf den Thron. Das Amt des Regenten von Kastilien, das er seit 1406 zusammen mit Katharina von Lancaster für den minderjährigen Johann II. ausübte, sollte der Monarch bis zu seinem Tod (1416) nicht aufgeben.

Unter dem Sohn und Nachfolger Ferdinands I., Alfons V., widmete sich die Krone vornehmlich der Festigung und Ausweitung der aragonischen Präsenz im westlichen Mittelmeer. 1420 gelang es, die in den vorausgegangenen Jahrzehnten verlorene Kontrolle über Sardinien mit den

---

[1] J. N. Hillgarth, The Spanish Kingdoms 1250–1516, Oxford 1978, S. 513.

Mitteln der Diplomatie wiederherzustellen. Dagegen scheiterte der Versuch, die Ansprüche auf Korsika auf militärischem Wege einzulösen – die Insel war der Krone Aragon 1297 als päpstliches Lehen zuerkannt worden –, noch im selben Jahr am Widerstand Genuas. Alfons V. sah indessen gerade zu diesem Zeitpunkt eine Möglichkeit, jenen Mißerfolg durch den Gewinn des Königreichs Neapel vergessen zu machen. Bereits seine Vorgänger Martin I. und Ferdinand I. hatten versucht, diesen alten Traum der Krone Aragon mittels ehelicher Verbindungen mit dem italienischen Herrscherhaus zu verwirklichen, waren jedoch jedesmal am Einspruch des neapolitanischen Adels gescheitert. Doch gerade diese Renitenz der Magnaten sowie die expansionistischen Pläne verschiedener norditalienischer Staaten bewogen Königin Johanna II., im Juli 1421 Alfons V. zu ihrem Thronfolger zu bestimmen.

Der Monarch, der in der Folgezeit am neapolitanischen Hof residierte, mußte jedoch bald feststellen, daß Johanna eine launische Verbündete war. Um einem drohenden Sinneswandel zugunsten Ludwigs von Anjou zuvorzukommen, beschloß Alfons 1423 die Königin nach Spanien zu entführen. Der Versuch mißlang, und der König konnte sich nur mit Mühe vor dem Zorn der neapolitanischen Volksmenge auf die im Hafen liegenden katalanischen Schiffe retten.

Nach seiner Rückkehr in die iberischen Kronlande mußte Alfons V. feststellen, daß es Königin Maria, die sich in der Ausübung ihres Amtes des Generalstellvertreters als fähige Sachwalterin der Interessen ihres Gemahls erwiesen hatte, nicht gelungen war, die akuten wirtschaftlichen und sozialen Probleme einer Lösung näherzubringen. Die Parlamente der drei Gliedstaaten, insbesondere die katalanischen ‚Corts‘, hatten daher auch mit wachsendem Widerstand auf die wiederholten Finanzforderungen des Monarchen reagiert. Die Hoffnung, Alfons V. werde sich nun zunehmend den internen Problemen – insbesondere der Krise der Grundhörigen oder ‚Remensa‘-Bauern Nordkataloniens – widmen, wurde nicht erfüllt. Seine Maßnahmen zur Gesundung der katalanischen Wirtschaft beschränkten sich im wesentlichen auf eine Währungsreform. Auch die Bemühungen, dem in vielen Städten der Krone Aragon seit Jahrzehnten tobenden Parteienstreit durch die Einführung eines neuen Wahlsystems ein Ende zu bereiten, waren nur bedingt erfolgreich. Die Reform wurde zwar allmählich von allen größeren Städten der Föderation akzeptiert, stieß jedoch auf den erbitterten Widerstand Barcelonas.

Alfons' innenpolitische Schwäche zeigte sich indessen am deutlichsten in der Frage der aragonischen Haltung bezüglich Kastiliens und der ständigen Einmischung der ‚Infanten von Aragon‘ – Johann, Heinrich und Peter – in die inneren Angelegenheiten des Nachbarstaates. Obwohl nominell aragonische Prinzen, verfügten die Brüder des Königs in Kastilien doch über umfangreiche Ländereien und bedeutende Einkünfte, und hatten hier schon seit ihrer Jugend eine sehr eigenwillige Politik verfolgt. Johann, der sich 1420 mit der navarrischen Prinzessin Blanka vermählt hatte, besaß zudem mit dem Königreich Navarra eine bedeutende machtpolitische Position, die er nicht zögerte, für seine Pläne in Kastilien einzusetzen.

Nachdem es Alvaro de Luna, dem Günstling Johanns II., 1429 gelungen war, die von den Infanten geführte kastilische Adelspartei zu spalten und ihre Führer zu isolieren, fielen Truppen Aragons und Navarras, geführt von Alfons V. und seinem Bruder, in Kastilien ein. Die Aktion diente ausschließlich den kastilischen Belangen der Infanten und erfreute sich daher in der Krone Aragon nur geringer Unterstützung. Die Agressoren fanden sich infolgedessen bereits im folgenden Jahr bereit, in einen Frieden einzuwilligen, der die Infanten in Kastilien aller ihrer Ländereien beraubte und sie formell von der kastilischen Politik ausschloß.

Einer der Hauptgründe für den raschen Abbruch des Feldzugs lag zweifellos in Alfons' wiedererwachtem Interesse an Neapel. Seit 1430 mehrten sich die Anzeichen, daß Johanna II. und Teile des Adels Ludwig (III.) von Anjou als Thronfolger ablehnten und statt dessen der Kandidatur des aragonischen Herrschers den Vorzug gaben. Ludwig III. starb im November 1434, aber der Tod Johannas im Februar des folgenden Jahres zeigte, daß die Königin, in einer erneuten Kehrtwendung, den Bruder des Verstorbenen, Renatus (René) von Anjou, zum Thronfolger bestimmt hatte. Obwohl ein Bündnis, bestehend aus Genua, Venedig, dem Herzog Filippo Maria Visconti von Mailand und Papst Eugen IV., entschlossen war, den angevinischen Thronanspruch durchzusetzen, war Alfons nicht zum Verzicht bereit. Der Sieg der Genuesen bei Ponza über die katalanische Flotte bereitete seinen Plänen jedoch ein vorläufiges Ende. Alfons V., die Infanten Johann und Heinrich sowie mehr als hundert aragonische und neapolitanische Adlige gerieten in Gefangenschaft.

Doch bereits während seiner Verwahrung am Hofe des Herzogs Visconti gelang es Alfons diesen zu einem Bündnis zu überreden, welches Italien in zwei Einflußsphären teilte: eine mailändische im Norden, und eine aragonische im Süden. Nach einer siebenjährigen Auseinandersetzung (1436–1443), in der Aragon von England und dem Konzil von Basel gegen seine Widersacher Frankreich, Anjou und Papst Eugen IV. unterstützt wurde und die in Norditalien die Form eines Bürgerkriegs nahm, gelang es Alfons V. sich endgültig die Krone Neapels zu sichern.

Obgleich man den Infanten Johann schon bei Ausbruch des Krieges mit der Führung der iberischen Politik der Krone Aragon betraut hatte, bedeutete das Ende des Konflikts dennoch eine klare Zäsur in der Regierungszeit Alfons' V. Von nun an richtete sich seine Politik vorrangig auf die Sicherung Neapels und den Erwerb der ungarischen Krone. Beide Ziele lagen deutlich außerhalb des Interessenbereichs seiner iberischen Kronländer, wenn auch seine Verbindungen mit dem Woiwoden von Bosnien und anderen anti-osmanischen Kräften des Balkans den katalanischen Kaufleuten zeitweilig eine starke Präsenz in der Ägäis ermöglichen sollten. Alfons V. weilte bis zu seinem Tod (1458) fast ständig in seiner Residenz in Neapel, die er, als Verehrer der lateinischen, katalanischen und kastilischen Literatur, in eines der strahlendsten Zentren der Künste und Wissenschaften seiner Zeit verwandelte.

Für seinen Bruder, Johann von Navarra, später Johann II. von Aragon, standen indessen auch nach der Niederlage von 1430 die inneren Angelegenheiten Kastiliens im Mittelpunkt seiner Politik. Nachdem es ihm in der Folgezeit gelungen war, die damals erlittenen Verluste weitgehend wettzumachen, agierte er während des kastilischen Bürgerkriegs (1438–1445) abwechselnd als Schlichter und als Führer des aufständischen Adels. Durch den Sieg der Krone sollte er jedoch einmal mehr alle seine Besitzungen in Kastilien verlieren. Zwar gelang es Johann zwei Jahre später (1447) durch die Heirat mit der aus dem mächtigen Geschlecht der Enríquez stammenden Johanna seine Position in Kastilien etwas zu stärken, doch mußte er sich darauf beschränken, seine Fehde mit Alvaro de Luna vorübergehend von Navarra aus zu betreiben.

Dies wiederum konnte den schon bestehenden Gegensatz zu seinem Sohn, Karl von Viana, nur vertiefen. Prinz Karl, der bis dahin Navarra als Generalstellvertreter seines Vaters regiert hatte, war seit dem Tod Königin Blankas rechtmäßiger Thronerbe, hatte jedoch auf Wunsch seiner Mutter davon abgesehen, sich ohne Einwilligung Johanns zum König krönen zu lassen. Der Widerstreit zwischen Vater und Sohn verknüpfte sich überdies zunehmend mit dem alten Konflikt zwischen den Häusern der Beamonteser und Agramonteser und gewann damit zusehends an Schärfe. Nach einer Reihe ständig wechselnder Bündnisse suchte Karl den Beistand des Kronprinzen Heinrich (IV.) von Kastilien. Aufgestachelt durch Johanna Enríquez, die bemüht war die zukünftige Position ihres Sohnes Ferdinand zu stärken, schloß Johann II. im Gegenzug seinen Sohn von der Thronfolge aus und bestimmte statt dessen 1455 seine Tochter Leonore und deren Gemahl, Gaston IV. von Foix, zu Erben der navarrischen Krone. Karl verließ Navarra und ging auf der Suche nach Verbündeten zuerst nach Neapel, dann nach Katalonien. Als er sich im Dezember 1460 anschickte, sein Bündnis mit Heinrich IV. von Kastilien zu erneuern, ließ ihn sein Vater – seit zwei Jahren Herrscher der Krone

Aragon – im katalanischen Lérida festsetzen und bezichtigte ihn angeblicher Mordpläne gegen seine Person.

Die allgemeine Beliebtheit, die sich Karl dank seines Eintretens für den Paktismus, d. h. das konstitutionelle System der aragonischen Herrschaftsverträge zwischen den Monarchen und den Ständen, erworben hatte, ebenso wie die Unpopularität, der Johann II. während seiner Amtsführung als Vizekönig verfallen war, hatten einen fast einmütigen Protest der katalanischen Oligarchie gegen diese Maßnahme ihres Monarchen zur Folge. Hier bot sich eine willkommene Gelegenheit, die traditionellen Vorrechte Kataloniens zu unterstreichen und Johann II. vor weiteren Übergriffen zu warnen. Die Gespräche zwischen dem König und Vertretern der ‚Corts‘ und ihrer Exekutive, der ‚Diputació‘, scheiterten bald an der Entschlossenheit beider Seiten, den eigenen Standpunkt mit Waffengewalt durchzusetzen.

Die ‚Diputació‘ veranlaßte den Bau von 25 Galeeren und entsandte ihre Repräsentanten in die anderen Gliedstaaten der Krone Aragon, um dort für die Sache Kataloniens zu werben. Ende Februar 1461 zog ein katalanisches Heer gegen Zaragoza, die Residenz des Monarchen. Angesichts der Verweigerung jeder Hilfe seitens der Stände Aragons und der Nachricht, daß Anhänger Karls sich mit kastilischer Hilfe in Navarra erhoben hatten, zog Johann II. es vor, den Prinzen freizulassen und sich verhandlungsbereit zu zeigen. Die in mehr als dreimonatigen Gesprächen erzielte Kapitulation von Villafranca de Panadés garantierte nicht nur alle bestehenden Sonderrechte Kataloniens, sondern fügte diesen noch weitere hinzu. Zudem verpflichtete sie den König, Karl als seinen Thronfolger in Aragon anzuerkennen.

Johann II. war indessen nicht bereit, sich diesem Diktat der Katalanen zu beugen. Dabei half ihm nicht wenig die Tatsache, daß schon wenige Monate später Karl von Viana an Tuberkulose starb. Wenngleich Gerüchte, daß er von seiner Stiefmutter vergiftet worden sei, Karls Beliebtheit in Katalonien ins Religiöse steigerte, bedeutete sein Tod doch in erster Linie den Verlust des einzigen Mannes, der bis dahin die verschiedenen Interessengruppen im katalanischen Lager zusammengehalten hatte. Die Radikalisierung gewisser Kreise, die in Katalonien offenbar die totale Auslöschung der königlichen Autorität anstrebten, sowie das geschickte Manövrieren Johanna Enríquez', die seit November 1461 als Gouverneurin in Barcelona residierte, taten ein Weiteres, um bald große Teile des Hochadels und des hohen Klerus ins Lager des Königs überwechseln zu lassen. In dieser gespannten Lage brach im Februar 1462 in Nordkatalonien ein Aufstand der ‚Remensa‘-Bauern aus. Die bewußte Verzögerung rascher Gegenmaßnahmen durch Königin Johanna und die

Aufdeckung einer royalistischen Verschwörung in Barcelona führten ihrerseits dazu, daß die latenten Spannungen zwischen den ‚Corts' und der Krone im April desselben Jahres zum Ausbruch kamen.

Der katalanische Bürgerkrieg war – wenngleich die soziale Komponente zeitweilig sehr stark vertreten war – vor allem ein Kampf zur Verteidigung des traditionellen ‚paktistischen' Herrschaftsprinzips. Es ist daher äußerst schwierig, bezüglich der Haltung der verschiedenen sozialen Schichten eine klare Trennungslinie zu bestimmen. So standen die aufständischen Bauern, insbesondere zu Beginn des Konflikts, beiden Seiten gleichermaßen feindlich gegenüber, wie auch häufig Mitglieder einer Adelsfamilie in beiden feindlichen Lagern zu finden waren. Die meisten Bischöfe unterstützten König Johann, wogegen die Mehrheit der niederen Geistlichkeit, aber auch die reichen Domkapitel, zur ‚Diputació' standen. In Barcelona kämpfte die ‚Biga', die Partei des Patriziats und der reichen Kaufleute, auf der Seite der Aufständischen. Die Versuche der Krone, die ‚Busca', den Interessenverband der Handwerker und einiger exportorientierter Kaufleute, für ihre Ziele zu mobilisieren, scheiterte an deren Gleichgültigkeit. Auch ein gemeinsames Vorgehen der ‚Busca' und der ‚Remensa'-Bauern kam, obwohl sich ihr Kampf gegen dieselbe soziale Schicht – den Adel und das Patriziat – richtete, nicht zustande. Schließlich waren ja auch ihre Gegner nicht einheitlich im selben Lager zu finden.

Der anfänglich rein interne Charakter des Konflikts wich schon nach wenigen Monaten einer wachsenden Internationalisierung. In den im Frühling 1462 geschlossenen Verträgen von Olite, Sauveterre und Bayonne bestätigte Johann II. die Erbrechte seiner Tochter Leonore und Gastons von Foix in Navarra und verpfändete, als Gegenleistung für einen Kredit von 200000 Goldecu, das Roussillon und die Cerdagne an Ludwig XI. von Frankreich. Es waren daher französische Truppen, die im Juni 1462 die Stadt Gerona entsetzten, in die Monate zuvor Königin Johanna und Kronprinz Ferdinand, der zukünftige ‚Katholische König', vor der ‚Diputació' geflohen waren. Der Sieg bei Rubinat öffnete Johann II. im Herbst desselben Jahres den Weg nach Barcelona. Logistische Schwierigkeiten sowie die Entscheidung der ‚Corts' vom August 1462, Heinrich IV. von Kastilien zum Grafen von Barcelona zu ernennen, rückten jedoch den schon sicher geglaubten Sieg erneut in weite Ferne.

Zwar akzeptierte Heinrich bereits im April 1463 den Schiedsspruch der französischen Krone, in dem ihm als Gegenleistung für den Verzicht auf die katalanische Thronfolge kleine Teile Navarras zugesprochen wurden, doch hatte Paris, aus der Absicht heraus, den Konflikt so weit wie möglich zu verschleppen, mittlerweile eine der ‚Diputació' angenäherte Posi-

tion eingenommen. Ende 1463 verliehen die Aufständischen dem Konstabel von Portugal, den man als Nachfahre jenes, im ‚Schiedsspruch von
Caspe' unterlegenen Jakob von Urgel im Besitz einer gewissen Legitimität wähnte, die aragonische Königswürde. Die Hoffnung, man könne
durch diese Maßnahme die Zweifler im eigenen Lager zum Verstummen
bringen und die Isolierung Kataloniens bezüglich der übrigen Kronländer beenden, sollte sich allerdings nicht erfüllen. Valencia und Aragon
hatten, wie auch das von Katalonien verwaltete Mallorca, nach anfänglichem Zögern ihre Kräfte ganz in den Dienst der Krone gestellt, Valencia
vornehmlich im finanziellen Bereich, Mallorca dagegen im Seekrieg gegen
Barcelona und durch die Niederschlagung der pro-katalanischen Aufstände auf Menorca. Hauptsächliche Stützen des royalistischen Lagers
waren indessen Sardinien und, in Anbetracht seiner finanziellen Lei-
stungen und seiner erheblichen Getreidelieferungen, das benachbarte Sizilien.

Der Tod des Konstabels im Juni 1466 und die Wahl des Renatus von
Anjou – er hatte vierzig Jahre zuvor mit Alfons V. um die Krone Neapels
gerungen – zu seinem Nachfolger rückte Katalonien mehr denn je in den
Mittelpunkt der europäischen Politik. Während Ludwig XI., ein Onkel
des Renatus, sich nun verstärkt der ‚Diputació' zuneigte und die Allianz
zwischen der angevinischen Provence und Katalonien die Geburt eines
neuen Gemeinwesens im westlichen Mittelmeer anzudeuten schien, antwortete Johann II. mit dem Abschluß (1467 bzw. 1469) von Bündnissen
mit England und Burgund und vermochte mittels der italienischen Liga
die Position Anjous in Italien zu neutralisieren.

Johanns diplomatische Schachzüge und die Schwäche der eigenen Verbündeten sollten letztlich das Schicksal der ‚Diputació' entscheiden. Ludwig XI. wurde 1468 bei Peronne von den Burgundern besiegt, und im
folgenden Jahr gelang es Johann, Kastilien aus der 1469 von Paris ge-
schmiedeten Allianz mit Anjou herauszubrechen. Zudem gestalteten sich
die Beziehungen zwischen der ‚Diputació' und Johann von Lothringen,
dem Sohn und Sachwalter des Renatus, zunehmend schwierig. Dies änderte sich auch nicht, als nach Johanns Tod (1470) dieser durch seinen
illegitimen Sohn in Katalonien abgelöst wurde. Als dann im Herbst des
folgenden Jahres das von Bischof Margarit geführte Gerona ins königliche Lager überwechselte, stand Barcelona allein der gesammelten Macht
der Krone Aragon gegenüber. Eine mehrmonatige Belagerung, begleitet
von Hungersnöten und Säuberungswellen gegen vermeintliche Parteigänger des Königs, endete im Oktober 1472 mit der Übergabe Barcelonas
und dem von allen Seiten ersehnten Frieden.

Der Krieg hatte nicht nur die Wirtschaft Kataloniens, sondern auch die

Finanzen der Krone vollkommen erschöpft. Johann II. zeigte sich daher den Katalanen als überraschend großmütiger Sieger. In der ‚Capitulación‘ von Pedralbes (16. Oktober 1472) wurden alle von den Aufständischen seit 1460 begangenen Taten unter Straffreiheit gestellt. Die traditionellen Privilegien des Fürstentums wurden, mit Ausnahme der im Abkommen von Villafranca gewährten Konzessionen, vom König bestätigt.

Johanns Großmut erklärte sich weitgehend aus seiner Absicht mit Hilfe der Katalanen die seit 1463 von Frankreich verwalteten Grafschaften Roussillon und Cerdagne zurückzugewinnen. Der Feldzug wurde noch im selben Jahr eingeleitet, und nach anfänglichen Erfolgen über den von Burgund, England und der Bretagne bedrängten Ludwig XI., schien das Ziel im Abkommen vom September 1473 gesichert. Doch bereits zwei Jahre später fielen die Grafschaften erneut an Frankreich, und an diesem Zustand sollte sich während zweier Jahrzehnte nichts ändern.

Trotz der von ihm ausgehenden Veränderungen im gesellschaftlichen Gefüge Kataloniens hatte der Konflikt keine der ihm zugrundeliegenden Probleme gelöst, und war daher auch nicht geeignet, eine dauerhafte Befriedung der Region herbeizuführen. Seine Bedeutung liegt vielmehr darin, daß – ungeachtet aller scheinbaren Konzessionen seitens des Monarchen – es diesem gelungen war, das traditionelle Kräftegleichgewicht zwischen ihm und den Ständen zugunsten der Krone zu verändern. In historischer Sicht hatte man zudem einen ersten Schritt zur Schaffung eines spanischen Einheitsstaates getan.

Wie schon angedeutet, war das 15. Jahrhundert auch für Kastilien eine Epoche voller politischer und wirtschaftlicher Krisen.

Die Tatsache, daß der zum Zeitpunkt seiner offiziellen Thronbesteigung (1419) 14jährige Johann II. (1406–1454) ein unstetes und vergnügungssüchtiges, den Regierungsgeschäften ganz und gar abgeneigtes Naturell hatte, konnte die bestehenden Tendenzen im politischen Leben Kastiliens nur verschärfen. Der kastilische Erbfolgekrieg, der 1369 mit der Thronbesteigung Heinrichs II., des ersten Trastámara, geendet hatte, und die vernichtende Niederlage Johanns I. bei Aljubarrota (1385) gegen die Portugiesen waren die Fluchtpunkte einer Entwicklung, die unter Johann II. und seinem Sohn, Heinrich IV. (1454–1474), ihren Höhepunkt erreichen sollte. Nie wieder sollte der Hochadel so unmittelbar in die Regierungsgeschäfte eingreifen und damit das Land in eine Periode anhaltender Wirren stürzen wie unter diesen beiden Monarchen. Ein Großteil der Verantwortung hierfür lag indessen in der schon erwähnten Politik der ‚Infanten von Aragon‘.

Der große Gegenspieler der Infanten war Alvaro de Luna, der uneheliche Sohn eines aragonischen Landadligen. Seitdem er 1420 Johann II. aus

dem Gewahrsam des Infanten Heinrich befreit hatte, genoß er das unbedingte Vertrauen seines Königs. Freilich bedeutete das nie jene Allmacht,
die ihm später zumeist feindlich gesinnte Chronisten zuschreiben sollten,
war er doch selbst während der Jahre 1430 bis 1437, als die Macht der
Krone und damit sein Einfluß relativ gesichert schienen, stets gezwungen, sich auf eine ständig wechselnde Konstellation von Magnaten zu
stützen. Es war daher nicht so sehr Lunas enges Verhältnis zum König,
das ihn weiten Kreisen der kastilischen Oligarchie so verhaßt machte,
sondern sein stetes Bemühen, Hochadel und Klerus weitgehend von den
politischen Schaltstellen des Reiches auszuschließen und diese in der
Hand des Monarchen und seiner engsten Vertrauten zu konzentrieren.
Die daraus erwachsenden Spannungen sowie die Machenschaften der Infanten von Aragon führten 1438 schließlich zum Ausbruch des kastilischen Bürgerkriegs.

Eine Reihe kleinerer militärischer Erfolge der Adelspartei gipfelte 1441
in der Gefangennahme Johanns II. Die Macht im Reich lag nun, zumindest bis 1443, vorrangig in den Händen des Infanten Johann (Johann von
Navarra, später Johann II. von Aragon). Luna verstand es jedoch, gemeinsam mit dem um sein Erbe fürchtenden Kronprinzen Heinrich ein
Bündnis zu schmieden, das im Mai 1445, in der einzigen großen Schlacht
des Bürgerkriegs, der Adelspartei bei Olmedo eine vernichtende Niederlage zufügte. Der Infant Heinrich erlag wenig später seinen Wunden,
während sein Bruder Johann sich überstürzt nach Navarra zurückzog.

Lunas Stellung hatte durch diese Ereignisse indessen nur scheinbar eine
Stärkung erfahren, mußte er doch von nun an seinen Einfluß am Hof
zunehmend mit den Günstlingen des Kronprinzen, den Brüdern Pedro
Girón und Juan Pacheco, teilen. So konnte er sich zwar bei der Aufteilung des Besitztums des verstorbenen Infanten der Großmeisterwürde
des Santiagoordens bemächtigen, vermochte aber nicht zu verhindern,
daß Pacheco sich den Markgrafentitel von Villena aneignete und dessen
Bruder sich zum Großmeister des Calatravaordens ernennen ließ.

Kastiliens Außenpolitik unterlag während dieser Zeit zwei Konstanten.
Die innere Schwäche erlaubte es der Krone nicht, aktiv in die Schlußpha-
se des Hundertjährigen Krieges einzugreifen, obwohl das aus dem Jahre
1369 datierende Bündnis mit Frankreich 1434 erneuert wurde. Die ständige Bedrohung seitens der Krone Aragon und Navarras bedeutete
zwangsläufig, daß Kastilien stets bemüht war, sich der Freundschaft Portugals und des Papsttums zu versichern. Vor allem die Annäherung an
den iberischen Nachbarn sollte sich für das Kastilien Lunas als äußerst
vorteilhaft erweisen. So halfen portugiesische Streitkräfte 1432 die Rebellion der ‚Infanten von Aragon‘ entlang der kastilischen Westgrenze nie-

derzuschlagen, und 1445 unterstützte Portugal Luna beim siegreichen Abschluß des Bürgerkriegs. Außenpolitisch bewirkte diese Zusammenarbeit, daß Kastilien Portugal das Recht auf die atlantischen Inseln und eine Einflußerweiterung in Nordafrika zuerkannte, während es seinerseits seine Ansprüche auf die kanarischen Inseln und die alleinige Eroberung Granadas durchsetzen konnte.

Diese Zusicherungen erlaubten es Kastilien, unter Ausnutzung der im Emirat herrschenden Uneinigkeit, seine traditionelle Expansionspolitik gegenüber Granada erneut zu beleben. So gelang es Luna 1431 nach seinem Sieg bei La Higueruela eine kastilische Marionette auf den Maurenthron zu setzen – dieser Vorgang sollte sich 1445 wiederholen – und in der Folgezeit Kastilien gewisse Gebietsgewinne zu sichern. Umgekehrt sollte sich der zunehmende Machtverfall Lunas während der späten vierziger Jahre in einem Erstarken Granadas und dem Verlust mehrerer andalusischer Städte ausdrücken.

Lunas Bestrebungen, durch die Stärkung der portugiesischen Allianz einer erneuten Einflußnahme des Infanten Johann in Kastilien entgegenzuwirken, sollten für ihn allerdings verhängnisvolle Folgen haben. Isabel, die portugiesische Prinzessin, die Johann II. 1447 auf Anraten Lunas ehelichte, war weit weniger geneigt als ihr Gemahl, die Bevormundung durch den Günstling hinzunehmen, und Lunas Stern begann nun allmählich zu sinken. Sein endgültiger Sturz vollzog sich jedoch erst sechs Jahre später. Unter der Anklage, am Karfreitag 1453 die Ermordung des königlichen Schatzmeisters befohlen zu haben, wurde er wenige Tage später verhaftet und ohne gerichtliche Untersuchung am 2. Juni desselben Jahres in Valladolid hingerichtet. Der Tod dieses überragenden Politikers bedeutete freilich nicht, daß Johann II. sich endlich entschlossen hatte, die Staatsgeschäfte selbst in die Hand zu nehmen, sondern diese oblagen bis zu seinem Tod, ein Jahr später, zwei hohen Geistlichen.

Die Notwendigkeit, einer umstrittenen Thronfolge die nötige Legitimität zu verleihen – Parallelen dazu finden sich in England nach der Machtergreifung der Tudors –, führte im späten 15. Jahrhundert dazu, daß Chronisten, die im Dienst der ‚Katholischen Könige‘ standen, der Nachwelt ein überaus negatives Bild Heinrichs IV. vermittelt haben, ein Bild, das erst in den letzten Jahrzehnten von der Geschichtsschreibung etwas zurechtgerückt worden ist. Zumindest das erste Jahrzehnt der Herrschaft Heinrichs IV. war durch eine weitgehende Stabilität im Inneren gekennzeichnet und von gewissen Erfolgen in der Außenpolitik. Eingedenk der Erfahrung seines Vaters war Heinrich bemüht, keinen seiner Vertrauten mit jener Machtfülle auszustatten wie sie einst Luna besessen hatte. Villena mußte daher die Gunst des Monarchen erst mit dem Erzbischof von Sevilla, Kardinal Alfonso de Fonseca, dann mit Miguel Lucas de Iranzo und anderen Magnaten teilen. Auch begann der König sehr frühzeitig, die Schaltstellen im Königreich so weit wie möglich mit Männern aus dem Kleinadel und dem niederen Klerus zu besetzen, um auf diese Weise ein Gegengewicht zu den Magnaten zu schaffen.

Hauptgrundlage des inneren Friedens war indessen die Erkenntnis des Monarchen, daß es, in Anbetracht der eigenen Schwäche, ratsamer sei, sich mit einigen der großen Familien zu verbünden und so die Oligarchie in Schach zu halten, als Lunas Politik zu folgen und die Autorität der Krone gegen den Willen der herrschenden Schichten durchsetzen zu wollen. Aus dieser Einsicht erwuchsen zwischen 1456 und 1458 ein Reihe in ihrer Zusammensetzung häufig wechselnder Bündnisse mit Villena, dessen Markgrafschaft sich auf einen Großteil Südostspaniens ausdehnte, dessen Bruder, Pedro Girón, dem Admiral von Kastilien, Fadrique Enríquez, und anderen Granden. Dank dieser Allianzen gelang es Heinrich IV. gewisse Magnaten, wie die Mendozas, der königlichen Autorität zu unterwerfen, die rebellischen Basken zu befrieden und einige Reformansätze im wirtschaftlichen Bereich gegen den Willen des einflußreichen Schafzüchterkartells, der ‚Mesta‘, durchzusetzen.

Eine ähnlich konziliante Haltung vertrat der Monarch in der Außenpolitik, auch wenn hier das Vorbild Lunas teilweise Modell stehen sollte. Johann II. von Aragon wurde für seine Verluste in Kastilien finanziell entschädigt und seine kastilischen Anhänger wurden wieder in ihre Ämter eingesetzt. 1456 erneuerte man das für den Wollhandel mit Flandern, England und dem nördlichen Nachbarn so wichtige Bündnis mit Frankreich, während die im Mai 1455 geschlossene Ehe zwischen Heinrich IV. und der portugiesischen Prinzessin Johanna das traditionell gute Verhältnis zu Portugal sicherte. Bezüglich Granadas jedoch nutzte Heinrich die hier schon endemischen inneren Fehden, um zwischen 1454 und 1458 einen hinhaltenden Abnützungskrieg gegen das Emirat zu führen. Diese Art der Kriegsführung beruhte nicht, wie einige isabelinische Chronisten später behaupteten, auf Heinrichs angeblich pro-moslemischen Neigungen, sondern stand im vollen Einklang mit den eigenen Möglichkeiten und den geographischen Gegebenheiten. Dies bestätigten sowohl die Ergebnisse des Waffenstillstands (1457) mit dem von Heinrich eingesetzten Emir Sa'd wie auch die Eroberung Gibraltars und Archidonas im Jahre 1462. Der Grund dafür, daß es Heinrich nicht schon damals gelang, das Emirat von der politischen Landkarte zu löschen, lag vorrangig am erneuten Ausbruch der innerkastilischen Wirren.

Die Kumulation von Besitz und Einfluß durch Villena und Pedro Girón hatte im Laufe der Jahre zu wachsenden Spannungen geführt, die schließlich 1460 das interne Bündnissystem zwischen Monarch und Magnaten aufsprengen sollten. Der Erzbischof von Toledo, Alfonso Carrillo de Acuña, sowie die Familien der Mendoza, Enríquez und Alba brachen mit dem König und schlossen sich zu einem neuen Bündnis zusammen. Ihre Forderungen gipfelten darin, man solle Johann II. von Aragon all jene Ländereien und Würden, die er in Kastilien verloren hatte, zurückerstatten, womit man diesem offensichtlich eine erneute Intervention in innerkastilische Angelegenheiten ermöglichen wollte. Der Ausbruch von Unruhen in Katalonien und Navarra verschaffte dem kastilischen Monarchen jedoch noch einmal eine Atempause, doch bereits 1463 spitzte sich die Krise erneut zu.

Heinrich, der unter dem Einfluß Villenas und Kardinal Carrillos dem Schiedsspruch Ludwigs XI. in der katalanischen Thronfolgefrage seine Zustimmung gegeben hatte, erkannte bald, daß er damit einen bedeutenden machtpolitischen Vorteil leichtfertig aus der Hand gegeben hatte. Die Handlungsweise seiner Berater war leicht zu erklären. Carrillo war zu diesem Zeitpunkt ein Parteigänger der aragonischen Interessen, während Villena, ein Neffe des Erzbischofs, für diese Tat von Ludwig XI. mit einer französischen Grafschaft belehnt wurde. Aus dieser Erkenntnis heraus begann Heinrich IV. sich nun stärker anderen Vertrauten zuzuwenden. Beltrán de la Cueva, der schon vorher als Herr über eine Reihe fester Plätze in Andalusien ein Gegengewicht zu dem im Süden so mächtigen Pedro Girón gebildet hatte, erhielt als königlichen Gunstbeweis im Mai 1464 die Großmeisterwürde des Santiagoordens, eines der einflußreichsten Ämter in Kastilien. Dies war das Zeichen für Villena sich der Liga der rebellischen Magnaten anzuschließen. Diese erhob, im Einvernehmen mit Johann II. von Aragon, im September desselben Jahres in Burgos eine Reihe schwerer Vorwürfe gegen den König und De la Cueva. Die Erklärung gipfelte in der Behauptung, der Monarch sei impotent und die Prinzessin Johanna daher nicht seine rechtmäßige Tochter, sondern die seines Günstlings.

Ohne jemals durch Beweise erhärtet worden zu sein, und obwohl die kastilischen Cortes nicht gezögert hatten, Johanna unmittelbar nach ihrer Geburt (1462) als Thronerbin anzuerkennen, ging diese Behauptung in die Geschichte ein. Dies ist allerdings nur zu verständlich wenn man bedenkt, daß die These von der unehelichen Johanna ,La Beltraneja' unentbehrlich für die Legitimation der ,Katholischen Könige' und ihrer Nachfolger war, und daher von deren Chronisten unermüdlich wiederholt wurde.

Nach einem halbherzigen Versuch, die Großen mit Gewalt zur Botmäßigkeit zu zwingen, kam Heinrich IV. im Herbst 1464 mit ihnen überein,

De la Cueva vom Hof zu entfernen und seinen Stiefbruder, den 11jährigen Alfons, unter die Aufsicht Villenas zu stellen und ihn somit den Magnaten als Faustpfand auszuliefern. Im Januar 1465 folgte die ‚Sentencia‘, ein Abkommen, von dem man sich eine dauerhafte Regelung der Beziehungen zwischen der Oligarchie und dem Monarchen erhoffte. Nachdem Heinrich, unter dem Einfluß eigensüchtiger Ratgeber, dem Abkommen anfänglich zugestimmt hatte, erkannte er bald, daß die ‚Sentencia‘, unter dem Vorwand, eine proto-konstitutionelle Monarchie anzustreben, ihn hinsichtlich des Hochadels faktisch jeder Autorität beraubte, und er versagte ihr seine Anerkennung. Die Antwort seiner Gegner, die sich am 5. Juni in Avila versammelt hatten, war nicht mißzuverstehen: man erklärte ihn für abgesetzt und erhob an seiner Statt seinen Stiefbruder unter der Bezeichnung ‚Alfons XII.‘ zum König von Kastilien.

3. Gesellschaft und Lebensbedingungen

Die für die westeuropäische Gesellschaft des Spätmittelalters typische Aufteilung in Adel, Klerus und den dritten Stand der Stadtbürger und Bauern, bestand zwar formal auch in den spanischen Königreichen, entsprach jedoch nur begrenzt der wesentlich differenzierteren Sozialstruktur der Bevölkerung. Dies war im Fall des Adels besonders augenfällig. Gehörten doch zu ihm nicht nur der Hochadel, d. h., die ‚Grandes‘ oder ‚Ricos Hombres‘ Kastiliens und die ‚Barones‘ der Krone Aragon, sowie die ‚Infanzones‘ und ‚Hijosdalgos‘ des in Aragon und im Baskenland besonders zahlreichen Landadels, sondern auch der hohe Klerus und das städtische Patriziat.

Die überwiegende Mehrheit der Kirchenfürsten entstammte dem Adel und teilte, insbesondere in ihrer Eigenschaft als Großgrundbesitzer, dessen wirtschaftliche und sozialpolitische Interessen. Als ehemalige oder nur noch teilweise im Handel tätige Kaufleute waren viele Patrizier zwar bürgerlicher Herkunft, aber ihr oft beachtlicher Landbesitz verschaffte ihnen – wenn sie nicht schon in den Adelsstand eingetreten waren – einen politischen Einfluß, der dem des Adels in nichts nachstand. Diese etwa 1,5–1,7% der Bevölkerung umfassende Schicht verfügte zusammen mit gewissen Institutionen wie der ‚Diputació‘ Kataloniens und den militärischen Orden in den drei christlichen Reichen über mehr als die Hälfte des Grundbesitzes.

Die Mittelschicht dieser sozialen Pyramide umfaßte ca. 3,6–3,8% der Bevölkerung. Sie bestand aus etwa 70 000 Mitgliedern der niederen Geistlichkeit, aus den ca. 160 000 der städtischen Mittelschicht zugehörenden

Kaufleuten, Ärzten, Notaren, Beamten usw., die häufig über erheblichen Grundbesitz verfügten, aus selbstständigen Handwerkern und aus den ungefähr 20 000 Großbauern. Ihnen gehörten etwa 45% der Ländereien. Den Rest, d. h. ca. 94% der Bevölkerung, bildeten nichtselbstständige Handwerker, ein wachsendes städtisches Proletariat und vor allem Landarbeiter, Pächter und Leibeigene. Sowohl im städtischen wie auch im ländlichen Bereich stellten die Mudejaren, d. h. jener Teil der maurischen Bevölkerung, der nach der Reconquista in den alten Siedlungsräumen verblieben war, eine Sondergruppe innerhalb dieser Schicht dar. Das Sediment dieser Bevölkerungsstruktur bildeten die Sklaven. Obwohl besonders zahlreich auf Mallorca, gehörten sie zum Bild aller größeren Städte Spaniens, und ihre Besitzer waren sowohl im Adel wie auch unter den Handwerkern zu finden.

Die Wirren des späten 14. Jahrhunderts hatten vor allem in Kastilien zum Untergang einiger sehr alter Adelshäuser geführt, an deren Stelle neue Dynastien, wie die Ayalas, Pachecos, Manriques und Velascos, getreten waren. Diese Entwicklung hatte jedoch nicht zu einer Aufsplitterung der riesigen Ländereien dieser alten Familien geführt, sondern mündete in einen Konzentrationsprozeß, der noch dadurch gefördert wurde, daß Grundbesitz in wachsendem Maße in Fideikommiß, d. h. unteilbares und unveräußerliches Stammgut (,Mayorazgo') verwandelt wurde. Wesentlich schmaler war dagegen die wirtschaftliche Grundlage großer Teile des Kleinadels. Um Siedler in die eroberten Gebiete anzulocken, war der Adel schon im 12. Jahrhundert dazu übergegangen, Fronden und Naturalleistungen durch langfristige Pachtverträge zu ersetzen. Diese Tendenz zur Rentengrundherrschaft hatte sich im Gefolge der Pestepidemien des 14. Jahrhunderts noch weiter verstärkt. Sie gewährte dem Adel regelmäßige Bareinkünfte und begründete gleichzeitig im Norden Kastiliens und der Krone Aragon ein relativ unabhängiges Kleinbauerntum.

Dies änderte sich allerdings im 15. Jahrhundert, als die anhaltende Geldentwertung zu einem Wertverlust der festgesetzten Pacht und damit zu einer ständigen Einkommensminderung für den Grundherrn führte. Dieser wehrte sich, indem er häufig Städten und Klöstern ein Schutzverhältnis aufzwang, seine Grundherrschaft willkürlich auf freie Bauern ausdehnte oder seinen Pachtbauern zusätzliche Dienstleistungen abforderte. Die Einkommensschmälerung des Grundherrn führte jedoch nicht nur zu einer wachsenden Unzufriedenheit unter den Bauern, sondern war auch eine der bedeutendsten Ursachen der Wirren des 15. Jahrhunderts, boten diese doch dem Adel die Möglichkeit, durch Willkürakte oder mittels königlicher Gunstbeweise in der Form von Schenkungen seine wirtschaftliche Basis zu verbreitern.

Die bäuerlichen Schichten umfaßten im Spätmittelalter über 90% der Gesamtbevölkerung der spanischen Königreiche. Die Tatsache, daß die christlichen Eroberer sich während der späteren Phasen der Reconquista in relativ kurzer Zeit ausgedehnter Landstriche bemächtigt hatten sowie das Fehlen eines Verteilungsprozesses, der diese Ländereien weiten Kreisen der Bevölkerung zugänglich gemacht hätte, hatten südlich des Tajo zu einer unvollständigen Besiedelung geführt. Folglich bildeten die besitzlosen Landarbeiter hier die zahlenmäßig stärkste Gruppe. Ungeachtet der erheblichen Unterschiede innerhalb dieses Sektors, war sowohl dem ,Yuguero' – der meistens im Besitz eines jährlichen Pachtvertrages und eigener Arbeitstiere war – wie auch den ,Peones' oder ,Mancebos' genannten Tagelöhnern gemeinsam, daß sie einer langfristigen Gewähr bezüglich ihrer Existenzgrundlage entbehrten.

Die Lage des in Asturien, dem Baskenland und in der Krone Aragon vorherrschenden Typus des Lehnsmannes war dagegen erheblichen regionalen und besitzrechtlichen Variationen unterworfen. Dort wo der Monarch die Grundherrschaft innehatte, erinnerten ihn nur geringe, zumeist schon in Geldabgaben umgewandelte Dienstleistungen noch an sein Abhängigkeitsverhältnis. Ähnliche Rechte genossen die unter geistlicher oder weltlicher Grundherrschaft lebenden Bauern Kastiliens, da es hier den Monarchen bis zum frühen 15. Jahrhundert gelungen war, sie weitgehend vor der Willkür des Adels zu schützen. Eine wesentlich unbefriedigendere Situation herrschte dagegen im Norden der Länder der Krone Aragon. Die erwähnte Einkommensschmälerung des hier besonders zahlreichen Kleinadels hatte zu zunehmenden Druck auf die Bauern geführt. Die nach den Pestepidemien des 14. Jahrhunderts geschlossenen Pachtverträge wurden willkürlich zu Lasten der Bauern verändert, in den sogenannten ,Schlimmen Bräuchen' gewährten sich die Grundherren neue Fronden und Abgaben, und durch die Wiedereinführung der ,Remença', d. h. jener Abgabe, mittels derer sich die Bauern von der Schollenpflichtigkeit befreien konnten, belebte man erneut die teilweise schon in Vergessenheit geratene Leibeigenschaft. Die Folge war eine wachsende Unruhe in den Landbezirken Nordostkataloniens, die sich schließlich in dem parallel zum katalanischen Bürgerkrieg verlaufenden Aufstand der ,Remensa'-Bauern entladen sollte. Zwar hatte Alfons V., beeinflußt von der Sorge Königin Marias und dem Angebot des wohlhabenderen Teils der ,Remensa'-Bauern, einen solchen Schritt finanziell zu belohnen, 1455 die ,Schlimmen Bräuche' und die Schollenpflichtigkeit aufgehoben, doch der Wunsch, den katalanischen Adel für sich zu gewinnen, bewog Johannes II., diese Entscheidung bereits während des Bürgerkriegs rückgängig zu machen.

Die freien Bauern, die ursprünglich im Weichbild vieler andalusischer Städte und in den Landstrichen zwischen Duero und Tajo eine zahlenmäßig recht starke Gruppe gebildet hatten, waren seit Beginn des 15. Jahrhunderts in wachsendem Maße den Übergriffen des Adels ausgesetzt. Dies bewirkte, im Verein mit den ständigen Bestrebungen Johanns II. und Heinrichs IV., den Adel mittels der Belehnung mit Krondomänen zum Gehorsam zu verpflichten und mit den Folgen wiederholter Wirtschaftskrisen, daß zum Ende des Jahrhunderts der gemeine Grundbesitzer südlich des Tajo zunehmend eine Ausnahmeerscheinung war. Anders dagegen auf den Balearen, im Süden Kataloniens und Aragons und vor allem in Valencia, wo er neben den Mudejaren weiterhin das Bild der ländlichen Bezirke prägte.

Einer dem Schicksal des freien Bauernstandes in vielen Punkten ähnlichen Entwicklung war in Kastilien während des 14. und 15. Jahrhunderts die innerstädtische Demokratie gefolgt. Das in vielen Neugründungen der Reconquista übliche Mitspracherecht aller Steuerzahler ('Pecheros'), das sich in den Versammlungen aller Einwohner ('Concejo general') oder den demokratisch gewählten Magistraten ('Cabildo abierto') artikuliert hatte, wich zunehmend einer Oligarchie, in der Kaufleute und geadelte Patrizier sich die Macht teilten. Eine ähnliche Entwicklung bahnte sich in den Städten Kataloniens an, stieß aber hier, insbesondere in Barcelona, auf den Widerstand der übrigen sozialen Schichten.

Im Unterschied zu den Städten Kastiliens, wo der Wollhandel erst im späten 15. Jahrhundert zur Blüte kommen sollte, hatten sich die Hafenstädte der Krone Aragon schon im 14. Jahrhundert ein hochentwickeltes Handelssystem geschaffen. Kaufleute, Reeder und Schiffsführer regelten hier ihre Geschäftsbeziehungen im Rahmen der 'Consolats de la Mar' – von denen noch die Rede sein wird – und wachten, unabhängig von jeder königlichen Gerichtsbarkeit, über die Einhaltung der im 'Llibre del Consolat de la Mar' kodifizierten Handelsgesetze. Versicherungen für Schiffe und Handelswaren sowie der Wechsel waren hier bereits seit dem 14. Jahrhundert vielbenützte Einrichtungen. Der Warenaustausch, basierend auf der Einfuhr von Wolle aus Aragon und Kastilien und der Ausfuhr von Tuchwaren und Saffran, hatte einen solchen Umfang, daß sich die Geschäftsabschlüsse nicht, wie in Kastilien, auf halbjährlich stattfindende Messen beschränkten, sondern täglich in den Warenbörsen ('Llotges') getätigt wurden. Seit dem späten 14. Jahrhundert sah sich die katalanische Wirtschaft jedoch mit ernsten Problemen konfrontiert. Eine etwa 1340 einsetzende Geldentwertung hatte 1381 zum Konkurs der größten Bankhäuser Kataloniens geführt. Die daraus resultierende Unsicherheit der katalanischen Finanzkreise mündete 1412 in die Gründung der 'Taula de Canvi'. Diese städtische Depositenbank stellte zwar banktechnisch eine bedeutende Neuerung dar, signalisierte aber gleichzeitig die wachsende Scheu der katalanischen Oligarchie vor risikoreichen Investitionen. Das Kreditwesen der Krone Aragon fiel nun zunehmend in die Hände italienischer Finanziers und aragonischer Konvertiten. Der infolge der zunehmenden Unsicherheit in den nordafrikanischen Gewässern und der wachsenden Konkurrenz Genuas, Englands und Frankreichs im Gewürz-, Woll- und Tuchhandel ohnehin sehr drastische wirtschaftliche Niedergang Barcelonas wurde durch diese Ereignisse weiter vorangetrieben.

Die Diskussion darüber, wie diese Entwicklung aufzuhalten sei, erhielt durch die oben erwähnten Spannungen im gesellschaftlichen Gefüge der Stadt eine besondere Brisanz. Diese Auseinandersetzung, in der die Forderungen der ‚Busca‘ nach einer Geldabwertung, einem gewissen Maß an Handelsprotektionismus und der Wiederherstellung der innerstädtischen Demokratie auf den Widerstand der in der ‚Biga‘ verbündeten Patrizier und reichen Kaufleute stieß, endete nach einer wechselvollen Entwicklung mit dem vorläufigen Sieg des Patriziats.

4. Staat und Verwaltung

Obwohl bereits die von Alfons X. (1252–1284) kodifizierte Gesetzessammlung der ‚Siete Partidas‘ die kastilische Königswürde als erbtümlich definierte, konnte das Erbkönigtum weder in Kastilien noch in der Krone Aragon als gefestigt angesehen werden. Wann immer die Interessen des Adels oder politische Sachzwänge es erforderten, scheute man sich nicht, auf das Wahlkönigtum zurückzugreifen. Beispiele dafür waren der ‚Schiedsspruch von Caspe‘ (1412) und die Wahl ‚Alfons’ XII.‘.

Die Notwendigkeit, nach einem bitteren Bürgerkrieg die neue Dynastie der Trastamara auf einer möglichst breiten Grundlage zu konsolidieren, sowie außenpolitische Schwierigkeiten, hatten unter Heinrich II. und seinen Nachfolgern im späten 14. Jahrhundert zu einer größeren Aufsicht der kastilischen Ständeversammlung (‚Cortes‘) über die Krone geführt. Doch bereits mit dem Frieden von Troncoso (1387), der das Ende der englischen Intervention in Kastilien besiegelte, begann eine Phase, in der die erstarkten absolutistischen Tendenzen der Krone sich mit wachsendem Erfolg gegen das Mitspracherecht der Städte richtete. In dem nach der Niederlage von Aljubarrota (1385) neugestalteten Kronrat, der als Vertretung der drei Stände an der Ausübung der königlichen Gewalt mitwirken sollte, wurden die vier städtischen Repräsentanten schon zwei Jahre später durch Juristen der Krone abgelöst. Die wachsende Entmündigung des dritten Standes spiegelte sich jedoch vor allem in den ‚Cortes‘ wider. Schon Johann I. hatte darauf verzichtet, das kastilische Parlament alljährlich einzuberufen, und während der Regentschaft Ferdinands I. von Aragon wurden seine Beratungen sogar gänzlich durch generelle Ermächtigungserklärungen ersetzt. Die Kompetenzen des Parlaments wurden nun auf rein finanzielle Fragen beschränkt, so daß der praktisch von allen Steuern befreite Adel und Klerus es vorzog, seine Interessen ausschließlich am Hof zu vertreten. Die dadurch entstandene Lücke wurde, wann immer es die Krone für erforderlich hielt, durch Adlige und Geistliche gefüllt, die im Dienst des Königs standen.

Doch auch die ‚Procuradores‘, die Abgeordneten der Städte, vertraten längst nicht mehr die Belange des dritten Standes in seiner Gesamtheit, sondern repräsentierten in ihrer Mehrheit kommunale Exekutiven (‚Cabildos‘ oder ‚Ayuntamientos‘), in denen Patrizier und einige wenige Kaufleute sich die Macht teilten. Darüber hinaus war es der Krone gelungen, mittels der Entsendung von Staatskommissaren, direkt in die innerstädtische Verwaltung einzugreifen. Folglich waren die Cortesabgeordneten jener Städte, in denen es der lokalen Oligarchie nicht gelungen war, sich das Vorschlagsrecht für diese, ‚Pesquisadores‘ oder ‚Corregidores‘ genannten Bevollmächtigten zu sichern, wenig mehr als indirekte Befehlsempfänger der Krone. Zudem verloren immer mehr Städte das Recht, im Ständeparlament vertreten zu sein. Waren es 1391 noch 49, so war 1480 ihre Zahl auf 17 abgesunken, womit die meisten Regionen Kastiliens in den ‚Cortes‘ völlig unberücksichtigt blieben.

Ganz anders die Lage in der Krone Aragon. Der Sieg Peters IV. über die in der ‚Union‘ verbündeten aragonischen Adligen (1348), hatte zwar zu einer Stärkung des Königtums geführt, nicht jedoch das konstitutionelle Gleichgewicht zwischen Monarch und Ständen zerstört. Dieses beruhte in erster Linie auf den Ständeversammlungen der drei Gliedstaaten. In Aragon war es besonders dem Adel gelungen, seine politische Stellung gegenüber dem König zu festigen. So verfügte er in den ‚Cortes‘ über zwei anstelle der üblichen einen Ständevertretung (‚Brazo‘), und besaß in dem ‚Justicia‘ einen vom Monarchen unabhängigen Richter und Garanten seiner ständischen Privilegien.

Eine ähnliche Bedeutung kam in Katalonien der ‚Corts‘ und ihrer Exekutive, der ‚Diputació‘, zu. Obwohl Aragon und Valencia sich 1412 bzw. 1419 ähnlich geartete Einrichtungen schaffen sollten, war die ‚Diputació‘ doch eine spezifisch katalanische Schöpfung. Von seinem Ursprung im 13. Jahrhundert als untergeordnetes Organ der ‚Corts‘, entwickelte es sich im frühen 15. Jahrhundert zur Regierung und zum ersten Finanzinstitut des Fürstentums und wachte darüber, daß die Einkünfte Kataloniens nicht an die Krone verlorengingen.

Ein entscheidender Schwächepunkt der ‚Diputació' wie auch der städtischen Institutionen Barcelonas war indessen ihr zunehmend unrepräsentativer Charakter. Sowohl die seit der Reform von 1413 aus sechs ‚Diputats' und ‚Oidors' bestehende ‚Diputació' wie auch die Exekutive des Stadtparlaments bezogen ihre Mitglieder aus einem sehr begrenzten Sektor der katalanischen Oligarchie. Während Valencia, gefolgt von anderen Städten der Krone Aragon, 1419 das Wahlsystem des ‚Regiment d'Insaculació' übernommen hatte, welches den Kreis der Kandidaten für städtische Ämter erheblich erweiterte, aber auch der Krone ein größeres Mitspracherecht einräumte, verschloß sich Katalonien diesen Reformen. Die Bestrebungen, mittels einer Veränderung des machtpolitischen ‚Status quo' in Barcelona, Katalonien enger an die Krone zu binden, wurden umso stärker, je häufiger sich die ‚Corts' weigerten, dem Monarchen die geforderten Hilfssteuern zu gewähren. Allerdings vermochte die ‚Busca' trotz intensiver Unterstützung durch den Generalstellvertreter im Fürstentum, Galcerán de Requesens, nur wenige Jahre (1453–1460) die Partei des Patriziats aus den städtischen Machtpositionen zu verdrängen.

Angesichts der föderalistischen Struktur der Krone Aragon beschränkte sich der relativ weit entwickelte zentrale Verwaltungs- und Finanzapparat hauptsächlich auf die Funktion des Koordinators. Schon die 1344 von Peter IV. verabschiedeten ‚Ordinacions de Cort' unterschieden klar zwischen dem Hofmarschall und anderen der königlichen Hofhaltung vorstehenden Ämtern, und jenen Beamten, die mit der Verwaltung des Reiches betraut waren. Unter diesen verfügte insbesondere der Kanzler über eine erhebliche Machtfülle, leitete er doch nicht nur die Kanzlei und den Kronrat, sondern war als Präsident des obersten Gerichtshofes (‚Curia') neben dem ‚Justicia' auch erster Justizbeamter des Reiches. Die zentrale Verwaltung der königlichen Einkünfte unterstand dem ‚Maestre Racional', während jeder der drei Gliedstaaten über einen unabhängigen Finanzapparat unter der Leitung eines ‚Batlle General' verfügte.

Ihr politisches Gegenstück waren die seit dem 13. Jahrhundert abwechselnd als ‚Gerenti Vices', Generalstellvertreter oder Vizekönige, bekannten Bevollmächtigten des Monarchen. Das ursprünglich für Sardinien und Sizilien geschaffene Amt des Vizekönigs erlangte infolge der jahrelangen Abwesenheit Alfons' V. auch in den iberischen Kronländern vorübergehend eine große Bedeutung. Als traditionelles Privileg der Mitglieder der königlichen Familie hatte es jedoch bald nur noch ehrenamtlichen Charakter, und es blieb daher in der Folge den Generalgouverneuren überlassen, sich mit dem jeweiligen Ständeparlament auseinanderzusetzen. Die auf einer unterschiedlichen Zahl von Kreisen basierende Gebietsverwaltung – sechs in Aragon, sechzehn in Katalonien und auf den Balearen, und vier in Valencia – unterstand den ‚Sobrejuntero‘ oder ‚Portant-Veu‘ genannten Vertretern des jeweiligen Generalgouverneurs.

Die häufig vorgebrachte These, das später für die Verwaltung Spaniens so wichtige Ratssystem beruhe ausschließlich auf dem aragonischen Vorbild und der Initiative Ferdinands II., läßt außer Acht, daß die Grundlagen dieses Systems schon vor den ‚Katholischen Königen‘ in Kastilien vorhanden waren. Bereits im frühen 15. Jahrhundert bestanden hier, neben dem erwähnten Kronrat, ein Rat zur Verwaltung des Justizwesens, ein Geheimer Rat und die Ansätze zu einer Aufsichtsbehörde über die drei bedeutendsten militärischen Orden. Dies ergab sich sowohl aus der wachsenden Vielfalt des Verwaltungswesens Kastiliens wie aus dem Bestreben der Magnaten, die Regierungsgeschäfte in diesen Organen zu konzentrieren, um sie so dem Einfluß der königlichen Günstlinge zu entziehen.

Die Gebietsverwaltung oblag seit dem 13. Jahrhundert zunehmend den ‚Merinos Mayores‘ und ‚Adelantados Mayores‘. Letztere verwalteten vornehmlich die dem Maurenreich benachbarten Grenzgebiete und verfügten, wie die Fajardos in Murcia, über eine erhebliche Eigenständigkeit. Auch das Amt des Vizekönigs hatte, teilweise bedingt durch die Wirren des 15. Jahrhunderts, schon Eingang in das vor-isabelinische Kastilien gefunden. Luna fungierte jahrelang als ‚alter ego‘ Johanns II. im Süden des Landes, während Pedro Girón sich offiziell als von Heinrich IV. ernannter Vizekönig von Andalusien bezeichnete.

Der sich im Spätmittelalter vollziehende Wechsel von den feudalherrschaftlichen Abgaben zu einem mehr oder minder klar definierten Steuersystem, hatte vor allem unter den ersten Trastamara zum regelrechten Aufbau eines Finanzapparats geführt. Der bisher höchste Finanzbeamte, der ‚Mayordomo Mayor‘ oder Hofmarschall, leitete von nun an ausschließlich den königlichen Haushalt. Die Verwaltung der Steuereinnahmen oblag dem ‚Contador Mayor de Hacienda‘ und seinen ‚Escribanos‘ genannten Beamten, während die Planung und Kontrolle der Ausgaben an das ebenfalls neugeschaffene Amt des ‚Contador Mayor de Cuentas‘ fiel. Die Versuche Johanns II., die Finanzverwaltung von dem von Stadt zu Stadt reisenden Hof zu lösen und sie in einem zentralen Rechnungshof (‚Casa de las Cuentas‘) in Valladolid zu konzentrieren, scheiterten in den Wirren des Bürgerkriegs.

Die ‚Alcabala‘, eine zehnprozentige Verkaufssteuer, die im 15. Jahrhundert etwa drei Viertel der Einkünfte der Krone ausmachte, wurde normalerweise an private Steuerpächter vergeben. Diese – in ihrer Mehr-

zahl vermögende Konvertiten und Mitglieder des Hochadels – verpflich-
teten sich, gegen einen Prozentsatz der einzutreibenden Abgaben oder
gegen eine feste Summe, die Steuererhebung durchzuführen. Die Einziehung anderer königlicher Einkünfte – wie die außerordentliche Hilfssteuer, der königliche Anteil am Kirchenzehnt, die Kopfsteuer der in den
Ghettos (‚Aljamas‘) lebenden Juden und Mudejaren, die Grenzzölle und
die sehr lukrative Abgabe des Schafzüchterkartells (‚Servicio y Montazgo‘) – erfolgte dagegen gewöhnlich durch örtliche Steuereintreiber oder
durch die abgabepflichtige Körperschaft. Dank dieses Systems verfügten
die kastilischen Monarchen in Zeiten inneren Friedens regelmäßig über
erhebliche Einkünfte. Während der Wirren des 15. Jahrhunderts fielen
jedoch einige dieser Geldquellen, sei es durch königliche Gunstbeweise
oder durch einen Akt der Willkür, in die Hände des Adels.

Die traditionelle Kriegsführung gegen die Mauren, die auf blitzartigen
Überfällen und der Verwüstung des gegnerischen Hinterlandes, nicht
jedoch auf größeren Gefechten basierte, hatte im kastilischen Heer zu
einem zahlenmäßig sehr bedeutenden Übergewicht des leichtbewaffne-
ten, dafür aber sehr beweglichen Reiters (‚Caballero a la jinete‘) über den
für das westeuropäische Heer des Spätmittelalters noch so typischen
schwerbewaffneten Ritter geführt. Mit der Schaffung einer militärischen
Führungsstruktur, an deren Spitze ein Konstabel und zwei Marschälle
standen, hatte Johann I. 1382 die jahrhundertalte Identität zwischen
Monarch und Heerführer gebrochen. Da das Amt des Konstabels sich
bald in erbliches Gut einer einzigen Familie (Velasco) verwandelte, sollte
diese Neuerung allerdings viel von ihrem Wert verlieren. Im Gegensatz
zu Frankreich z. B. war die Gestalt des Söldners in den drei christlichen
Königreichen noch eine Ausnahmeerscheinung und trat erst im kastilischen Bürgerkrieg in den Vordergrund des militärischen Geschehens.

Neben einer kleinen stehenden Streitmacht (‚Guardias Reales‘), die
hauptsächlich dem Schutz des umherreisenden Hofes diente, waren die
kastilischen Könige ganz auf die lehnsrechtliche Dienstverpflichtung des
Adels angewiesen. Mittels jährlicher, ‚Tierras‘ genannter Zahlungen hielt
die Krone den Adel dazu an, dieser Pflicht gegebenenfalls nachzukom-
men und sich und seine Gefolgsleute einsatzbereit zu halten. 1429 z. B.
betrugen die ‚Tierras‘ fast 23% der königlichen Ausgaben und erfaßten
etwa 9000 Ritter. Neben diesen verfügte die Krone zur Abwehr einer
äußeren Gefahr über die Gefolgsleute der großen weltlichen und geistlichen Herren, die Ritter der militärischen Orden und die aus Berittenen
und Infanterie bestehenden Kontingente der Städte.

Obwohl die kastilische Seemacht im frühen 15. Jahrhundert noch in
ihren Anfängen steckte, war der Sieg bei La Rochelle (1419) gegen die

verbündeten Flotten Englands und der Hanse doch schon ein Vorbote
späterer Größe. Dies war, vor allem in der Entwicklungsphase, das Ergebnis der technischen Hilfe einer Reihe genuesischer Seefahrer und der
Reformen des späten 14. Jahrhunderts. Seit jener Zeit bestand auch für
die Schiffsführer der kastilischen Handelsflotte ein der ‚Tierras' ähnlicher
Sold, während die Bemannung der Galeeren sich aus den ärmeren Bevöl-
kerungsschichten der Küstenstädte rekrutierte, die, gleich ihren Standesgenossen im Landesinneren, in Kriegszeiten der Wehrpflicht unterlagen.
Dem Amt des Admirals, das bald zu erblichen Würde des Hauses der
Enríquez werden sollte, unterstanden seit 1405 nicht nur die kastilische
Seestreitmacht, sondern auch die Gerichtsbarkeit über die nationalen Ge-
wässer, Häfen und Werften.

II. Das Zeitalter der ‚Katholischen Könige‘
(1469–1504)

1. Der kastilische Erbfolgekrieg und die Vollendung
der Reconquista

Die Krönung ‚Alfons’ XII.‘ durch die von Villena und Erzbischof Carrillo geführte Adelsclique führte 1465 zum Ausbruch des Bürgerkriegs, der, nach einer kurzen Übergangsphase, schließlich in den kastilischen Erbfolgekrieg münden sollte. Angesichts des Kräftegleichgewichts beider Seiten kam es in dieser ersten Phase kaum zu größeren Gefechten, und selbst der Sieg Heinrichs IV. bei Olmedo (19. August 1467) führte keineswegs zur Zähmung der aufrührerischen Magnaten. Der aus diesen Ereignissen resultierende Autoritätsverlust äußerte sich jedoch in immer schändlicheren Willkürakten des Adels und führte, gemeinsam mit der im Nordwesten Spaniens besonders markanten Rechtlosigkeit der Bauern, 1467 zum sogenannten Aufstand der Irmandiños. Angeführt von einigen Angehörigen des Kleinadels und des niederen Klerus, zogen Bauern und Handwerker während der folgenden zwei Jahre durch Galicien, schleiften etwa 130 Burgen und Festen und brachten den machtpolitischen status quo vorübergehend ins Wanken.

Der plötzliche Tod ‚Alfons’ XII.‘ im Sommer 1468 bewog die Adelspartei, nun die 17jährige Isabel, eine Halbschwester Heinrichs, als neuen Legitimationsträger auf den Schild zu heben. Allerdings war man nun bereit, mit dem König zu einer Kompromißlösung zu gelangen. Obwohl es sich bei dem noch vorhandenen Vertragstext um eine spätere Fälschung handelt, darf man annehmen, daß das am 19. September 1468 geschlossene Abkommen von Toros de Guisando tatsächlich die Unterwerfung Isabels unter die Autorität ihres Halbbruders zum Inhalt hatte, während dieser, wohl unter dem Eindruck der Gerüchte über angebliche eheliche Fehltritte seiner Gemahlin, Königin Johanna und ihre gemeinsame Tochter Johanna zugunsten Isabels von der Thronfolge ausschloß. Eine weitere Vertragsklausel, die jede eheliche Verbindung von dem Einverständnis des Königs abhängig machte, wurde indessen schon wenige Monate später von Isabel ignoriert.

Nachdem ein von Erzbischof Carrillo gefälschter päpstlicher Dispens die nötigen Voraussetzungen geschaffen hatte – die Ehekandidaten waren

Vettern zweiten Grades –, vollzog sich am 18. Oktober 1469 unter größter Geheimhaltung in Valladolid die Eheschließung zwischen Ferdinand von Aragon und Prinzessin Isabel. Diese für die Geschichte Spaniens so folgenreiche Verbindung war freilich weder das Ergebnis einer bewußten Einigungspolitik, noch war sie historisch so unvermeidlich, wie man später meinte, sondern sie verdankte ihr Entstehen vornehmlich den taktischen Überlegungen Johanns II. und dem Kalkül einiger kastilischer Magnaten.

Heinrichs Antwort auf diesen Vertragsbruch bestand darin, Johanna einmal mehr zu seiner Erbin zu erklären und sie mit Karl von Valois – als Bruder Ludwigs XI. ein vielversprechender Bundesgenosse – zu verloben. Kastilien war nun während weiterer vier Jahre Zeuge des Machtkampfes zweier in ihrer Zusammensetzung ständig wechselnder Adelsparteien, in dem sowohl Isabel und Ferdinand wie auch der König zeitweise nur die Rolle von Komparsen spielten. Der Tod Heinrichs IV. am 11. Dezember 1474 – Villena war bereits einen Monat zuvor verstorben – schien indessen den endgültigen Sieg der zukünftigen ,Katholischen Könige‘ einzuleiten. Langjährige Gefolgsleute Heinrichs, wie Beltrán de la Cueva und Kardinal Mendoza, versagten der 12jährigen Johanna, die durch den Tod Karls von Valois bereits zwei Jahre zuvor ihren bedeutendsten ausländischen Verbündeten eingebüßt hatte, ihre Unterstützung und folgten damit dem Beispiel einer ständig wachsenden Zahl von Städten und Magnaten. In dieser Lage sollte einmal mehr ein Villena eine entscheidende Rolle spielen.

Beraten von Kardinal Carrillo, der aus Enttäuschung über seinen schwindenden Einfluß im isabelinischen Lager erneut die Verbündeten gewechselt hatte, gewann der junge Markgraf in Alfons V. von Portugal einen einflußreichen Anwalt der Interessen Johannas. Die Verlobung des alternden Monarchen mit Johanna (Mai 1475) und ihre Ausrufung als gemeinsame Herrscher Kastiliens, verwandelte schlagartig den Bürgerkrieg in einen inter-iberischen Konflikt. Der Vormarsch des portugiesischen Heeres sollte, infolge der übergroßen Vorsicht König Alfons’ und pro-isabelinischer Aufstände im Landesinneren, freilich bald ins Stocken geraten, und der Konflikt beschränkte sich nun auf eine Reihe kleinerer Gefechte. Selbst die Schlacht von Toro (1. März 1476) entbehrte jener Bedeutung, die ihr von kastilischen Chronisten später zugesprochen wurde, sondern bestätigte lediglich die bestehende Pattsituation. Da diese jedoch an das portugiesische Heer die größeren logistischen Anforderungen stellte und Alfons von seinem Treffen mit Ludwig XI. mit leeren Händen zurückgekehrt war – Frankreichs Intervention begrenzte sich auf die Belagerung der baskischen Festung Fuenterrabía –, entschloß man sich nach dem Scheitern des zweiten portugiesischen Einfalls zur Beendigung der Feindseligkeiten. In den Verträgen von Alcaçovas (September 1479) garantierten Kastilien und Portugal sich gegenseitig die Unversehrtheit der gemeinsamen Grenze und ihrer überseeischen Besitzungen. Die Frage, was mit Prinzessin Johanna zu tun sei, deren Heirat mit Alfons V. bereits der Papst annulliert hatte, suchte man mit der Übereinkunft zu lösen, sie für 13 Jahre in portugiesischer Obhut zu belassen, um sie dann mit dem kastilischen Kronprinzen Johann zu vermählen. Johanna kam diesen Plänen jedoch durch ihren Eintritt in ein Kloster zuvor.

Alcaçovas beseitigte auch die letzten Zweifel am Sieg der ‚Katholischen Könige‘. Da seit dem Schlachtentod Karls des Kühnen sich das Interesse Ludwigs XI. mehr denn je auf Burgund konzentrierte, konnte der junge Ferdinand – seit dem Tod seines Vaters (Januar 1479) König von Aragon – es sich leisten, seine Zusammenarbeit mit dem aus England, Habsburg und der Bretagne bestehenden anti-französischen Bündnis auf den wirtschaftlichen Sektor zu beschränken. Die Befriedung im Inneren sollte nur in Galicien Schwierigkeiten bereiten. Erst die Hinrichtung mehrer Adliger – unter ihnen der Marschall des kastilischen Heeres, Pardo de Cela – und die Schleifung von mehr als vierzig Burgen vermochten den letzten Widerstand zu brechen. Im restlichen Königreich jedoch bewies man – im Gegensatz zu jener historischen Konvention, die den ‚Katholischen Königen‘ das Verdienst zuerkennt, den Adel unterworfen und seiner Macht beraubt zu haben – ein erstaunliches Maß an Kompromißbereitschaft. Pedro Fajardo z. B., der ‚Adelantado‘ der Grenzmark Murcia, der seit 1468 weder die Autorität Heinrichs IV. noch der verschiedenen Prätendenten anerkannt hatte, wurde in allen seinen Würden bestätigt. Andere prominente ‚Juanistas‘, wie der Herzog von Medina Sidonia und der Markgraf von Villena, verloren zwar in ihren Domänen Teile ihrer Gerichtsbarkeit, wurden aber dafür reichlich entschädigt. Auch der von Isabel begangene Weg – Ansätze dazu hatte es schon unter Heinrich IV. gegeben –, vom Adel einen Teil jener Einkünfte zurückzufordern, die er sich seit 1464 angeeignet hatte, führte zwar zu einer erheblichen Mehrung des königlichen Einkommens, legitimierte jedoch gleichzeitig die vor diesem Datum begangenen Willkürakte und ihre materiellen Früchte.

Die Herrschaft der ‚Katholischen Könige‘ trotz des ungeminderten Wirtschaftspotentials des Adels als eine absolutistische Monarchie zu definieren, heißt eine Trennung zwischen wirtschaftlicher Macht und politischem Einfluß herzustellen, wie es sie in dem Maße selbst im Spätmittelalter nicht gegeben hat. Die wirtschaftliche Erstarkung der Krone und die erfolgreichen Bestrebungen der Monarchen, die wichtigsten Staatsämter mit Angehörigen des Kleinadels und bürgerlichen Juristen zu

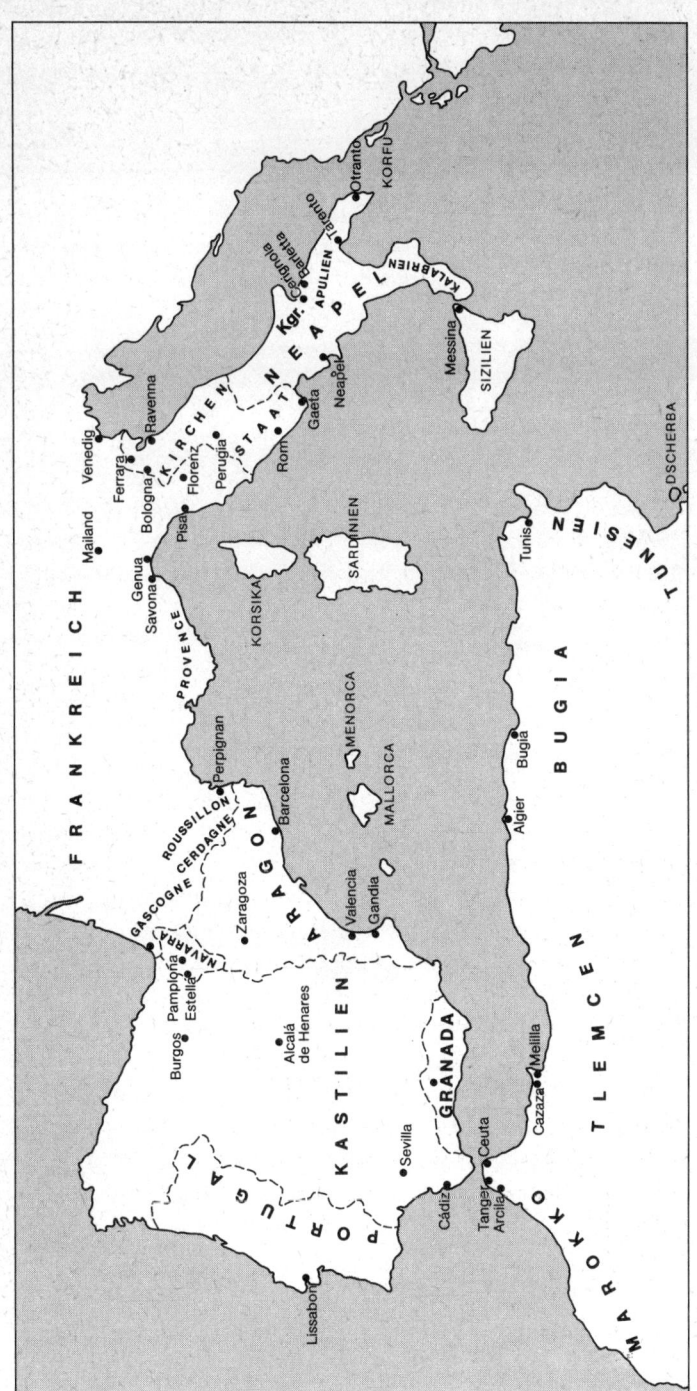

Die Außenpolitik der katholischen Könige

besetzen, führten zwar zu einer Disziplinierung des kastilischen Adels, nicht jedoch zu seiner Entmachtung. Die während der isabelinischen Epoche geschaffenen Grundlagen des Absolutismus gingen in erster Linie auf Kosten der Kirche, der Städte und der religiösen Minderheiten. Nicht wenige Maßnahmen der ‚Katholischen Könige', die von Generationen von Chronisten als völlig neu apostrophiert wurden, waren lediglich die Fortsetzung schon bestehender Tendenzen und Reformansätze. Sowohl die völlige Entmachtung der ‚Cortes', die von 1482 bis 1498 überhaupt nicht mehr zusammentraten, wie auch die zunehmende Einengung der städtischen Unabhängigkeit mittels der Entsendung von ‚Corregidores' – im Jahre 1494 gab es sie schon in 54 Städten Kastiliens – waren Bestrebungen, die zumindest seit Peter I. von allen Monarchen zielstrebig verfolgt worden waren. Die ‚Heilige Hermandad', die häufig als eine der segensreichsten Einrichtungen dieser Epoche gewertet wird, war keineswegs das Werk Königin Isabels, sondern war als Schutzbund der bedeutendsten kastilischen Städte in der Vergangenheit immer dann in Erscheinung getreten, wenn die innere Ordnung zusammenzubrechen drohte. Ihre Wiedergeburt im Jahre 1476 als Landpolizei und städtische Miliz verdankte sie vornehmlich den Anregungen der Stadt Burgos. Freilich wurde sie schon im selben Jahr der Aufsicht eines königlichen Rats unterstellt, den Alfons von Aragon, Ferdinands Halbbruder, leitete. Bei gleichzeitiger Vernachlässigung ihrer vornehmsten Aufgabe, der Verbrechensbekämpfung, wurde die ‚Hermandad' jedoch zunehmend zu einem Ersatzorgan der ‚Cortes' umfunktioniert, um die Finanzierung des Granada-Feldzugs sicherzustellen. Burgos, gefolgt von anderen Städten und Regionen, drang daher bereits 1478 auf die Auflösung der ‚Hermandad'. Noch bevor dies 1498 endlich geschah, waren viele Kommunen bereits dazu übergegangen, dem unverminderten Räuberunwesen auf den Landstraßen mit eigenen Ordnungskräften entgegenzutreten.

Die Tendenz, bestehende Reformansätze mit Erfolg fortzuführen, offenbarte sich auch in der zentralen Verwaltung und im Justizwesen. Die teilweise erfolgreichen Bestrebungen früherer Monarchen, die drei bedeutendsten militärischen Orden dem Einfluß der Kirche zu entziehen und sie unter die unmittelbare Aufsicht der Krone zu stellen, fanden unter den ‚Katholischen Königen' den gewünschten Abschluß. 1487 bzw. 1494 erlangte Ferdinand II. die Großmeisterwürde des Calatrava- und Alcántaraordens, und die Aufsicht über alle drei Orden, und damit über etwa 1500 zum Teil hochdotierte Ämter, fiel einige Jahre später an den neugeschaffenen ‚Königlichen Rat der Militärischen Orden'. Dem 1480 ins Leben gerufenen Kastilienrat gehörten zwar ein Bischof und drei Adlige an, aber die praktische Arbeit lag ausschließlich in den Händen von sieben oder acht geschulten Juristen. Die in seinem Vorgänger, dem Kronrat, so zahlreichen Vertreter der Oligarchie besaßen dagegen in dem neuen Organ lediglich Beobachterstatus.

Zwar übten der Kastilienrat und der in der Außenpolitik beratende Staatsrat neben ihrer politischen Funktion auch die eines Appellationsgerichts aus, doch lag die oberste Justizverwaltung seit 1371 in den Händen der ,Audiencias'. Die Rechtsprechung für den dritten Stand (,Alcaldes de Corte') und den Adel (,Alcaldes de Fijosdalgo') erfolgte hier in getrennten Kammern. In der isabelinischen Epoche kam zu der in Valladolid bestehenden ,Audiencia' – später ,Chancillería', oder Kanzlei, genannt – noch eine weitere in Ciudad Real hinzu. Die Reformversuche in der Gesetzgebung erwiesen sich dagegen als wenig erfolgreich. Mit den ,Ordenanzas Reales' des Alfonso Díaz de Montalvo und den ,Leyes de Toro' von 1505 erfüllten die Monarchen zwar den von den ,Cortes' häufig geäußerten Wunsch nach einer Kodifizierung der bestehenden Gesetze, aber dem dringenden Bedarf an einer Vervollständigung der aus dem Mittelalter stammenden Gesetzessammlung wurde dagegen nur ungenügend Rechnung getragen.

Während die Summe dieser und anderer Maßnahmen es erlaubt, das kastilische Königreich als ein in der Vorstufe des Absolutismus sich befindendes Gemeinwesen zu definieren, wäre es völlig falsch, automatisch ein Gleiches von der Krone Aragon anzunehmen. Seit dem Tod seines Vaters beschränkte sich Ferdinand II. darauf, nur dort in den Verwaltungsablauf der drei Gliedstaaten einzugreifen, wo die Schwäche der zu erwartenden Opposition dies zuließ oder tiefgreifende Mißstände es unumgänglich machten. Letzteres war vor allem in Katalonien der Fall, wo die Wunden des Bürgerkriegs noch längst nicht verheilt waren. Eine der ersten Maßnahmen des jungen Herrschers bestand darin, 1481 mittels der eigens dafür von den ,Corts' bewilligten Gelder eine Klärung der verwikkelten Besitzverhältnisse im Fürstentum herbeizuführen und so Sieger und Besiegte halbwegs zu versöhnen. Die ,Constitució de l'Observança' von 1481, in der Ferdinand den Fortbestand aller katalanischen Sonderrechte verbriefte, tat ein Weiteres, um das Mißtrauen der lokalen Oligarchie zu beschwichtigen. Zur gleichen Zeit vermochte er jedoch die Katalanen zur Annahme des neugeschaffenen Amtes des ,Llochtinent', oder Vizekönigs, zu bewegen, dessen Machtbefugnisse weit über die seines Vorgängers hinausgingen.

Auch in der Frage der ,Remensa'-Bauern, die weiterhin den Norden Kataloniens beunruhigten, sollte Ferdinand bereits jene Begabung zeigen, die Machiavelli später veranlaßte, ihn vorteilhaft mit dem Idealbild des Fürsten zu vergleichen. Während er einerseits frühere Entscheidungen zugunsten der Bauern annullierte, gestattete er ihnen andererseits, im Rahmen ihrer Interessenverbände (‚Sindicatos‘) eine rege organisatorische Tätigkeit zu entfalten. Angesichts dieser zweideutigen Haltung konnte es nicht verwundern, daß z. B. der Rat der Stadt Barcelona den Monarchen für den Ausbruch des zweiten ‚Remensa‘-Aufstands (1484) verantwortlich machte. Die Erhebung endete zwei Jahre später mit dem Schiedsspruch von Guadalupe (22. April 1486). In ihm befreite Ferdinand die Bauern von Grundhörigkeit und Fronden, verpflichtete sie aber zur Zahlung sehr erheblicher Bußgelder und Entschädigungen an ihre früheren Grundherren. Begünstigt durch die anhaltende wirtschaftliche Schwäche Kataloniens, sollte Ferdinand auch später noch erfolgreich gegen tiefverwurzelte Privilegien des Fürstentums vorgehen.

Obwohl das Königreich Valencia, insbesondere die große Hafenstadt gleichen Namens, in der zweiten Hälfte des 15. Jahrhunderts eine wirtschaftliche Entwicklung durchmachte, die im umgekehrten Verhältnis zu den Ereignissen im nördlichen Nachbarland stand, stießen auch hier die Eingriffe des Monarchen nur auf geringen Widerstand. So gelang es Ferdinand 1492 den Aragonen Juan de Lanuza als ‚Llochtinent‘ einzusetzen, obwohl die Sonderrechte Valencias (‚Furs‘) einen Landfremden von diesem Amt ausschlossen.

In Aragon dagegen hatten die sozialen und wirtschaftlichen Erschütterungen der vergangenen Jahrzehnte kaum zu einer Schwächung der lokalen Oligarchie geführt. Als 1488 die ‚Santa Hermandad‘ Aragons sich anschickte, Maßnahmen zur Bekämpfung des Raubritterunwesens zu ergreifen, bewirkte der empörte Widerstand des Adels noch im selben Jahr die de-facto-Auflösung dieser Institution. Die aragonische Ständevertretung, deren Beitrag zum Unterhalt der Krone ohnehin weit unter dem Kataloniens und Valencias lag, machte ihre Zustimmung zu den Finanzforderungen des Monarchen wie bisher von der Anhörung ihrer Petitionen abhängig. In der letzten Sitzung der ‚Cortes‘, der Ferdinand beiwohnen sollte, mußte er sogar erleben, daß die beiden ‚Brazos‘ des Adels ihm die Bewilligung der geforderten Hilfssteuer verweigerten.

Der Monarch zog es daher vor, insgesamt nur wenige Jahre in seinen Kronländern zu verbringen und mit ihrer Verwaltung die Vizekönige – eine alte Institution, die Ferdinand II. mit erweiterten Machtbefugnissen ausstattete – und den 1494 gegründeten Aragonrat zu betrauen. Basierend auf der mittelalterlichen ‚Curia Regis‘ Aragons, setzte er sich aus dem Generalschatzmeister (‚Tesorero General‘), je einem Vertreter der fünf, nach 1504 sechs Kronländer – Aragon, Katalonien, Valencia, Sizilien, Sardinien und Neapel – und dem Vizekanzler zusammen. Neben seiner Funktion als höchste Verwaltungsbehörde aller Kronländer verkörperte

führende Stellung in diesem Unternehmen doch nur sehr allmählich verlieren.

Die Propaganda des Hofes, die unter Hervorhebung der Rolle der Monarchen die Eroberung Granadas als ersten Schritt zur Schaffung eines kastilischen Weltreiches darstellte, gewann besonders an Gewicht, als es sich herausstellte, daß die anfangs gehegten Hoffnungen auf einen raschen Sieg sich nicht erfüllten. Trotz des geschickten Vorgehens der Kastilier, die sich der Taktik der ‚verbrannten Erde‘ ebenso bedienten wie der Bestechung maurischer Burgvögte, schritt der Vormarsch nur sehr langsam voran. Städte wie Alhama, Baza und Málaga – deren gesamte nordafrikanische Besatzung versklavt und an verschiedene europäische Monarchen verschenkt wurde – widerstanden erstaunlich lange einem zahlenmäßig weit stärkeren Gegner, der überdies mit dem sich rasch entwickelnden Artilleriewesen über eine besonders wirkungsvolle Waffe verfügte. Es war schließlich auch nicht ihre militärische Überlegenheit, die den Kastiliern zum Sieg verhelfen sollte, sondern die Fehden innerhalb der herrschenden Dynastie. Al-Zagal (Muhammad ibn Sa'id), der Bruder des Emirs, und Kronprinz Boabdil, der spätere Muhammed XII., konspirierten sowohl gegen den Monarchen wie auch gegeneinander, und die Kastilier verstanden es, sich ihrer wechselweise zu bedienen, um den Gegner insgesamt zu schwächen. Die Stadt Granada sollte sich schließlich, nach achtmonatiger Belagerung, am 2. Januar 1492 als letzter Teil des Emirats dem Feind ergeben. Eine mehr als sieben Jahrhunderte dauernde Auseinandersetzung hatte damit endgültig ihren Abschluß gefunden.

Die von diesem Sieg ausgehenden Impulse bewirkten unter anderem eine Wiederbelebung des im 15. Jahrhundert teilweise verlorengegangenen Kreuzzugs- und Eroberungsdrangs des kastilischen Adels, ein Faktor, der wenige Jahre später nicht unerheblich zum Aufbau des spanischen Weltreiches beitragen sollte. Innenpolitisch festigte der Feldzug die Stellung der Monarchen als militärische und politische Führer des Reiches, während aus strategischer Sicht der erweiterte Zugang zum Mittelmeer und die Bereinigung des eigenen Hinterlands wohl die herausragendsten Ergebnisse der Zerschlagung des Maurenreiches darstellten. Dies, im Verein mit der Tatsache, daß kastilische Interessen während des vorangegangenen Jahrzehnts im Mittelpunkt der spanischen Politik gestanden hatten, erlaubte es Ferdinand II. die Mittelmeerpolitik der Krone Aragon künftig stärker zu berücksichtigen.

Ein erster Schritt in diese Richtung war der Vertrag von Barcelona, in dem sich Karl VIII., als Gegenleistung für Aragons Wohlverhalten bezüglich französischer Expansionspläne in Italien, verpflichtete, die Grafschaften Roussillon und Cerdagne, die sich seit 1475 in französischem Besitz befanden, an Aragon zurückzugeben. Ferdinands zweiter Vorstoß zielte auf die Einverleibung Süditaliens. Nachdem es ihm 1501 gelungen war, seinen Einfluß mit französischer Hilfe auf Apulien und Kalabrien auszudehnen, wandte sich Ferdinand gegen seinen bisherigen Verbündeten und sicherte sich im dreijährigen Kampf gegen Ludwig XII. das Königreich Neapel. Damit war seit 1504 der Bestand des neben Sizilien und Sardinien dritten aragonischen Vizekönigreichs auf italienischem Boden gesichert.

Während die Bewohner der meisten maurischen Städte für ihren Widerstand mit der Ausweisung nach Nordafrika oder, wie im Fall Malagas, mit ihrer Versklavung bestraft wurden, waren die Bedingungen für die Übergabe Granadas von überraschender Großzügigkeit. Wenngleich es die kastilischen Eroberer nicht an Anstrengungen fehlen ließen, die politische und geistige Elite des besiegten Volkes zur Auswanderung in den Maghreb zu bewegen, so schien es doch, als sei man bereit, den für ihren Fleiß bekannten niederen Volksschichten Granadas und der umliegenden Landbezirke eine ähnliche Existenz zu ermöglichen wie sie die Mudejaren bereits seit Jahrzehnten im christlichen Norden führten. Garantierte man doch den Mauren in den Kapitulationsbedingungen die Beibehaltung ihres Rechtswesens, ihrer Sitten und Gebräuche sowie die freie Ausübung ihrer Religion. Die Gründe dafür, daß diese Grundlagen eines pluralistischen Spaniens bereits nach wenigen Jahren vernichtet wurden, lagen nicht nur in einer Reihe religiöser, staatspolitischer und wirtschaftlicher Überlegungen seitens der Krone, die bis heute in ihrem Gewicht nur schwer zu bestimmen sind, sondern sie waren auch das Ergebnis einer wachsenden Intoleranz bei der christlichen Bevölkerung, die letztlich in die Zerstörung der ‚Convivencia‘, d. h. des Zusammenlebens verschiedener Rassen und Religionen auf iberischem Boden, münden sollte.

Allerdings richtete sich diese Entwicklung keineswegs ausschließlich gegen die moslemische Minderheit. Lebten doch die Mudejaren Kastiliens zu zerstreut, um von ihren christlichen Mitbürgern als Bedrohung empfunden zu werden – von den ca. 120, vor der Eroberung Granadas bestehenden, ‚Aljamas‘ zählten nur sieben mehr als hundert Familien – und ihre geistige Assimilation war teilweise schon sehr weit fortgeschritten. In den Gliedstaaten der Krone Aragon und im kastilischen Murcia dagegen, wo sie noch fest ihrer Sprache und ihren Bräuchen verhaftet war, bestand die zahlenmäßig sehr starke mudejarische Bevölkerung fast ausnahmslos aus kleinen Pächtern und Handwerkern und erregte somit, von wenigen Ausnahmen abgesehen (Valencia 1455), zu diesem Zeitpunkt kaum den Neid der christlichen Bevölkerung.

Ganz anders dagegen die Lage der Juden. Schon im frühen 14. Jahrhundert hatten sich die Anzeichen gemehrt, daß jene Atmosphäre der Toleranz, die es Avicebron und vielen anderen jüdischen Gelehrten ermöglicht hatte, besonders im 11. und 12. Jahrhundert als Mittler zwischen der Welt des Islams und dem Abendland zu wirken, sich ihrem Ende näherte. Die den Zusammenbruch der ‚Convivencia' ausdrückenden Pogrome erreichten im Sommer 1391 ihren vorläufigen Höhepunkt. Eine antisemitische Verfolgungswelle, die in Sevilla ihren Ausgangspunkt hatte, erfaßte innerhalb weniger Wochen alle Teile des christlichen Spaniens. Tausende von Juden fanden in ihrem Verlauf den Tod, während eine wesentlich größere Zahl ihr Besitztum oder auch nur das nackte Leben lediglich durch den Übertritt zum christlichen Glauben zu retten vermochte.

Auf die Frage, ob diese Verschärfung des traditionellen Antisemitismus im Volk in erster Linie religiöse oder wirtschaftliche Ursachen hatte, gibt es bis heute noch keine befriedigende Antwort. Die Tatsache, daß, außer in Barcelona, die Unruhen von 1391 in allen größeren Städten eine gewisse Beruhigung erfuhren, sobald man die überlebenden Juden zur Konversion gezwungen hatte, scheint die religiösen Motive in den Vordergrund zu stellen. Dem kann man allerdings entgegenhalten, daß die Pogrome vielerorts von wirtschaftlichen Forderungen, wie z. B. nach der Abschaffung der Verkaufssteuer (Gerona) begleitet wurden, und daß sie sich in ihrer Anfangsphase vorrangig gegen reiche jüdische Kaufleute und Steuerpächter richteten. Auch entwickelte sich die zweite große, vom kastilischen Volk getragene antisemitische Verfolgungswelle, die 1449 in Toledo einsetzte und 1478 mit der Schaffung der Inquisition ihren Abschluß fand, vor dem Hintergrund ständig steigender Lebensmittelpreise. Überdies ist zu bedenken, daß die Mudejaren, die nicht weniger als die jüdische Bevölkerung einer religiösen Vereinheitlichung Spaniens im Wege standen, von diesen Pogromen kaum berührt wurden.

Obwohl sich der israelitische Volksteil vornehmlich im handwerklichen Sektor konzentrierte, sah ihn die öffentliche Meinung doch hauptsächlich in jenen Juden verkörpert, die als Juristen und Ärzte am Hof großen Einfluß genossen und denen man als Bankiers, Steuerpächter und Geldverleiher die Verantwortung für die Not des einfachen Volkes anlastete. Der Erklärung des Phänomens kommen wohl jene Historiker am nächsten, die die antijüdischen Pogrome sowohl als das Ventil einer wachsenden rassischen und religiösen Intoleranz wie auch als ein Instrument interpretieren, mit dem die in ihrer wirtschaftlichen Existenz bedrohten niederen Volksschichten unter dem Schutz seiner religiösen Komponente ihren Protest gegen die bestehende soziale Ordnung artikulierten. Die Monarchen der hispanischen Staaten waren daher im allgemeinen bemüht, Juden und Konvertiten vor dem Volkszorn zu schützen, wußten sie doch, daß sich – wie im Fall der Unruhen von Toledo (1449) – ein Progrom sehr rasch in eine unkontrollierbare Bewegung mit sozialrevolutionärer und chilialistischer Zielsetzung verwandeln konnte.

Solchen Bewegungen zuvorzukommen und ihre Antriebskräfte in kontrollierbare Bahnen zu leiten, war zweifellos einer der Gründe für die Schaffung der kastilischen Inquisition. Ein weiterer war die Sorge, die wachsende Zahl von Konvertiten, die weiterhin heimlich ihrem alten Glauben anhingen, begünstige eine geistige Aushöhlung der Kirche. Bestrebungen, den Kontakt zwischen Juden und Konvertiten so weit wie möglich zu unterbinden und die Glaubensfestigkeit der letzteren einer gewissen Überwachung zu unterwerfen, wurden daher schon seit Jahrzehnten sowohl von den sogenannten ‚Alten Christen‘ wie auch von namhaften Konvertiten lebhaft unterstützt.

Auch die ‚Katholischen Könige‘, die ursprünglich eine wohlwollende Haltung gegenüber den Juden eingenommen hatten, waren bald von der Notwendigkeit eines religiösen Kontrollorgans überzeugt. Obwohl ihnen Papst Sixtus IV. schon im November 1478 das Privileg gewährt hatte, selbstständig Inquisitoren zu ernennen, vergingen zwei Jahre, bis die erste Untersuchungskammer ihre Tätigkeit in Sevilla aufnahm, und erst weitere drei Jahre später erfolgte dann endlich die Schaffung des Inquisitionsrates. Machtpolitische Auseinandersetzungen mit dem Heiligen Stuhl und der erbitterte Widerstand prominenter Konvertiten im städtischen Patriziat Alt- und Neukastiliens waren die hauptsächlichen Ursachen dieser Verzögerung. Noch entschiedener war die Opposition in den Ländern der Krone Aragon. Erst nachdem 1485 eine Gruppe von Konvertiten den Inquisitor Pedro Arbués in Zaragoza ermordet hatte, sollte sich hier ein Meinungsumschwung anbahnen. Im Unterschied zu der hier seit dem 13. Jahrhundert bestehenden Inquisition, die seit der Vernichtung der Albigenser nur eine geringe Rolle im öffentlichen Leben gespielt hatte, stand ihre Nachfolgerin – deren Kompetenzen als einzige Institution sich auf das gesamte spanische Reich erstreckten – in dem Verdacht, der Krone bei der Durchsetzung zentralistischer Bestrebungen dienen zu wollen. Die ebenfalls häufig geäußerte Befürchtung, die Tätigkeit der neuen Inquisition könne zu schweren Erschütterungen im Handels- und Finanzwesen führen, sollte sich besonders im Fall Barcelonas als nur zu berechtigt erweisen. Schon bevor die Stadtväter sich 1487 endlich gezwungen sahen, ihren Widerstand gegen ihre Einsetzung aufzugeben, waren zahlreiche, zu den Finanzkreisen Barcelonas zählende Konvertiten ins Ausland geflohen. Dieser Rückschlag traf die katalanische Wirtschaft, die eben erst begonnen hatte, sich von den Auswirkungen des Bürgerkriegs zu erholen, besonders hart.

Angesichts ähnlicher Auswirkungen auf das wirtschaftliche Leben vieler Städte Spaniens und der Tatsache, daß sich die ‚Katholischen Könige' dessen sehr wohl bewußt waren, fällt es schwer, der Behauptung Glauben zu schenken, die Tätigkeit der Inquisition und die spätere Judenvertreibung seien in erster Linie von finanziellen Beweggründen diktiert worden. Obwohl die Sorge um die geistige Gesundung der Kirche und die wachsenden antisemitischen Spannungen im Volk zweifellos schwerer wogen, darf dieser Aspekt indessen keineswegs unbeachtet bleiben. Die Einkünfte der Inquisition aus Bußgeldern und dem Vermögen geflohener oder zum Tode verurteilter Konvertiten waren anfänglich sehr beachtlich. So reichten die Einnahmen der Inquisitionskammer in Valencia bereits 1486 aus, um Ferdinand II. die Entsendung einer Flotte nach Italien zu ermöglichen. Was ursprünglich möglicherweise ein unbeabsichtigter Nebeneffekt ihrer Tätigkeit war, wurde im Verlauf der Jahre zu einer der wichtigsten Aufgaben der Inquisition. Man griff nun zu Mitteln, die mit dem eigentlichen Auftrag nur sehr schwer in Einklang zu bringen waren, so z. B. zum Verkauf von Gnadenbriefen und zur Enteignung von vermeintlichen Ketzern – Jahrzehnte nachdem sie bereits verstorben waren. Gewisse Inquisitoren, wie z. B. Diego Rodríguez Lucero, der in Cordoba während seiner achtjährigen Schreckensherrschaft (1499–1507) aus Habgier und anderen niederen Motiven Hunderte von Konvertiten dem Feuertod überantwortete, verzichteten sogar ganz auf solche juristischen Kunstgriffe. Allerdings darf dies nicht darüber hinwegtäuschen, daß die Einkünfte aus diesen Quellen und aus der Judenvertreibung nur einen verhältnismäßig bescheidenen Teil der gesamten Staatseinkünfte ausmachten und weit unter den Verlusten lagen, die der Wirtschaft langfristig aus diesen Maßnahmen erwachsen sollten.

Das Edikt vom 31. März 1492, mit dem die Monarchen die Vertreibung aller Untertanen jüdischen Glaubens aus beiden Königreichen verfügten, traf die Betroffenen keineswegs unvorbereitet. Bereits 1483 bzw. 1486 hatte man hinsichtlich der Region Sevilla und der Erzdiözese Zaragoza ähnliche Anordnungen getroffen, die allerdings weitgehend ignoriert wurden. Es bedurfte jedoch nicht einmal dieser Vorboten, um die Juden ihr Schicksal erahnen zu lassen, war doch ihre Ausweisung nichts anderes als die unabwendbare Folge der Schaffung der Inquisition. In beiden Fällen war die Zielsetzung die gleiche: den wachsenden Antisemitismus im Volk in kontrollierbare Bahnen zu lenken und die werdende Nation religiös und rassisch zu einen. Die Zahl derer, die – nachdem sie überstürzt ihren Besitz zu Schleuderpreisen veräußert hatten – wenige Wochen nach der Verkündigung des Edikts Spanien den Rücken kehrten, um sich in Portugal, Italien, Nordafrika und im östlichen Mittelmeerraum eine neue Heimat zu suchen, ist bis heute nicht genau zu bestimmen. Während frühere Historiker oft von 150–170000 Vertriebenen in Kastilien und ca. 30000 in der Krone Aragon sprachen, neigt man heute eher dazu, 75000 bzw. 10000 als realistische Schätzungen zu akzeptieren. Obwohl das Edikt diese Möglichkeit nicht erwähnte, zogen viele einflußreiche Juden, aber auch Teile ganzer Aljamas es vor, der Ausweisung durch den Übertritt zum christlichen Glauben zu entgehen.

Wie schon die Einsetzung der Inquisition zuvor, wurde auch die Judenvertreibung von der Mehrheit der christlichen Bevölkerung begrüßt, stieß jedoch anfänglich auch auf den Widerstand einiger namhafter Persönlichkeiten der neuen Monarchie. Den Mudejaren schien dieser Ausbruch extremer Intoleranz paradoxerweise eine Verbesserung der eigenen Lage gebracht zu haben. Wie etwa im Fall der Verordnungen der ‚Cortes‘ von Madrigal (1476) und Toledo (1480), waren sie in der Vergangenheit oft das fast unbeabsichtigte Opfer einer Gesetzgebung, die sich vorrangig gegen die Juden richtete. Deren Ausweisung ließ erhoffen, daß man damit dem religiösen Extremismus die Spitze abgebrochen habe. Diese Hoffnung – wenn sie objektiv je begründet war – scheiterte indessen unter anderem daran, daß die bisher nur 17–20000 Personen zählende islamische Bevölkerung Kastiliens sich infolge der Einbeziehung der Mauren Granadas plötzlich in einen relativ bedeutenden Fremdkörper im neuen Spanien verwandelt hatte. Bevor diese Tatsache jedoch praktische Folgen hatte, vergingen mehrere Jahre, in denen der Graf von Tendilla, der erste christliche Gouverneur Granadas, und Erzbischof Talavera sich ernsthaft bemühten, die besiegten Mauren mit ihrem Schicksal zu versöhnen.

Dies änderte sich jedoch grundlegend, nachdem Königin Isabel, die kurz zuvor Granada einen Besuch abgestattet hatte, im Spätherbst 1499 den Erzbischof von Toledo, Francisco Jiménez de Cisneros, mit der Aufgabe betraute, in Zusammenarbeit mit Talavera, die Konversion der Mudejaren erheblich voranzutreiben. Cisneros, seit 1492 als Nachfolger Talaveras, Beichtvater der Königin, hatte auch diesmal keine Mühe, seinen Rivalen in den Hintergrund zu drängen. Mit dem ihm eigenen religiösen Eifer, und ohne dabei zu sehr auf die Mittel zu achten, erzielte er innerhalb weniger Wochen ein erhebliches Ansteigen der Übertritte zum christlichen Glauben, provozierte aber auch bereits am 18. Dezember 1499 den ersten Aufstand der Mudejaren. Obwohl dieser sehr rasch von Tendilla mit zum Teil sehr harten Mitteln niedergeschlagen wurde, ergriff die Empörung bald weite Gebiete des ehemaligen Emirats, so daß die

Spanier sich bis zum Frühjahr 1501 mit einer ganzen Kette von Erhebungen konfrontiert sahen.

Ferdinand II., der seinen Vertrauten gegenüber Cisneros' Vorgehen scharf verurteilte, sah sich nun gezwungen, sich der sehr verbreiteten Ansicht anzuschließen, man solle die Mudejaren zwischen Auswanderung und Konversion wählen lassen. Diese Alternative, die man wenig später (12. Februar 1502) auch den alteingesessenen Mudejaren Kastiliens aufzwang, obwohl diese keinerlei Anteil an den Unruhen gehabt hatten, ließ allerdings nur wenigen Mauren eine echte Wahl. War es doch nur den Vermögenden unter ihnen möglich, an die Krone jene Abgabe zu entrichten, die allein es ihnen erlaubte, sich nach Nordafrika einzuschiffen, wie auch die Bestimmung, Jungen und Mädchen unter 15 bzw. 13 Jahren hätten im Land zu verbleiben, in vielen Fällen die Entscheidung bereits vorausnahm. Die Folgen waren einerseits der Exodus der wirtschaftlich stärkeren Schichten der mudejarischen Bevölkerung, und andererseits die Massentaufe ganzer ‚Aljamas', ohne daß die Einwohner jemals im christlichen Glauben unterwiesen worden wären. Kastilien bot von nun an das Bild eines religiösen Monoliths, in dessen Inneren jedoch unzählige jüdische und moslemische Konvertiten weiterhin heimlich ihrem alten Glauben anhingen. Die Bestrebungen, das Christentum vor diesen vermeintlichen Renegaten zu schützen, sollten auf Jahrhunderte hinaus den Nährboden für Spaniens extremen religiösen und geistigen Konformismus bilden.

Keine dieser Maßnahmen hatte indessen auch nur die geringste Auswirkung auf die Mudejaren der Krone Aragon, eine Tatsache, die einmal mehr bewies, wie weit die beiden Königreiche noch davon entfernt waren, ein geeintes Ganzes zu bilden. Die Magnaten Aragons und Valencias waren nicht gewillt, wegen des Glaubenseifers ihres Monarchen Unruhe unter den Tausenden von moslemischen Pachtbauern zu riskieren, deren Arbeitskraft die Hauptquelle ihrer Einkünfte war. So mußte Ferdinand den 1510 in Monzón zusammengetretenen ‚Cortes Generales' der drei Gliedstaaten feierlich geloben, die Mudejaren nicht mit Zwangstaufe oder Vertreibung zu bedrohen. Sein Enkel, Karl I. (V.) erneuerte zwar 1518 dieses Gelöbnis, brach es aber bereits sieben Jahre später.

3. Wirtschaftliche und soziale Fundamente des neuen Spaniens

Nicht wenige Chronisten des 15. Jahrhunderts neigten dazu, einem wirtschaftlich blühenden Kastilien eine der inneren Regeneration scheinbar unfähige Krone Aragon gegenüberzustellen. Die historische Wirklichkeit entsprach indessen nur teilweise dieser Darstellung. Zum einen ignorierte man offenbar die Tatsache, daß Katalonien, insbesondere Barcelona, nur noch bedingt das wirtschaftliche Barometer für die Krone Aragon war. Seit dem frühen 15. Jahrhundert war es Valencia zunehmend gelungen, Barcelonas Stellung als Handels- und Finanzzentrum sowohl im westlichen Mittelmeer wie auch innerhalb der katalanisch-aragonischen Föderation zu übernehmen. Zum anderen hatte sich auch in der katalanischen Wirtschaft bereits im späten 15. Jahrhundert eine Wende angebahnt. Die Folgen des Bürgerkriegs, Pestepidemien, der Verlust von Märkten und qualifizierten Arbeitskräften an die Handelsstädte Norditaliens, die sich infolge der osmanischen Expansion vermehrt im westlichen Mittelmeer engagierten, sowie der Parteienstreit innerhalb der Kaufmannschaft von Barcelona, hatten die wirtschaftliche Zerrüttung des Fürstentums in den letzten Jahren der Herrschaft Johanns II. ihrem Höhepunkt zugetrieben. Ferdinand II. suchte unmittelbar nach seiner Thronbesteigung (1479) dieser Situation mit einer Reihe von protektionistischen Verordnungen zu begegnen. Zwar entsprangen diese, gleich dem 1482 beschlossenen Reformprogramm zur Gesundung der städtischen Finanzen, vorrangig den Anregungen der Stadt Barcelona, doch enthielten sie bereits gewisse Ansätze jenes frühen Merkantilismus, der wenig später in Kastilien üblich werden sollte. Allerdings wäre es falsch, von den ‚Katholischen Königen‘ als den Wegbereitern dieses Gedankens auf der Pyrenäenhalbinsel zu sprechen, hatten doch bereits Alfons V. und Königin Maria 1419 bzw. 1422 Verordnungen zum Schutz der heimischen Schiffahrt und der katalanischen Tuchweberei erlassen. Allerdings kamen die königlichen Reformen durch den Ausbruch des zweiten Remensakrieges und die Folgen der Einsetzung der Inquisitionskammer in Barcelona (1487) anfänglich nicht voll zur Wirkung.

Dennoch betrachtet man das Jahr 1484 als den Beginn des ‚Redreç‘, d.h. des wirtschaftlichen Wiederaufstiegs Kataloniens. Während des folgenden Jahrzehnts gelangten katalanische Erzeugnisse, insbesondere Tuchwaren, erneut in größeren Mengen nach Alexandria, nach Rhodos, in den Maghreb und auf die britischen Inseln, und auch die ‚Consulats‘, die Auslandsvertretungen der katalanischen Kaufmannschaft, nahmen ihre Tätigkeit wieder auf. Diese Erfolge beruhten zum einen auf einer Reihe allgemeiner Maßnahmen der Krone, die, wie die Beendigung des Remensakrieges und die Beilegung der innerstädtischen Fehden, zur inneren Beruhigung des Fürstentums und damit zur Schaffung eines investitionsfreundlichen Klimas beitrugen. Zum anderen waren es merkantilistische Maßnahmen – wie die Begünstigung der katalanischen Schiffahrt gegenüber den Konkurrenten aus Genua und Nizza –, die es den Kaufleuten der Aragonrat in den Balearen, Valencia und Sardinien darüber hinaus die höchste richterliche Instanz. In Aragon und Katalonien dagegen wurde diese Aufgabe von den ‚Audiencias‘ von Zaragoza bzw. Barcelona wahrgenommen. Als Bestandteil des von Residenz zu Residenz reisenden Hofes befand sich der Aragonrat fast ständig außerhalb seines Amtsbereichs.

2. Die Festigung der königlichen Autorität und die Grundlagen des religiösen und geistigen Konformismus

Obwohl Granada seitens der islamischen Bruderstaaten des Maghreb keinerlei Hilfe erwarten konnte, und seine Wirtschaft seit Jahrzehnten unter einer wachsenden Steuerlast zusammenzubrechen drohte, hatte das Emirat es verstanden, die innere Schwäche seiner Gegner zu einer zeitweise offensiven Politik auszunützen. Dies war um so erstaunlicher, da auch der Maurenstaat seit dem Tod Jusufs III. (1417) wiederholt von Fehden miteinander rivalisierender Mitglieder der Nasriddynastie heimgesucht wurde, in denen die kastilischen Monarchen und der andalusische Adel häufig die Rolle des Züngleins an der Waage spielten. Die zwischennachbarlichen Beziehungen waren während des 15. Jahrhunderts jedoch keineswegs von ständigen Auseinandersetzungen geprägt. Die Vorstöße ins gegnerische Hinterland entsprangen auf beiden Seiten häufig weniger einem religiösen Sendungsbewußtsein als dem Verlangen nach Beute und Sklaven, und selbst während größerer Feldzüge konnte es geschehen, daß gewisse Magnaten Andalusiens nicht nur Neutralität bewahrten, sondern den Emir vor den Plänen ihrer christlichen Glaubensgenossen warnten. Das Entstehen eines geeinten und starken Spaniens mußte diesem zeitweise sehr fruchtbaren Nebeneinander jedoch notwendigerweise ein Ende bereiten.

Zwar sollten die ‚Katholischen Könige‘ den Krieg mit Granada sehr bald zum nationalen Anliegen erheben, um mit seiner Hilfe die kastilische Oligarchie hinter sich zu einen und die Wunden des Bürgerkriegs vergessen zu machen, doch waren seine Ursachen vorrangig lokaler Natur. Die Einnahme Alhamas im Februar 1482, die allgemein als der Beginn der Eroberung Granadas betrachtet wird, war lediglich die Antwort des andalusischen Adels auf den Überfall, mit dem der Emir Abū-l-Ḥasan sich wenige Monate zuvor der Grenzfeste Zahara bemächtigt hatte. Wenn auch die Monarchen nun in zunehmendem Maße königliche Truppen sowie Streitkräfte des kastilischen Adels und der Städte in den Süden entsandten, sollten die Magnaten Andalusiens – insbesondere der Graf von Cádiz und die Herzöge von Medina Sidonia und Medinaceli – ihre aus Barcelona, Tortosa und Perpignan ermöglichten, ihre alten Märkte teilweise wiederzuerobern. Barcelonas Bedeutung wurde zudem dadurch gestärkt, daß es als Sitz der ‚Markus Brüderschaft‘ – einer Organisation, die seit Jahrzehnten in der Krone Aragon die Briefbeförderung durchführte – von den ‚Katholischen Königen‘ zum Zentrum eines neuen internationalen Postdienstes bestimmt wurde. Das neugeschaffene Amt des Generalpostmeisters (‚Correo Mayor‘) sollte von 1505 an in den Händen der lombardischen de Tassis liegen.

Während jedoch die Krone nach der Eroberung Orans, Bugias und Tripolis', Katalonien 1511 das Recht zuerkannte, in diesen Häfen alle nichtkatalanischen Einfuhren mit Schutzzöllen zu belegen, waren sowohl Kastilien wie auch die zunehmend bedeutenden spanischen Besitzungen in der Neuen Welt Märkte, in welche die katalanischen Kaufleute nur mit Mühe eindringen konnten. Der mediterrane Wirtschaftsverbund der Krone Aragon und die zunehmend auf den Atlantik ausgerichtete Ökonomie Kastiliens waren weiterhin durch Zollschranken voneinander getrennt. So wurde z. B. die Bitte der katalanischen Kaufleute, man möge sie bezüglich der bedeutenden Messen von Medina del Campo an den Vorrechten ihrer kastilischen Standesgenossen teilhaben lassen, von den ‚Cortes‘ Kastiliens abgelehnt.

Der Ausschluß der Untertanen der Krone Aragon vom Handel mit den Kolonien – in denen Kastilien trotz des Einigungsprozesses im Mutterland jahrzehntelang sein ausschließliches Besitzrecht behaupten sollte – war unter den ‚Katholischen Königen‘ allerdings noch eher eine Art freiwilliger Selbstbeschränkung und wurde erst später von Kastilien zum Gesetz erhoben. Angesichts dieser Tatsache, die den katalanischen Handel auf viele Jahrzehnte hinaus auf den stagnierenden Wirtschaftsraum des westlichen Mittelmeers begrenzen sollte, waren dem ‚Redreç‘ zwangsläufig relativ enge Grenzen gesetzt.

Dank einer Struktur, die, basierend auf der Ausfuhr einiger weniger Erzeugnisse, noch relativ unkompliziert war, hatte die kastilische Wirtschaft dagegen die Stürme des 15. Jahrhunderts überraschend unversehrt überstanden. So war die Zahl der nichtortsgebundenen (‚Trashumantes‘) Merino-Schafe im Königreich in der zweiten Hälfte des Jahrhunderts von ca. 2,5 auf drei Millionen angestiegen. Hinter dieser Zahl verbargen sich gleichzeitig die Stärke und die Schwäche der kastilischen Wirtschaft, signalisierte sie doch, daß, ungeachtet der nicht unbedeutenden Stellung der exportorientierten Eisenindustrie des Baskenlandes, des kantabrischen Schiffbaus und der sevillanischen und granadischen Seifenindustrie, die Wolle sich zum alles beherrschenden ökonomischen Faktor erhoben hatte. Dies erklärte sich nicht nur aus den klimatischen und geologischen

Bedingungen des kastilischen Hochlandes, die einen intensiven Ackerbau nur bedingt zulassen, sondern ergab sich auch aus der Tatsache, daß die Schafzucht es dem Hochadel, den Klöstern und den militärischen Orden ermöglichte, aus ihren riesigen, dünn besiedelten Latifundien regelmäßige und leicht zu kontrollierende Einkünfte zu gewinnen. Da überdies der ‚Servicio y Montazgo‘, die sehr lukrative Abgabe der seit 1273 in der ‚Mesta‘ vereinigten Schafzüchter, seit Beginn des 15. Jahrhunderts durch die Großmeister des Santiagoordens kontrolliert wurde, einem Amt also, das gewöhnlich der Aufsicht der Krone unterlag, kann es nicht verwundern, daß ein ursprünglich bescheidener Wirtschaftszweig sich sehr rasch in einen Machtfaktor ersten Ranges verwandelte.

Der seit dem 14. Jahrhundert ständig steigende Export von Wolle nach Italien, Flandern, Frankreich und den Ländern der Krone Aragon hatte zwar Städten wie Burgos, dem Zentrum des kastilischen Wollhandels, den Messestädten Medina del Campo und Villalón und den seit 1296 in der ‚Hermandad de las Marismas‘ verbundenen Ausfuhrhäfen der kantabrischen Gewässer Reichtum und Glanz gebracht, vollzog sich jedoch teilweise auf Kosten der heimischen Tuchindustrie. Diese Auseinandersetzung zwischen der ‚Mesta‘ und der in Segovia, Cuenca, Avila, Toledo und anderen kastilischen Städten entstandenen Textilindustrie war zwar gewissen Schwankungen unterworfen, mußte aber infolge der vorherrschenden politischen Entwicklung letztlich mit dem Sieg der in der ‚Mesta‘ so zahlreich vertretenen Magnaten enden. So scheiterte der Vorschlag der ‚Cortes‘ aus dem Jahre 1438, Johann II. solle die billige kastilische Wolle ausschließlich der heimischen Industrie zugängig machen, am Widerspruch der ‚Mesta‘. Der 1462 unter Heinrich IV. geschlossene Kompromiß, demzufolge nur ein Drittel der Wolle ausgeführt werden durfte, bedeutete dagegen indirekt eine Niederlage der Magnaten und war daher einer der Faktoren, die zwei Jahre später wesentlich mit zum Ausbruch des Bürgerkrieges beitragen sollte.

Die ‚Katholischen Könige‘ hüteten sich diesen Fehler zu wiederholen, sondern förderten die ‚Mesta‘ mit allen Mitteln. Die Tuchindustrie suchte man dagegen mit machtpolitisch weniger kontroversen Mitteln zu stärken. Um dem Mangel an qualifizierten Arbeitskräften entgegenzuwirken und die kastilischen Tuche, die vorrangig aus Halbfertigwaren bestanden, die zur Weiterverarbeitung ins Ausland versandt wurden, in ihrer Qualität zu verbessern, suchte man flandrische und italienische Weber mit steuerlichen und anderen Vergünstigungen ins Land zu ziehen und das Zunftsystem der Länder der Krone Aragon auf Kastilien zu übertragen.

Während in Kastilien die Gründung von Innungen stets von der Krone unterdrückt worden war – wo es sie dennoch gab, maskierten sie sich als religiöse Laienbrüderschaften („Cofradías‘) –, bildeten sie in den östlichen Regionen seit Jahrhunderten einen wichtigen Bestandteil des politischen und wirtschaftlichen Gefüges. Das 1389 von der Töpfergilde Barcelonas eingeführte Prüfungssystem für Lehrlinge und Meister hatte sich im Laufe der Jahrzehnte als ebenso richtungweisend für die anderen Handwerksinnungen der drei Gliedstaaten erwiesen wie die sogenannte ‚Crida de les Drepades‘, in der die Weber der katalanischen Hauptstadt 1424 alle Aspekte ihrer Tätigkeit auf das genaueste festlegten. Das politische Gewicht der Zünfte artikulierte sich besonders im städtischen Bereich überaus stark. So waren nach der Reform von 1455 64 der insgesamt 128 Ratssitze des Stadtrats von Barcelona („Consell de Cent‘) den Vertretern der Zünfte und ähnlichen Berufsverbänden vorbehalten, und im Magistrat von Valencia befanden sie sich sogar in der Mehrheit. Jüngste Forschungsergebnisse deuten indessen an, daß dieser Versuch, einen noch jungen und dynamischen Industriezweig in die Zwangsjacke eines teilweise veralteten und starren Zunftwesens zu zwängen, keineswegs nur positive Ergebnisse erbrachte. (So waren z. B. gemäß den Ordonnanzen von Sevilla aus dem Jahre 1511 beim Weben nicht weniger als 120 Vorschriften zu beachten.)

Dies war freilich nicht die einzige Anleihe aus den handelstechnisch hochentwickelten Ländern der Krone Aragón. Das 1494 in Burgos begründete ‚Consulado del Mar‘ vereinigte in sich nicht nur die für die ‚Consolats‘ typischen Eigenschaften einer Kaufmannsgilde und eines Handelsgerichtshofes, sondern erfüllte auch die Rolle einer Monopolgesellschaft, die, ausgestattet mit königlichen Vorrechten, den gesamten über die kantabrischen Häfen laufenden Außenhandel kontrollierte. Der Widerstand der Hafenstädte bewirkte zwar bald, daß man Bilbao ebenfalls die Einrichtung eines eigenen ‚Consulado‘ gewährte, aber die von der Krone unterstützten hegemonistischen Bestrebungen des kastilischen Rivalen sollten sich dennoch letztlich sehr negativ auf die Entwicklung der kantabrischen Schiffahrt auswirken. Der möglichen Entwicklung der ‚Hermandad de las Marismas‘ zu einem Städtebund nach dem Muster der Hanse hatte die Krone allerdings schon vorher den Boden entzogen; seit 1490 war dieser Interessenverband gehalten, seine Beratungen nur in Anwesenheit des königlichen ‚Corregidors‘ von Vizcaya abzuhalten.

Den durch die politischen Wirren der vorangegangenen Jahrzehnte entstandenen Störungen im Finanz- und Währungssystem suchten die Monarchen 1497 mit einer Währungsreform zu begegnen, die direkt auf die unter Heinrich IV. gemachten Anstrengungen aufbaute. Ihre herausragendste Leistung bestand darin, daß sie mit dem ‚Excelente de Granada‘, oder Dukaten, eine Währungseinheit schuf, die im Wert sowohl dem

‚Excel-lent' Valencias wie auch dem katalanischen ‚Principat' entsprach. Dies bedeutete allerdings nicht die Vereinheitlichung der Währungssysteme beider Königreiche. Während man sich in Kastilien wie bisher des ‚Maravedís' als grundsätzlicher Verrechnungseinheit bediente – 375 ‚Maravedís' entfielen auf einen Dukaten, und entsprachen etwa dem Wochenlohn eines Handwerkers –, rechnete man in der Krone Aragon weiterhin in Pfund (‚Libra'), Schilling (‚Sueldo'), und Pfennigen (‚Dineros'), deren Wert zudem von einem Gliedstaat zum anderen erheblich variierte. Als Folge der Judenvertreibung sollten neben Genuesen und Florentinern, die schon seit dem 12. Jahrhundert besonders in Andalusien eine herausragende Stellung im Finanzwesen einnahmen, nach 1492 auch Flamen, Franzosen und Deutsche dem Kommerz Kastiliens vermehrt ihr Interesse schenken.

Weitere früh-merkantilistische Maßnahmen der ‚Katholischen Könige' betrafen die Messen von Medina del Campo, Villalón und Medina de Rioseco, denen 1483 das Monopol im binnenländischen Wollumschlag gewährt wurde, die Ausdehnung (1501) jener 1491 erlassenen Verfügung von Katalonien auf beide Königreiche, derzufolge der Transport spanischer Erzeugnisse der heimischen Schiffahrt vorzubehalten sei; die staatliche Subventionierung des Baus von Schiffen mit mehr als 600 Tonnen, und die Umwandlung der bestehenden Gilde der kastilischen Fuhrleute in die ‚Königliche Vereinigung der Kärrner', womit man 1497 einen weiteren Wirtschaftszweig mittels der Gewährung von Privilegien unter königliche Aufsicht stellte. Ob diese dirigistischen Schritte, die häufig nur der Stärkung des Proto-Absolutismus der Krone dienten, tatsächlich zur wirtschaftlichen Blüte Kastiliens beitrugen, muß bezweifelt werden. Die neuere Geschichtsschreibung neigt dazu, anderen Faktoren, wie der weitreichenden Wiederherstellung der inneren Sicherheit, der Eroberung Granadas und Einverleibung Neapels, der Währungsreform und der Unterbindung der illegalen Ausfuhr von Gold- und Silbermünzen bei der Gesundung der kastilischen Wirtschaft eine zumindest ebenso große Bedeutung zuzumessen.

Die negative Seite dieses Wirtschaftsdirigismus zeigte sich am deutlichsten am Beispiel des Schafzüchterkartells, dessen ‚Consejo de la Mesta' seit 1500 von Beamten der Krone geleitet wurde. Durch eine Reihe von Erlassen verfügte die Krone die Ausweitung der bestehenden Weidepfade (‚Cañadas'), zwang die Bauern zur Aufgabe aller Grundstücke, auf denen jemals die Herden der ‚Mesta' gegrast hatten, und gestattete den Hirten zur Ergänzung des kargen Winterfutters das Fällen kleiner Bäume. Die Auswirkungen dieser Verfügungen waren beträchtlich, erstreckten sich doch die drei hauptsächlichen Weidepfade von den Sommerweiden der

Berge Leons und Altkastiliens zu den Winterweiden Extremaduras, Neukastiliens und der Mancha auf über 270, 370 bzw. 830 km. Ihre vorge-
schriebene Breite von achtzig Metern wurde selten von den durchziehen-
den Herden eingehalten. Die Entwaldung ausgedehnter Gebiete Kastiliens und die damit verbundenen Erosionsschäden wurden zudem noch
dadurch vorangetrieben, daß die Hirten der ,Mesta' zur Ausweitung der
Weidegründe unbehelligt ganze Wälder abbrannten.

Dies war allerdings nur einer der Gründe dafür, daß der Ackerbau
unter den ,Katholischen Königen' erheblich an Leistungskraft einbüßte.
Naturkatastrophen – Pestepidemien, Hochwasser und Mißernten –, aber
auch Faktoren politischer Art, wie die Vertreibung der Mudejaren, bewirkten eine zunehmende Landflucht. Da das kastilische Hochland gewöhnlich den kantabrischen Norden und andere Randgebiete mit Weizen versorgte, resultierten diese Fehlschläge im Herzen des Königreiches
in Hungersnöten, die praktisch alle Teile Spaniens erfaßten. So war Valencia 1484 und erneut 1503 Schauplatz schwerer Unruhen der notleiden-
den Bevölkerung.

Nachdem die ,Tasa del Trigo' 1503 zum ersten Mal angewendet worden war, verwandelte sich diese Art der Preisbindung für Weizen in das
hauptsächliche Mittel, mit dem die Krone zu Beginn des 16. Jahrhunderts
der schlechten Versorgungslage zu begegnen suchte. Dazu gesellte sich
1606 die Einfuhr großer Mengen ausländischen Getreides. Diese Maßnahme sollte indessen im Verein mit der überraschend guten Ernte von
1507 einen plötzlichen Preisverfall auslösen, der wiederum für viele Bauern den wirtschaftlichen Ruin bedeutete. Es ist daher abschließend fest-
zustellen, daß Spanien am Vorabend seiner machtpolitischen und territorialen Expansion sich auf eine überaus entwicklungsfähige, aber auch
bedrohlich schmale wirtschaftliche Grundlage stützte.

4. Kirche und Kultur

Der sittliche Verfall der Kirche hatte im Verlauf des 15. Jahrhunderts in
den iberischen Königreichen ein Ausmaß erreicht, das teilweise noch
über die im restlichen Abendland bestehenden Mißstände hinausging.
Die in ihrer Mehrheit dem Adel entstammenden Angehörigen des höheren Klerus zeichneten sich zwar gewöhnlich durch einen relativ hohen
Bildungsstand aus, betrachteten aber in der Regel ihre kirchlichen Ämter
lediglich als ein Mittel zur Finanzierung ihres oft sehr aufwendigen Le-
bensstils. Anderen, wie Erzbischof Carrillo oder Kardinal González de
Mendoza, ermöglichten die reichen Pfründe den Unterhalt eigener Streit-

kräfte und versetzten sie somit in die Lage, auch militärisch sehr aktiv in die Auseinandersetzungen ihrer Zeit einzugreifen. Neben der fast permanenten Abwesenheit vieler Kirchenfürsten von ihren Diözesen und Abteien, war die Besetzung hoher kirchlicher Ämter mit Nichtgeistlichen ein besonders verbreitetes Übel. Rodrigo Borgia, der spätere Alexander VI., betrat während der mehr als dreißig Jahre, die er der Erzdiözese Valencia vorstand, kaum jemals iberischen Boden. Die Erzbischofswürde von Zaragoza, die sich seit 1458 im Besitz des Laien Johann von Aragon, eines unehelichen Sohns Johanns II. befand, wurde nach dessen Tod auf den fünfjährigen Alonso von Aragon, einen illegitimen Sohn Ferdinands II., übertragen.

Noch alarmierender war indessen die Entwicklung unter dem niederen Klerus. Die Unkenntnis der Liturgik und der fundamentalsten Begriffe der christlichen Lehre wurde von Diözesansynoden und ausländischen Besuchern – unter ihnen der Ablaßprediger Johannes Tetzel – gleichermaßen beklagt. Zudem hatte die Vernachlässigung des Zölibats solche Ausmaße angenommen, daß die kastilischen ‚Cortes‘ schon im späten 14. Jahrhundert sich wiederholt mit dem Problem der rechtlichen Lage der geistlichen Konkubinen und ihrer Kinder auseinandergesetzt hatten. Der niedrige theologische Wissensstand unter dem Klerus erklärte sich sowohl aus den geringen Anforderungen, die man gewöhnlich an die Aspiranten für das Priesteramt stellte, wie aus dem Mangel an adäquaten theologischen Ausbildungsstätten für die große Masse der Geistlichkeit. Die erste theologische Hochschule auf iberischem Boden entstand erst 1396 in Salamanca; weitere folgten in Valladolid (1418), Lérida (1430), Perpignan (1447) und Barcelona (1450).

Das Volk, in dem sich im Spätmittelalter eine intensive Lebensfreude mit einer tiefen Frömmigkeit und dem allgegenwärtigen Bewußtsein der eigenen Vergänglichkeit paarten, betrachtete die Mehrheit der Geistlichkeit mit einer Mischung aus Verachtung und Argwohn. So besaßen die Laienbrüderschaften, in denen sich in vielen Städten Kastiliens Bürger aller Schichten zusammengeschlossen hatten, um sich einem besonders intensiven Marien- und Heiligenkult zu widmen, eigene Kirchen und Andachtsräume, und bedienten sich zur Gestaltung der Kulthandlungen gewöhnlich auswärtiger Priester, insbesondere Ordensgeistlicher, deren guter Ruf außer Zweifel stand. Andere, wie die Freigeister von Durango – eine geheime religiöse Bewegung baskischer Bauern und Handwerker –, die 1440 von den Behörden unterdrückt wurden, rebellierten nicht nur gegen die äußeren Formen der spanischen Kirche, sondern auch gegen ihren Inhalt. Auch die ‚De Confesione‘ und andere Schriften des Pedro Martínez de Osma, eines Theologieprofessors der Universität Salamanca, in denen der orthodoxe Klerus den Einfluß von Hus und John Wycliffe zu entdecken glaubte, waren ein Zeugnis dieser geistigen Unruhe.

Wesentlich tiefergehende Konsequenzen als diese individuellen Reformversuche hatte indessen eine kirchliche Erneuerungsbewegung, die im Verlauf des 15. Jahrhunderts viele einflußreiche Kleriker zu ihren Befürwortern zählen sollte. In dem Kolleg von San Esteban der Universität Salamanca und den anderen neueröffneten Seminaren wurden Geistliche ausgebildet, die, wie Hernando de Talavera, Pascual de Ampudia und Jiménez de Cisneros, in der zweiten Hälfte des Jahrhunderts einen weitgehenden Wandel in der spanischen Kirche bewirken sollten. Doch schon vorher hatte die Bewegung der Observanten insbesondere in den Franziskaner- und Dominikanerorden heftige Diskussionen ausgelöst. Ihre Reformen waren freilich nur von einer Minderheit unter den Klöstern unterstützt worden. Das Interesse der Krone an den Kongregationen der Observanten entsprang vorrangig der Absicht, mit ihrer Hilfe die Schaffung einer nationalen, dem Papst nur formal unterstellten Kirche voranzutreiben. Ohnehin hatten die iberischen Königreiche, insbesondere Kastilien, vermocht, dem durch das Große Schisma (1378–1417) geschwächten Papsttum während des frühen 15. Jahrhunderts eine Reihe bedeutender Konzessionen abzuringen.

Den ‚Katholischen Königen‘ sollte es gelingen, diese Erfolge ihrer Vorgänger auf das eindrucksvollste zu untermauern. Zwar blieb die 1475 an Papst Sixtus IV. gerichtete Bitte, ihnen das königliche Patronat, d. h. das ausschließliche Vorschlagsrecht bei der Besetzung wichtiger Kirchenämter zu gewähren, zunächst erfolglos, doch auch die Bemühungen des Papstes, die während des Großen Schismas verlorengegangene Aufsicht über die militärischen Orden wiederzugewinnen und die neugegründete Inquisition unter die Kontrolle des Heiligen Stuhls zu stellen, waren wenig erfolgreich. Unter Alexander VI. gelang es jedoch den spanischen Monarchen, ihre Forderungen weitgehend durchzusetzen. Nachdem sie schon 1486 das ‚Patronato Real‘ bezüglich der kirchlichen Ämter im Königreich Granada erhalten hatten, wurde dieses Privileg 1508 auf die überseeischen Gebiete ausgedehnt. Im finanziellen Bereich erkämpfte sich die Krone das Recht, neben dem traditionellen Anteil am Kirchenzehnt, die ‚Tercias Reales‘, sowie die ursprünglich zur Finanzierung der Reconquista bestimmte ‚Cruzada‘ weiterhin in den spanischen Kronländern und später auch in Italien und Übersee einzuziehen. Darüber hinaus durften die Monarchen, in Anerkennung der dem Heiligen Stuhl im Kampf gegen Frankreich gewährten Unterstützung, seit 1496 den Titel ‚Katholische Könige‘ tragen.

Dank dieser Vorrechte gelang es der Krone in der Folge, Nichtspanier zunehmend von allen geistlichen Ämtern auszuschließen und diese allmählich mit Mitgliedern des Kleinadels zu besetzen. Damit verhinderte man, daß die Nachgeborenen der großen Familien, dem Beispiel Carrillos und Mendozas folgend, die Kirche lediglich als Werkzeug ihrer machtpolitischen Ambitionen benutzen würden, ein Schachzug, der sowohl die Kirche als auch den Hochadel empfindlich schwächen sollte. Darüber hinaus lockerte man die Beziehungen zwischen dem spanischen Klerus und dem Heiligen Stuhl und legte somit die Grundlagen zu einer nationalen Kirche, die sich unter Philipp II. schließlich als eine Art Cäsarenkatholizismus entfalten sollte.

Bevor es der Inquisition und der Krone gelang, das spanische Geistesleben in einen zunehmenden Konformismus zu zwängen, bestand hier, insbesondere in den sozial höhergestellten Schichten, große Aufgeschlossenheit gegenüber den geistigen Strömungen des Abendlandes. Allerdings sollte die bedeutendste unter ihnen, der Humanismus, auf der Iberischen Halbinsel erst spät zur Entfaltung kommen. Die bestehenden sozialen Bedingungen schufen hier eine Form des Humanismus, der infolge seiner Betonung der christlichen Ethik weniger darauf abzielte, die Welt der Klassik wiederzuentdecken, sondern das spätmittelalterliche Weltbild zu vervollständigen. In Kastilien erfreuten sich daher besonders die Autoren des Trecento – Dante, Boccaccio und Petrarca – größter Beliebtheit. Nur Katalonien und Valencia, die infolge der neapolitanischen Residenz Alfons' V. enge Kontakte mit der italienischen Geisteswelt unterhielten, entwickelten schon in der ersten Hälfte des 15. Jahrhunderts eine eigenständige humanistische Tradition. Ihr herausragender Vertreter war der königliche Sekretär Bernat Metge, dessen ‚Lo Somni‘ (‚Der Traum‘, 1398) den vorläufigen Höhepunkt des Katalanischen als literarischer Sprache darstellte.

Infolge des Fehlens volkstümlicher Balladen und der in Kastilien so weitverbreiteten Heldengedichte war die katalanische Literatur allerdings fast ausschließlich das Produkt einer dünnen Oberschicht und des Hofes. Neben Metge waren auch einige der bedeutendsten zeitgenössischen Dichter in katalanischer Sprache – wie die Valencianer Ausiàs March, Andreu Febrer, Jordi de Sant Jordi und Jaume Roig – Höflinge Alfons' V. und Königin Marias. Die geistige Vorherrschaft des Humanismus und der lateinischen Sprache am neapolitanischen Hof beraubte jedoch die katalanische Literatur dieses traditionellen Nährbodens und vertiefte somit eine Entwicklung, die bereits unter dem ersten aragonischen Trastámara ihren Anfang genommen hatte.

Die wohl bedeutendsten kastilischen Dichter in der Ära Johanns II. waren der Markgraf von Santillana und der königliche Sekretär Juan de

Mena. Unter Heinrich IV. waren es besonders Gómez Manrique und sein Neffe, Jorge Manrique, die durch ihre direkte Sprache und die Betonung der Vergänglichkeit menschlichen Seins und Tuns am eindrucksvollsten den Ängsten und Hoffnungen des spätmittelalterlichen Menschen Ausdruck gaben. Die schon vorher vielgelesenen Chroniken und Heldenepen, wie z. B. der ‚Tirant lo Blanc‘ des Valencianers Joanot Martorell, sollten sich nach der Entdeckung der Druckkunst noch größerer Beliebtheit erfreuen. Die ersten Bücher wurden auf spanischem Boden wahrscheinlich erst 1474 in Barcelona und Valencia gedruckt, doch bereits 1501 sollte sich ihre Zahl auf etwa 800 belaufen.

Eine wichtige Rolle in dieser Entwicklung kam den Druckern aus dem Reich zu. Bereits zu Beginn des 16. Jahrhunderts leiteten sie mehr als dreißig Druckereien auf spanischem Boden, und sie sollten später auch in Portugal und in Spanisch-Amerika tätig sein. Die wohl einflußreichsten Druckwerke jener Jahre waren die kastilische Grammatik (1492) – die erste ihrer Art in einer romanischen Sprache – des Humanisten und Apologeten der ‚Katholischen Könige‘, Elio Antonio de Nebrija, und die Polyglotte Bibel, die 1517 auf Hebräisch, Griechisch und Lateinisch von der Universität Alcalá de Henares veröffentlicht wurde.

Dieses Werk wie auch die 1499 gegründete Universität waren auf das engste mit dem Namen Kardinal Jiménez de Cisneros’ verknüpft. Zu den seit dem 13. Jahrhundert bestehenden Universitäten Salamanca, Valladolid und Lérida waren im Spätmittelalter ähnliche Einrichtungen in Perpignan (1349), Huesca (1354), Gerona (1446), Barcelona (1450), Zaragoza (1474), Mallorca (1483) und Valencia (1500) hinzugekommen. Von diesen sollten indessen nur die Universitäten in Valencia und Alcalá de Henares im 16. Jahrhundert eine gewisse Bedeutung erreichen.

Die ethnische Vielfalt der iberischen Königreiche spiegelte sich auch in der Baukunst und der Malerei. Während in der ersten Hälfte des 15. Jahrhunderts in den Mittelmeerstaaten der Krone Aragón eine ursprünglich von Frankreich beeinflußte Gotik in den Kathedralen und Repräsentativbauten zunehmend autochthone Formen entwickelte, war man in Aragón noch stark dem mudejarischen Stil verhaftet. In Kastilien dagegen vollzog sich eine Symbiose zwischen dem Mudejarenstil und einer von flämischen und deutschen Architekten und Bildhauern beeinflußten Spätgotik, die dann zu Beginn des 16. Jahrhunderts in der spezifisch spanischen Bauweise des ‚Plateresco‘ in einer Vielzahl von sakralen und repräsentativen Bauten ihren Ausdruck finden sollte. In der katalanischen Malerei hatten schon zu Beginn des 15. Jahrhunderts die Lehren der Schulen von Siena und Florenz erheblich an Gewicht eingebüßt, so daß sich hier unter dem Einfluß französischer Künstler besonders in den Bildtafeln und Re-

tabeln Cabreras und Borrassás ein ausgesprochen nationaler Stil entwik-
kelte. Dieser erfuhr in der zweiten Hälfte des Jahrhunderts infolge der
allmählichen Ausbreitung des burgundischen Realismus wichtige Veränderungen, die sich vor allem in den Werken Dalmaus und Baçós spiegeln.
In Kastilien kam diese neue Richtung dagegen nur teilweise zum Durchbruch – ihre bekanntesten Vertreter waren Inglés und Fernando Gallego
– da man hier noch vorläufig einer von dem Italiener Dello Delli und
seinem Bruder Samson vertretenen Variante den Vorzug gab.

III. Vom europäischen Randstaat zur Großmacht
Spanien im Zeitalter Philipps des Schönen
und Karls I. (V.) (1405–1556)

1. Die Zeit des Umbruchs

Der Tod Königin Isabels am 20. November 1504 beendete einen der bedeutendsten Zeitabschnitte der spanischen Geschichte. Gleichzeitig löste er eine Kette von Ereignissen aus, die nur allzu deutlich die Zerbrechlichkeit des von den ‚Katholischen Königen' geschaffenen Gefüges aufzeigen sollten. Ferdinand, dessen dreißigjährige Herrschaft als Ferdinand V. von Kastilien sich ausschließlich aus der Position seiner Gemahlin ableitete, wurde bereits wenige Tage nach seiner Abdankung von den überstürzt in Toro zusammengetretenen ‚Cortes' zum Regenten Kastiliens ausgerufen. Man entsprach damit dem Wunsch Isabels, die, mit Rücksicht auf den bedenklichen Geisteszustand der Kronprinzessin Johanna, Ferdinand testamentarisch zum Vormund ihres Enkels, des zukünftigen Karls I. (V.), bestimmt hatte. Doch waren weder Isabels Entscheidung noch der Entschluß der ‚Cortes' rechtlich unanfechtbar. Zwar hatte das zeitweise ungewöhnliche Verhalten Johannas – die als ‚die Wahnsinnige' in die Geschichte eingehen sollte – schon seit einigen Jahren Anlaß zur Besorgnis gegeben, aber ihr geistiger Zustand sollte wohl eher als eine Form extremer Hysterie und nicht als Wahnsinn diagnostiziert werden und rechtfertigte daher keinesfalls ihren Ausschluß von der Thronfolge. (Die Unredlichkeit Ferdinands in dieser Frage sollte besonders offenkundig werden, als er sich zwei Jahre später, angesichts einer vollkommen veränderten Lage, plötzlich als entschiedener Anwalt der geistigen Unversehrtheit seiner Tochter offenbarte.) Weit schwerer wog indessen die Tatsache, daß der Anspruch auf die Regentschaft gemäß kastilischem Recht nicht Johannas Vater, sondern ihrem Gemahl, Philipp (I.) dem Schönen, zustand. Die von Isabel gestützten Bemühungen, dem jungen Philipp, Sohn Kaiser Maximilians I. und Marias von Burgund und als solcher präsumptiver Erbe der habsburgischen Kronlande und großer Teile des ehemaligen Großherzogtums Burgund (Freigrafschaft Burgund, die Niederlande einschließlich Luxemburg und Charolais), den Weg zum kastilischen Thron zu versperren, entsprangen sowohl machtpolitischen

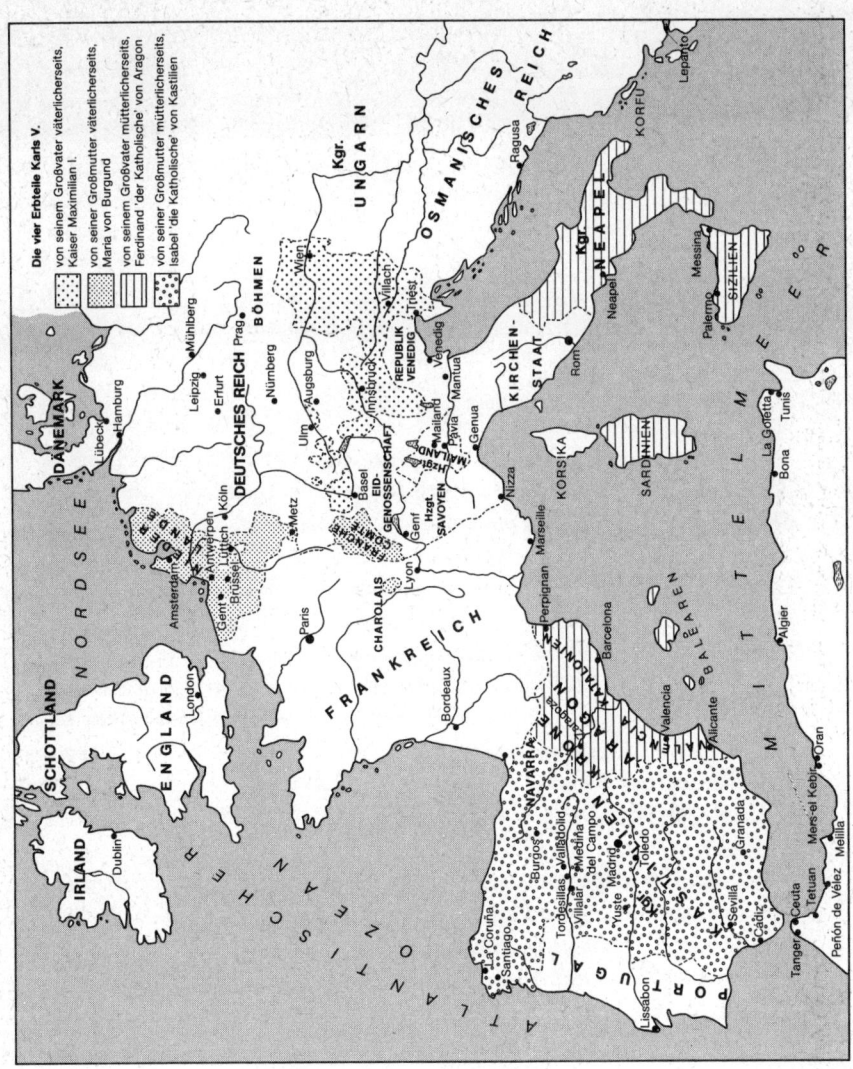

Die vier Erbteile Karls I./V.

Ambitionen als auch der seit Jahren bestehenden Kluft zwischen den beiden Persönlichkeiten. Auszuschließen ist dagegen, daß Ferdinand in dem Bemühen handelte, Spanien vor einer möglichen Verstrickung in die großen Konflikte Europas zu bewahren, lag es doch geradezu in der Absicht der fernandinischen Heiratspolitik, das iberische Königreich aus seiner peripherischen Lage zu lösen.

Die erste dieser ehelichen Verbindungen, die Vermählung (1490) Isabels, der ältesten Tochter der Monarchen, mit dem portugiesischen Prinzen Alfons, war allerdings in erster Linie bestimmt, die im Frieden von Alcaçovas geschlossenen Abmachungen durch Familienbande zu sichern und alle weiteren Ansprüche Johannas ‚La Beltraneja‘ im Keim zu erstikken. Die Doppelhochzeit zwischen Erzherzog Philipp und der Infantin Johanna (Lier, 21. Oktober 1496) einerseits, und Margarethe und dem Infanten Johann (Burgos, 3. Juni 1497) andererseits, zielten dagegen auf eine langfristige Zusammenarbeit zwischen Spanien und dem Haus Habsburg und richteten sich daher in aller Deutlichkeit gegen Frankreich. Allerdings lag es wohl kaum in Ferdinands Absicht, mit diesem Schritt einen Habsburger auf den spanischen Thron zu setzen.

Daß es dennoch dazu kam, lag in erster Linie an der für das Spätmittelalter typischen hohen Sterblichkeitsquote, die alle langfristigen Pläne mit einer Reihe von Imponderabilien befrachtete. Der frühe Tod des Kronprinzen Johann und die Totgeburt seines einzigen Kindes bewogen die ‚Katholischen Könige‘ die Bande mit dem iberischen Nachbarn noch enger zu knüpfen. Die seit 1491 verwitwete Isabel wurde eiligst mit Manuel I. (‚Der Glückliche‘) von Portugal vermählt. Die ‚Cortes‘ zeigten sich nach anfänglichem Zögern bereit, Isabel und – nach ihrem Tod im folgenden Jahr – ihren Sohn Miguel als Erben der spanischen Krone anzuerkennen. Die damit geschaffene Perspektive einer Einigung der iberischen Reiche unter portugiesischer Führung sollte jedoch bereits zwei Jahre später durch den Tod Miguels (20. Juli 1500) zunichte gemacht werden, und Philipps Anspruch auf den spanischen Thron schien damit gesichert.

Die ohnehin gespannten Beziehungen zwischen Ferdinand und seinem Schwiegersohn sollten nach Philipps erstem Aufenthalt auf iberischem Boden (1502) von zunehmend scharfen politischen Divergenzen überschattet werden. Diese Tatsache sollte für das europäische Bündnissystem nicht ohne Folgen bleiben. In vollkommener Umkehrung der fernandinischen Strategie, vereinbarte Philipp im Vertrag von Lyon (5. April 1503) mit Ludwig XII. die Rückgabe des kurz zuvor von Spanien eroberten Neapels und die Vermählung seines Sohnes Karl mit der französischen Prinzessin Claudia. Zwar erklärte Ferdinand diese von der Reichspolitik Maximilians I. diktierten Abmachungen für ungültig, konnte aber nicht verhindern, daß die Vertragspartner sie nur wenig verändert erneut in das Abkommen von Blois (22. September 1504) aufnahmen. Zu Ferdinands Schwierigkeiten im Äußeren gesellte sich zudem eine wachsende Isolierung im Inneren. Ermutigt durch seinen Sachwalter auf iberischem Boden, den Markgrafen von Villena, der seit 1502 unter den Magnaten und Städten Kastiliens manchen Anhänger für die Sache des Prätendenten geworben hatte, appellierte Philipp an den Adel, die Autorität des Monarchen nicht länger anzuerkennen. Dieser überraschte jedoch seine Widersacher mit dem zweiten Vertrag von Blois (12. Oktober 1505), in dem er sich verpflichtete, Germaine von Foix, eine Nichte Ludwigs XII. zu ehelichen und diesen mit einer Million Golddukaten für den Verlust von Neapel zu entschädigen.

Dieser Kurswechsel seines wichtigsten ausländischen Verbündeten zwang Philipp zwar an den Verhandlungstisch, doch war sein im Abkommen von Salamanca (24. November 1505) gegebenes Versprechen, die Krone Kastiliens mit Ferdinand und Johanna zu teilen, lediglich ein Vorwand, um durch Zeitgewinn seine Position zu konsolidieren. Bereits im April des folgenden Jahres landete er, begleitet von etwa 3000 deutschen und flämischen Landsknechten, im Hafen von La Coruña, und konnte innerhalb kurzer Zeit die Mehrheit des Adels und der hohen Geistlichkeit auf seine Seite ziehen. Ferdinand zog sich, nachdem er im Vertrag von Villafáfila (27. Juni 1506), mit Ausnahme der Verfügungsgewalt über die militärischen Orden, alle königlichen Machtbefugnisse in Kastilien an Philipp abgetreten hatte, auf seine aragonischen Kronländer zurück. Damit hatte sich das spanische Gemeinwesen erneut in seine ursprünglichen Bestandteile aufgelöst, und die noch sechs Jahre zuvor mögliche Vereinigung aller iberischen Reiche schien in unerreichbare Ferne gerückt.

Doch auch innerhalb Kastiliens sollte sich das von den ‚Katholischen Königen‘ geschaffene machtpolitische Gefüge in der Folge als äußerst zerbrechlich erweisen. Die in den Auseinandersetzungen zwischen Ferdinand und Philipp wiedererstarkten Stände waren nicht willens, dem jungen Monarchen ohne weiteres jenen Gehorsam zu zollen, den ihnen die ‚Katholischen Könige‘ in jahrelangem Ringen abgetrotzt hatten. Bereits Philipps erster Schritt, der darauf abzielte, Johanna für regierungsunfähig zu erklären, stieß auf den erbitterten Widerstand der ‚Cortes‘ und Teile des Hochadels. Der plötzliche Tod des Monarchen schließlich, der, 28jährig, schon am 25. September 1506 in Burgos verstarb, brachte das Land erneut an den Rand des Bürgerkriegs. Erst nachdem der in Italien weilende Ferdinand sich bereit erklärte, Cisneros und eine Reihe von Granden mittels des Regentschaftsrates an der Regierung zu beteiligen, wichen die von Hungersnöten und Pestepidemien begleiteten Wirren einer gewissen Beruhigung.

Allerdings mußte Ferdinand nach seiner Rückkehr im Sommer 1507 feststellen, daß die Magnaten nicht gewillt waren, ihren neugewonnenen Handlungsraum zugunsten der Krone aufzugeben, und die nun folgende

Befriedung des Landes diente dem Hochadel vielerorts dazu, die eigene Stellung zu konsolidieren. Während Burgos mit Gewalt botmäßig gemacht wurde, suchte Ferdinand Erzbischof Cisneros, der einst Philipp I. gestützt hatte, mittels der Gewährung des Kardinalshutes und des Amtes des Großinquisitors an sich zu binden. Weitere Konzessionen an die Granden waren nötig, um erneut als Regent Kastiliens und Karls Vormund anerkannt zu werden. Darüber hinaus verfügte der Hochadel in Kaiser Maximilian I. über einen mächtigen Bundesgenossen, der bereit war, etwaige dynastische Pläne Ferdinands zuungunsten des jungen Karl entschieden zurückzuweisen. Ferdinand war folglich nicht in der Lage, Kastilien und die eigenen Kronländer erneut zu einem politischen Gemeinwesen zusammenzuschweißen. Mehr noch, die Geburt Johanns von Aragon, des Sohns Ferdinands und der Germaine von Foix, schien 1509 die bestehende Teilung endgültig zu besiegeln, eine Tatsache, die von der Geschichtsschreibung nur zu oft übersehen wird. Nur der vorzeitige Tod des Prinzen brachte diese Frage erneut in Bewegung.

Ungeachtet seiner geschwächten Position in Kastilien sollte Ferdinand gerade während dieser Jahre seine Fähigkeiten als geschickter Taktiker mehr denn je unter Beweis stellen. Wiederanknüpfend an die unter Isabel gesteckten Ziele, richteten sich Ferdinands Bemühungen sowohl auf die Eindämmung der französischen Expansionspolitik im Mittelmeerraum wie auf die Festigung der spanischen Präsenz in Nordafrika. Seit dem Fall Granadas stand Spaniens Afrikapolitik unter dem Zeichen eines übermächtigen, nur aus den Erfahrungen der Reconquista zu erklärenden Sicherheitsbedürfnisses. Religiöse Beweggründe oder der Wunsch, der wachsenden Expansion Portugals in Nord- und Westafrika entgegenzuwirken, waren dagegen nur von zweitrangiger Bedeutung. Die Initiative für die Fortführung der Reconquista auf afrikanischem Boden lag wiederum bei den Granden Andalusiens. Bereits zwei Jahre nachdem Papst Alexander VI. Spaniens Anrecht auf den östlichen Maghreb gegenüber portugiesischen Gegenansprüchen formell bekräftigt hatte, besetzte der Herzog von Medina Sidonia, das marokkanische Melilla. Freilich blieb es bis zur Ernennung Cisneros zum Präsidenten des kastilischen Regentschaftsrates ein isolierter Vorposten. Dank der Unterstützung des Kardinals, der von der Rechristianisierung des römischen Mauretaniens träumte, konnten die Spanier nun jedoch eine ganze Reihe von Erfolgen erzielen. Dem Fall von Mers-el-Kebir (1506) folgten die Einnahme des nahe Melilla gelegenen Cazaza (1506) und der Insel Peñón de Vélez de la Gomera (1508). Nach der Besetzung Orans im folgenden Jahr befand sich die spanische Afrikapolitik jedoch an einem Scheideweg.

Die ,kastilischen', sich am Kreuzzugsgedanken orientierenden Bestrebungen Cisneros' standen in völligem Gegensatz zu der von den wirtschaftlichen Belangen der Krone Aragon bestimmten Strategie Ferdinands, die lediglich auf eine begrenzte Besetzung der nordafrikanischen Küste abzielte. Ferdinand sollte sich in dieser Auseinandersetzung letztlich als der Stärkere erweisen. Folglich fielen nach der Einnahme Bugias (Januar 1510) die Emirate Bugia und Tlemcen unter aragonische Lehnshoheit. Allerdings sollte die nun einsetzende Eroberung des Emirats Tunesien, die 1510 von den ‚Cortes Generales' der drei aragonischen Gliedstaaten finanziell abgesichert worden war, bereits nach der Niederlage bei Dscherba ins Stocken geraten und mußte nach dem Ausbruch neuer Feindseligkeiten mit Frankreich endgültig aufgegeben werden. Die Ereignisse der folgenden Jahre zeigten deutlich die Schwäche der fernandinischen Strategie, bestanden doch die afrikanischen Besitzungen lediglich aus einer Reihe unzusammenhängender Küstenstreifen und aus einigen festen Plätzen, deren Sicherheit nur bedingt gewährleistet werden konnte. Dagegen hätte eine Entscheidung zugunsten Cisneros' wahrscheinlich zur Schaffung eines starken spanischen Glacis auf afrikanischem Boden geführt und damit dem anti-osmanischen Abwehrkampf der folgenden Jahrzehnte eine andere Richtung gegeben.

Angesichts der unverminderten, sich aus dem angevinischen Erbe herleitenden Ansprüche der französischen Krone auf Neapel, bildete die Schwächung Frankreichs wie bisher das Leitmotiv der aragonischen Politik. Ferdinands Beitritt zu der am 10. Dezember 1508 von Kaiser Maximilian, Papst Julius II. und Ludwig XII. von Frankreich gegen Venedig geschlossenen Liga von Cambrai stand nur scheinbar im Widerspruch zu dieser Maxime, eröffnete ihm diese doch eine Möglichkeit zur Abrundung seines süditalienischen Herrschaftsbereiches. Sobald dieses Ziel mit der Einverleibung mehrerer venezianischer Hafenstädte in Apulien erreicht war, verwarf Ferdinand dieses Bündnis und suchte Frankreich erneut zu isolieren. Ludwigs XII. Unterstützung für das sogenannte ‚Schisma von Pisa' versetzte ihn in die Lage, seine machtpolitischen Absichten mit dem Feigenblatt des ‚Beschützers der Rechtgläubigkeit' zu verhüllen. Der auf dieser Grundlage geschlossenen (zweiten) Heiligen Liga (Oktober 1511) gehörten neben Ferdinand, Julius II., Venedig und den Eidgenossen, auch Heinrich VIII. von England an, der seit seiner Vermählung (1509) mit der verwitweten Infantin Katharina, Ferdinand auch durch Familienbande verbunden war. In dem nun ausbrechenden Konflikt sollte Frankreich trotz des Sieges seiner Verbündeten bei Ravenna (11. April 1512) letztlich zur vorübergehenden Aufgabe seiner Positionen in Oberitalien gezwungen werden.

Die damit offenbar gewordene Schwäche seines alten Widersachers

nutzte Ferdinand, um einen langgehegten Traum, die Einverleibung Navarras, endlich zu verwirklichen. Der Bestand Navarras als unabhängiger
Staat sah sich seit dem Ende der jahrhundertealten Allianz zwischen
Kastilien und Frankreich einer zunehmenden Bedrohung ausgesetzt.
Nachdem seit 1234 ununterbrochen französische Dynastien in diesem
kleinen Bergstaat geherrscht hatten – zuerst das Haus Champagne, dann
die Kapetinger (1284), und seit 1328 das Haus Evreux – hatte 1420 mit
dem Infanten Johann, dem späteren Johann II. von Aragon, ein aragonischer Trastámara die Herrschaft übernommen. Die damit geschaffene
Möglichkeit eines Anschlusses Navarras an die Krone Aragon wurde
jedoch durch Katharina, Urenkelin Johanns II., die sich mit dem französischen Johann von Albret vermählte, vorläufig zunichte gemacht. Die
Einverleibung des Besitzes des Hauses Albret bedeutete, daß nun mehr
als drei Viertel des navarrischen Staatsgebietes sich unter der Lehnshoheit
der französischen Krone befand. Die erfolgreichen Bestrebungen Ferdinands II., Navarra mittels einer Reihe von Verträgen an Spanien zu binden, mußten daher in Paris als unerträglich empfunden werden. Navarras
schwierige Position als Streitobjekt zweier mächtiger Nachbarn wurde
noch dadurch erschwert, daß die Ansprüche des Herzogs von Nemours,
eines Neffen Königin Katharinas, der zeitweise die Unterstützung der
französischen Krone genossen hatte, nach dessen Tod in der Schlacht von
Ravenna auf Germain von Foix und damit auf Ferdinand II. persönlich
übergegangen waren.

In dem Bemühen, die französischen Lehen zu sichern, schlossen Abge-
sandte Navarras am 18. Juli 1512 in Blois ein geheimes Verteidigungsab-
kommen mit der französischen Krone. Ferdinand, der sich bereits wenige
Monate zuvor der päpstlichen Zustimmung zu einem Überfall auf Navarra versichert hatte, veröffentlichte wenige Tage später eine vermeintlich
authentische Kopie des Vertragswerkes, das an Navarras Angriffsplänen
gegen Spanien keinen Zweifel zu lassen schien. Es handelte sich hierbei
nur um einen durchsichtigen Vorwand, da bereits vier Tage zuvor
(21. Juli 1512) spanische Streitkräfte unter dem Befehl des Herzogs von
Alba in das Königreich eingefallen waren. Infolge der weitgehenden Passivität Frankreichs konnte die Besetzung bereits nach wenigen Wochen
abgeschlossen werden. Mit welchen Gefühlen die navarrische Bevölkerung diese Entwicklung verfolgte, zeigte sich nur zu deutlich als wenige
Monate später Johann von Albret, unterstützt von einer französischen
Streitmacht, in das Land einfiel. Die Rückkehr des Monarchen löste in
ganz Navarra anti-spanische Erhebungen aus, die allerdings von Ferdinand sehr rasch unter Kontrolle gebracht wurden.

Ferdinand war indessen bemüht, dem besiegten Volk so weit wie möglich entgegenzukommen. Die 1515 vollzogene Integration des Königreichs in die kastilische Krone beeinflußte nur geringfügig seine innere Struktur. Die Zentralgewalt war zwar nach aragonischem Muster durch einen Vizekönig vertreten, aber alle sonstigen öffentlichen Ämter blieben Landfremden verschlossen. Das Rechtswesen und die Währung Navarras unterschieden sich weiterhin erheblich von denen Kastiliens, und auch die zollrechtlichen Hindernisse zwischen den beiden Ländern blieben unverändert bestehen. Der Anschluß Navarras sollte sich trotz anhaltender Proteste im Inneren und wiederholter französischer Einfälle letztlich als dauerhaft erweisen, und bildete somit den Schlußpunkt in der Entstehungsgeschichte des spanischen Einheitsstaates.

Ein weiteres Verdienst der fernandinischen Außenpolitik – die Spaniens spätere Großmachtrolle überhaupt erst ermöglichte – war es, den internationalen Beziehungen eine Reihe neuer Mechanismen gegeben zu haben. Zwar hatten Frankreich und das Haus Habsburg, dem Beispiel der italienischen Staaten folgend, sich schon vorher des ständigen Botschafters bedient, doch erst Ferdinand sollte daraus das Modell eines relativ gut funktionierenden diplomatischen Dienstes entwickeln.

Die Erfolge Ferdinands in der Außenpolitik konnten allerdings nicht verbergen, daß die Autorität der Krone im Inneren erneut ins Wanken zu geraten drohte. Der Tod des Königs, der ihn am 23. Januar 1516, am Vorabend eines geplanten Feldzugs gegen Nordafrika, ereilte, stürzte daher das Land wieder in eine Periode anhaltender Unruhen. Zwar gelang es Kardinal Cisneros, dem Verweser Kastiliens – in den Ländern der Krone Aragon erfüllte Alonso von Aragon, ein illegitimer Sohn des Verstorbenen, diese Funktion –, nach anfänglichen Schwierigkeiten mit Hilfe der ‚Gente de la Ordenanza‘, einer der ‚Santa Hermandad‘ ähnelnden Miliz, die Ordnung im Land einigermaßen wiederherzustellen, doch war er außerstande, sich den wachsenden Anmaßungen des Hochadels wirkungsvoll entgegenzustellen. Dieser zielte darauf ab, Cisneros zu stürzen und den 13jährigen Ferdinand anstelle seines Bruders Karl auf den kastilischen Thron zu heben. Damit knüpften sie an ähnliche Bestrebungen des verstorbenen Monarchen an, der noch in seinen letzten Lebensjahren darum gekämpft hatte, den Thronanspruch des in Alcalá de Henares geborenen und in Kastilien erzogenen Ferdinand gegen den von der ritterlich-höfischen Tradition Burgunds geprägten Karl durchzusetzen.

Trotz dieser gefährlichen Entwicklung blieben die Bitten des Kardinals, Karl möge so rasch wie möglich sein Erbe in Spanien antreten, zunächst ohne Widerhall. Erst Anfang 1517 verließ Karl seine Residenz in Brüssel und erreichte die Pyrenäenhalbinsel im Sommer jenes Jahres. Der nur 17jährige Monarch schaffte es jedoch, das ihm unter seinen spanischen Untertanen verbliebene Wohlwollen rasch in tiefe Abneigung umschlagen zu lassen. Cisneros wurde für seine Dienste mit der sofortigen Ablösung belohnt – das Entlassungsschreiben sollte ihn allerdings erst auf dem Totenbett erreichen –, und die bereits in Brüssel eingeleitete Besetzung spanischer Staatsämter mit Ausländern wurde nun verstärkt fortgesetzt. Wilhelm von Croy, Herzog von Chièvres und Karls Erzieher, wurde mit dem Amt des ‚Contador Mayor‘ betraut, sein gleichnamiger Neffe erhielt, nur 16jährig, die Erzbischofswürde von Toledo und der Großkanzler des Monarchen, Jean de Sauvage, wurde anläßlich der ersten ‚Cortes‘-Sitzung (Februar 1518) zum Präsidenten des Ständeparlaments ernannt.

Ungeachtet der Bewilligung von Hilfsgeldern in Höhe von 600 000 Golddukaten, bewiesen die heftigen Proteste der ‚Procuradores‘, welches Ausmaß die Empörung in der kastilischen Oligarchie erreicht hatte. Auch in den anderen Kronländern sollte der Monarch auf erhebliche Widerstände stoßen. So fanden die ‚Cortes‘ Aragons sich erst nach neunmonatigen Auseinandersetzungen bereit, Karl und seiner Mutter als gemeinsamen Herrschern Aragons den Treueid zu leisten und die geforderten Hilfsgelder zu bewilligen. Ein mehrere Monate dauerndes Tauziehen war auch in Katalonien nötig, bevor die ‚Corts‘ dem Beispiel der aragonischen Ständeversammlung folgten.

Karl war eben im Begriff diese unerquickliche Antrittsreise durch seine Kronländer mit dem Besuch Valencias abzuschließen, als ihn in Barcelona die Nachricht von seiner am 26. Juni 1519 erfolgten Wahl zum Kaiser erreichte. Seit dem Tod seines Großvaters hatte Karl den Kampf um die Kaiserkrone mit erheblichen Mitteln bestritten, und es war letztlich dieser finanzielle Einsatz, der seinen Gegenkandidaten, Franz I. von Frankreich, aus dem Rennen warf. Allerdings hatte der Kaiser sich zur Erreichung dieses Ziels bei den Fuggern um mehr als eine halbe Million Golddukaten verschuldet und somit den Grundstein zu seinen permanenten Geldnöten gelegt. Es waren daher auch in erster Linie finanzielle Erwägungen, die Karl bewogen, nach dem Erhalt dieser Nachricht unverzüglich nach Kastilien zurückzukehren und die ‚Cortes‘ im März 1520 in Santiago de Compostela einzuberufen.

Den Versuchen einiger Vertrauter Karls, die ‚Cortes‘-Abgeordneten mit dessen Kaiserwahl dadurch zu versöhnen, daß sie diese als einen Triumph spanischer Größe interpretierten, war nur wenig Erfolg beschieden. Karls Verknüpfung mit den Niederlanden und der daraus resultierende Abfluß kastilischer Steuergelder sowie die Kumulation von Ämtern in den Händen von Ausländern schien den ‚Procuradores‘ ein zu negativer Präzedenzfall, um der neuen Würde ihres Königs irgendwelche positiven Aspekte abgewinnen zu können. In erstaunlicher Voraussicht der tatsächlichen Entwicklung fürchtete man, sie würde das Land lediglich mit neuen Abgaben belasten und verhindern, daß der König sich den Angelegenheiten seiner iberischen Kronländer mit dem nötigen Interesse widme. So waren nach der erneuten Einberufung der ‚Cortes' in La Coruña trotz der Bestechung mehrerer Abgeordneter nur zehn der achtzehn vertretenen Städte bereit, den finanziellen Forderungen der Krone zu entsprechen. Als Karl sich am 20. Mai 1520 in La Coruña mit Kurs auf Nordeuropa einschiffte, hinterließ er folglich dem zum Regenten ernannten Hadrian von Utrecht ein Land, dessen Oligarchie sich im Zustand höchster Erregung befand.

Selbst ein Mann mit größerer politischer Erfahrung als Karls ehemaliger Erzieher hätte schwerlich vermocht, die gespannte Lage zu entschärfen. Bereits eine Woche nach der Abreise Karls brach daher in Toledo der offene Aufruhr aus, der dann sehr rasch auf andere Städte des Königreichs übersprang. Es war keineswegs zufällig, daß der sich aus diesen Ereignissen entwickelnde Aufstand der ‚Comuneros' ausgerechnet in der traditionellen Residenz der kastilischen Könige seinen Ausgang nehmen sollte. Bereits im November des Vorjahres hatten Juan de Padilla und andere Mitglieder des toledanischen Adels sich vergeblich bemüht, die Unterstützung der bedeutendsten kastilischen Städte für eine Eingabe zu gewinnen, in der man beabsichtigte, den Monarchen vor der weiteren Vergabe von Staatsämtern an Ausländer und der Verwendung kastilischer Steuergelder außerhalb der Grenzen des Königreichs zu warnen.

Angesichts der von den Verantwortlichen bewiesenen Mäßigung wäre es unrichtig, die Bewegung der ‚Comuneros' in ihrer ersten Phase als konstitutionell oder gar revolutionär zu definieren. Sobald die Massen ihrem Zorn mit der Vertreibung des königlichen ‚Corregidor' oder, wie in Segovia geschehen, mit der Ermordung korrupter ‚Cortes'-Abgeordneter Luft gemacht hatten, kehrten die Ereignisse gewöhnlich in gelenktere Bahnen zurück. Die überall entstehenden ‚Juntas' setzten sich vorrangig aus Kleinadligen, Kaufleuten und anderen Besitzbürgern zusammen. Ihre wichtigsten Forderungen – der Monarch solle die ‚Cortes' zumindest einmal alle drei Jahre einberufen und möge davon absehen, den ‚Procuradores' Entscheidungen abzupressen, die nicht mit ihrem Mandat übereinstimmten – waren kaum geeignet, den machtpolitischen status quo grundlegend zu verändern. Besonders augenfällig war das Fehlen jedes Hinweises auf die Wiederherstellung der verlorengegangenen legislativen Kompetenzen der ‚Cortes'. Das Versagen der ‚Comuneros', das erhebliche Potential der Bewegung zur Schaffung eines kastilischen Konstitutionalismus einzusetzen, erklärt sich in erster Linie aus zwei

Faktoren. Zum einen bestand die Gefahr, die dabei freigesetzten Kräfte würden über dieses Ziel hinausschießen und letztlich auch eine Demokratisierung der innerstädtischen Verwaltung herbeiführen. Die sich daraus ergebende Möglichkeit eines erweiterten Mitspracherechts des gesamten dritten Standes und von Teilen des städtischen Proletariats, konnte den unter den Führern der Rebellion so zahlreichen Kleinadligen und Patriziern kaum als ein erstrebenswertes Ziel erscheinen. Zum anderen richtete sich die von den ‚Comuneros' artikulierte Empörung nicht so sehr gegen die bestehenden sozialen und politischen Mechanismen, sondern hauptsächlich gegen die Tatsache, daß diese zunehmend in ausländische, insbesondere burgundische Hände zu gleiten drohten. Zudem hatten die kastilischen Patrizier das anmaßende Treiben des niederländischen Gefolges Karls aus nächster Nähe erlebt und die sich in der Einführung burgundischer Tracht und Hofsitten äußernde Mißachtung der nationalen Eigenart hatte sie tief in ihrem Selbstgefühl verletzt. Wie sehr diese nationalistisch-fremdenfeindliche Grundstimmung sie in Widersprüche verwickelte, zeigte sich an dem häufig geäußerten Wunsch, in Kastilien jene Verhältnisse wiederherzustellen, die unter den ‚Katholischen Königen' geherrscht hatten, jenen Monarchen also, unter denen die politische Entmündigung des dritten Standes ihren vorläufigen Höhepunkt erreicht hatte.

Den Bemühungen Padillas und eines weiteren toledanischen Edelmannes, Pedro Laso de la Vega, die städtischen ‚Juntas' in einer nationalen Bewegung zu vereinigen, waren infolge der traditionellen zwischenstädtischen Rivalitäten anfänglich nur wenig Erfolg beschieden. Erst nachdem königliche Truppen die Messestadt Medina del Campo in Schutt und Asche gelegt hatten (August 1520), wurden die ‚Comuneros' dank des Zustroms von Handwerkern, Textilarbeitern und Tagelöhnern zu einer Massenbewegung. Darüber hinaus waren nun auch Mitglieder des niederen Klerus und Ordensgeistliche, die bereits zuvor in instinktiver Opposition zu den im Gefolge der Niederländer eindringenden geistigen Einflüssen mit den Aufständischen sympathisiert hatten, bereit, ihr Prestige für die von Laso geleitete ‚Santa Junta' in die Waagschale zu werfen. Allerdings potenzierte diese Entwicklung auch die ohnehin beträchtliche Vielfalt politischer Ziele unter den ‚Comuneros' und legte damit den Grundstein zu ihrer späteren Zersplitterung.

Der Kaiser war zwar infolge des drohenden Konflikts mit den Reformatoren im Reich nicht in der Lage, die Schwächen seiner Gegner gebührend auszunützen, es gelang ihm jedoch, die Gegensätze im Lager der Aufständischen weiter zu vertiefen. Man beschloß folglich, auf die im Mai 1520 bewilligten Hilfsgelder zu verzichten, Staatsämter künftig nicht mehr mit Ausländern zu besetzen und den kastilischen Adel – mittels der Ernennung des Admirals und des Konstabels von Kastilien zu Mitregenten – stärker an der kaiserlichen Verwaltung zu beteiligen. Der Zeitpunkt für solche Zugeständnisse war gut gewählt. Der Hochadel, der, wie der Herzog von Infantado oder der Markgraf von Los Vélez, das Vorgehen der Aufständischen bis dahin mit gewissen Sympathien verfolgt hatte, war nun zunehmend geneigt, die ihm von Karl indirekt zugefügten Kränkungen zu vergessen. Dieser Gesinnungswandel entsprang in erster Linie der Befürchtung, die sich bereits abzeichnende Radikalisierung der ‚Comuneros‘ könne unter dem Einfluß der aufständischen Zünfte Valencias in die Schaffung einer wahrhaft revolutionären Bewegung münden.

Die Erhebung der in einer Bruderschaft, oder ‚Germanía‘, zusammengeschlossenen Zünfte Valencias hatte von Anbeginn deutlich im Zeichen sozialpolitischer Bestrebungen gestanden. Die schwelende Unzufriedenheit der in ihrer sozialen Existenz bedrohten Handwerker, Lohnarbeiter und Kleinbürger war im Sommer 1519 im Gefolge einer Pestepidemie in offenen Aufruhr ausgebrochen. Die Ziele der ‚Germanía‘, die in kürzester Zeit Valencia und die umliegenden ländlichen Bezirke unter ihre Kontrolle gebracht hatte, begrenzten sich in dieser ersten Phase im wesentlichen auf die Bestätigung und Stärkung der Position der Zünfte im politischen Geschehen der Stadt. Karl, der zu diesem Zeitpunkt noch in Katalonien weilte, hatte sich daher nach anfänglichem Zögern bereit gezeigt, die von den Aufständischen gebildete ‚Junta der Dreizehn‘ als neues Stadtregiment anzuerkennen. Erst nachdem er, dem Widerstand des valencianischen Adels weichend, sich kurz vor seiner Abreise aus Spanien zur Ernennung eines neuen Vizekönigs entschloß, machte sich in der ‚Germanía‘ ein gewisser Maximalismus breit. Die Schaffung einer freien Republik nach venezianischem Vorbild wurde nun von der Mehrheit der Zünfte zum gemeinsamen Ziel erhoben und verband sich, insbesondere nachdem die Führung von dem katalanischen Weber Joan Llorenç auf Viçenç Peris, einen Radikalen, übergegangen war, mit extremen sozial-religiösen Bestrebungen.

Ob die Radikalisierung der ‚Comuneros‘ von den Ereignissen in Valencia wesentlich mitbeeinflußt wurde, ist bis heute nicht schlüssig bewiesen, erscheint aber angesichts der traditionell engen Beziehungen zwischen Valencia und dem benachbarten Murcia, einem Zentrum der ‚Comuneros‘, sehr wahrscheinlich. Im Frühjahr 1521 war es der radikalen Fraktion unter der Führung des Kleinadligen Gonzalo de Guzmán gelungen, Laso de la Vega die Leitung der ‚Santa Junta‘ zu entreißen. Diese erklärte wenig später den Kampf gegen die Magnaten, ‚Caballeros‘ und „anderen Feinden des Reiches" zum vornehmsten Ziel ihres Kampfes.

Damit hatte das revolutionäre, gesellschaftsverändernde Element endgültig die Oberhand gewonnen, und die bisherige Koexistenz der verschiedenen Tendenzen konnte nicht länger bewahrt werden. Während daher Nájera, Dueñas und andere Kleinstädte die Aufhebung der adligen Gerichtsbarkeit verkündeten, folgten einige der bedeutendsten städtischen Zentren der ‚Comuneros‘ dem Beispiel Burgos’ und wechselten in das königliche Lager über. Selbst die Verstärkung der Aufständischen durch mehrere bedeutende Persönlichkeiten – so, unter anderem, durch den Bischof von Zamora, Antonio de Acuña – erwies sich als unzureichend, um die allmähliche Kräfteverschiebung zugunsten des Adels und der höheren Geistlichkeit, die zum Schutz ihrer ureigensten Belange sich erneut mit dem Patriziat verbündet hatten, wirksam zu beeinflussen. Der Sieg der königlichen Reiterei über die Aufständischen bei Villalar (23. April 1521) bildete daher lediglich den folgerichtigen Schlußpunkt dieser Entwicklung. Padilla und der Führer der ‚Comuneros‘ von Segovia, Juan Bravo, wurden gefangengenommen und am folgenden Morgen hingerichtet. Zwar verschaffte der französische Einfall in Navarra den Resten der Aufständischen noch einmal eine Atempause, aber der Fall von Toledo, das sich unter der Führung der Witwe Padillas, Maria Pacheco, in das letzte Bollwerk der ‚Comuneros‘ verwandelt hatte, sollte dann wenig später das Ende bedeuten.

Die ‚Germanía‘ war zwar zu diesem Zeitpunkt von diesem Stadium noch etwas entfernt, aber ihre Zersplitterung in Gemäßigte und Radikale sowie die Stärkung des königlichen Lagers nach der Niederschlagung der ‚Comuneros‘ mußte jede Siegeshoffnung letztlich utopisch erscheinen lassen. Peris, der bereits zweimal an der Spitze seiner Milizen siegreich in Valencia eingezogen war, erlitt im Oktober 1521 vor den Toren der Stadt eine vernichtende Niederlage und wurde nach seiner Gefangennahme im März des folgenden Jahres öffentlich hingerichtet. Die Reste seines Heeres wurden nach der Eroberung im Mai 1523 der im Süden Valencias gelegenen Städte Alcira und Játiva endgültig vernichtet. Wenige Wochen zuvor war auch der seit dem Frühling 1521 tobende Aufstand der Kleinbauern und Handwerker Mallorcas blutig unterdrückt worden.

Sowohl in ihrem sozialen Gefüge als auch in ihrer Zielsetzung – d. h. der Einbeziehung der untersten Schichten des dritten Standes und der Kleinbauern in den politischen Entscheidungsprozeß – wies die Bewegung in Mallorca enge Parallelen zur ‚Germanía‘ auf. Beide zielten gleichermaßen auf eine revolutionäre Veränderung der bestehenden Gesellschaftsordnung ab, und ihr Erfolg hätte auf die spätere Entwicklung Spaniens Auswirkungen gehabt, die in ihrer Reichweite nur schwer zu übersehen sind. Ein Gleiches kann von den ‚Comuneros‘, denen von der

Geschichtsschreibung gewöhnlich weitaus mehr Platz eingeräumt wird, nur in ihrer letzten Phase behauptet werden.

Trotz ihres Triumphes beschränkte sich die Krone darauf, die unter Isabel geschaffenen machtpolitischen Verhältnisse wiederherzustellen. Dies zeugte nicht nur von erheblichem politischem Weitblick, sondern ergab sich auch aus der Tatsache, daß der Adel und das Patriziat nach einer anfänglich zweideutigen Haltung sich letztlich doch auf die Seite des Monarchen geschlagen hatten. Die Krone war sich wohl bewußt, daß die Wiederanknüpfung an die von den ,Katholischen Königen' betriebene allmähliche Domestikation der Magnaten auf friedlichem Wege einer drastischen Beschneidung ihrer Macht vorzuziehen sei, würde sie doch letztlich dieselben Ergebnisse erbringen. Der direkte Nutznießer der Ereignisse in Kastilien und in den Ländern der Krone Aragon war daher auch nicht so sehr die Krone als Institution, sondern Karl persönlich. Seine Stellung als erster Herrscher Spaniens, dessen Autorität vorbehaltlos und frei von dynastischen Komplikationen von allen Gliedstaaten gleichermaßen anerkannt wurde, stand nach 1522 außer Zweifel.

Ihm gebührt daher, mehr noch als den ,Katholischen Königen', das Verdienst, Kastilien und die Krone Aragon zu einem politischen Gemeinwesen verschmolzen zu haben. Darüber hinaus hatte der Aufstand der ,Comuneros' deutlich gemacht, wie sinnlos es war, Kastilien von den Auswirkungen der imperialen Rolle seines Monarchen isolieren zu wollen. Diese Tatsache, wie auch die Überzeugung vieler Magnaten, Karls kaiserliche Politik stimme in vielen Punkten mit den Interessen Spaniens überein, erklärt zumindest teilweise, warum Spanien seine Unterordnung unter ein fremdes Imperium von nun an widerstandslos akzeptierte.

2. Spanien und das Reich

Die Regierungsführung Karls als deutscher Kaiser ließe sich grundsätzlich in drei Phasen unterteilen. Die zwanziger Jahre des Jahrhunderts standen ganz im Zeichen der Verteidigung habsburgisch-spanischer Interessen in Italien gegen die Ansprüche Frankreichs, zu der sich im folgenden Jahrzehnt noch die Abwehr der Türkengefahr hinzugesellte. Während der dritten Phase schließlich, die etwa die verbleibenden fünfzehn Jahre bis zu seiner Abdankung (1555) umfaßte, sah sich der Kaiser infolge seiner Bemühungen um die Wahrung der Glaubenseinheit in einen Allfrontkrieg verwickelt, in dem in Gestalt der protestantischen Fürsten neben die genannten Feinde im Äußeren noch ein weiterer Gegner im Inneren getreten war.

Die Beziehungen zu Frankreich erfuhren bereits wenige Jahre nach dem Vertrag von Noyon (April 1516) eine spürbare Abkühlung. Zum offenen Bruch kam es jedoch erst anläßlich des erwähnten Einfalls französischer Truppen (1520) in Navarra. Nachdem es Spanien gelungen war, die verlorenen Gebiete, mit Ausnahme der bedeutenden Grenzfestung Fuenterrabía, wieder in seinen Besitz zu bringen, verlagerte sich das militärische Geschehen ganz nach Italien, wenn auch der nun einsetzende erste italienische Krieg (1521–1526) ein Musterbeispiel für die deutsch-spanische Zusammenarbeit war. Nach dem Sieg des vom Reich, Papst Leo X. und Heinrich VIII. von England gebildeten Dreibundes bei Bicocca (August 1522) und dem Frontwechsel des Connetables Karl von Bourbon-Montpensier ins kaiserliche Lager im folgenden Jahr, sah sich Franz I. sowohl in der Provence wie im Nordosten Frankreichs hart bedrängt. Sein Versuch, dieser Lage mit einem Vorstoß nach Norditalien eine entscheidende Wende zu geben, mündete am 24. Februar 1525 in die Schlacht von Pavia, in der ein deutsches Landsknechtsheer unter Georg von Frundsberg und die von Leyva befehligten spanischen Streitkräfte dem französischen König eine vernichtende Niederlage zufügten.

Die Schlacht war ein Beweis der Überlegenheit des modernen, von Feuerwaffen unterstützten Infanterieangriffs über die mittelalterliche Kampfweise des gepanzerten Ritterheers, und markierte somit den Beginn der neuzeitlichen Kriegsführung. Das von den spanischen Streitkräften meisterhaft beherrschte Zusammenspiel zwischen massiven Infanterieverbänden und schwerer Artillerie entsprang den Erfahrungen, die sie zu Ende des 15. Jahrhunderts im Kampf um Neapel unter dem ‚Großen Kapitän‘, Gonzalo Fernández de Córdoba, gesammelt hatten.

Franz I. wurde nach Madrid verbracht und unterzeichnete dort im Januar 1526 einen Friedensvertrag mit dem Kaiser. In ihm verzichtete er auf seine Ansprüche auf Mailand und die Lehnsherrschaft über Flandern und Artois und erklärte sich bereit, das ehemalige Herzogtum Burgund an Karl abzutreten. Allerdings betrachtete die französische Krone diesen letzten Teil der Vereinbarungen als völlig unannehmbar, und Franz I. hatte nach seiner Freisetzung keine Skrupel, den durch Eid besiegelten Vertrag zu brechen. In der mit den Staaten Norditaliens und dem Heiligen Stuhl geschlossenen Liga von Cognac schuf er sich wenige Monate später (Mai 1526) das nötige Instrument, um die Vereinbarungen von Madrid auch faktisch zu revidieren.

Der zweite italienische Krieg (1526–1529) sollte allerdings einen für Frankreich wenig verheißungsvollen Anfang nehmen. Francesco II. Sforza, Herr von Mailand und Verbündeter Franz' I., beugte sich schon bald der kaiserlichen Übermacht, und die von Bourbon geführten Söldner eroberten und plünderten im Frühling des folgenden Jahres die ‚Ewige Stadt' (‚Sacco di Roma') und zwangen damit Klemens VII. wenige Monate später zum Friedensschluß. Auch in Süditalien sollte sich die militärische Lage unverhofft zu Karls Gunsten entwickeln. Nachdem die am 28. April 1528 bei Amalfi erfolgte Vernichtung der kaiserlichen Flotte durch die Genuesen den französischen Streitkräften eine vorzügliche Ausgangsposition für die Eroberung Neapels geschaffen hatte, gelang es der kaiserlichen Diplomatie, den Admiral Andrea Doria zum Übergang in das Lager des Kaisers zu bewegen und somit Neapel für Spanien zu retten. Damit befand sich der Krieg in einer Pattsituation, und die im sogenannten Damenfrieden von Cambrai (5. August 1529) von der französischen Regentin, Luise von Savoyen, und Margarethe von Österreich, der Tante Karls I. (V.), ausgehandelten Bedingungen wiederholten im wesentlichen – abgesehen von Burgund, das bei Frankreich verblieb – die im Vertrag von Madrid getroffenen Vereinbarungen.

Die vom Hause Habsburg in diesen beiden Waffengängen erzielten Erfolge sollten in erster Linie Spanien zugute kommen. Zwar wurde Francesco II. Sforza unter spanischer Oberhoheit erneut als Herzog von Mailand eingesetzt, aber schon nach seinem Tod, fünf Jahre später, fiel das Herzogtum als kaiserliches Lehen an Karl zurück, der es wenige Jahre später seinem Sohn Philipp übertragen sollte. Die im Gefolge des Friedens von Cambrai vollzogene Einnahme von Florenz (August 1530) festigte die habsburgische Vorherrschaft in Italien in einem bis dahin unbekannten Maße. Zwar blieben die alten Staaten mit eigenen Fürsten bestehen, aber sie sollten sich, abgesehen von Venedig und Ferrara, während der folgenden Jahrzehnte ausschließlich im Bannkreis der habsburgischen Hoheit bewegen. Angesichts der bereits bestehenden Präsenz Spaniens in Neapel und der sich anbahnenden Teilung des kaiserlichen Erbes – die mit der Übergabe der österreichischen Kronlande an Karls Bruder Ferdinand bereits 1522 ihren Anfang genommen hatte – sollte habsburgisch in Italien zunehmend identisch mit spanisch sein. Der Höhepunkt dieser Entwicklung war die Kaiserkrönung Karls am 24. Februar 1530 in Bologna.

Während seines siebenjährigen Aufenthalts auf iberischem Boden, der mit diesem Ereignis seinen Abschluß fand, hatte der Monarch es verstanden, die seit der Niederlage der ‚Comuneros' wiederangeknüpften Bande mit der Aristokratie weiter zu stärken. Beginnend im Jahre 1519, wurde eine wachsende Zahl spanischer Magnaten mit der Aufnahme in den ursprünglich burgundischen Orden vom Goldenen Vlies geehrt, und auch die 1520 vollzogene Abstufung des Hochadels in ‚Grandes de España' – 25 insgesamt – und ‚Títulos' orientierte sich an nicht-spanischen

Vorbildern. Mittels der damit verbundenen Privilegien band man den Adel noch enger an den Monarchen ohne ihn deswegen formell in die Machtmechanismen einzubeziehen.

Isabella von Portugal, die Karl 1526 geehelicht hatte, sollte sich während der nun einsetzenden langjährigen Abwesenheit ihres Gemahls – bis zu seiner Abdankung beschränkte sich seine Anwesenheit in Spanien auf vier, etwa je zwei Jahre umfassende Aufenthalte – als tüchtige Sachwalterin erweisen. Die tatsächliche Verwaltung der spanischen Kronländer lag indessen in den Händen Mercurino Gattinaras, seit dem Tod Chièvres' (1521) Großkanzler aller Reiche, dessen humanistische Bildung und juristisches Denken Karl entscheidend beeinflußten. Gattinara sollte jedoch seit Mitte der zwanziger Jahre zunehmend im Schatten Francisco de los Cobos', eines früheren Vertrauten Ferdinands II., stehen, unter dessen umsichtiger Führung sich Spanien mehr als zweier Jahrzehnte innerer Stabilität erfreuen würde. Gattinaras großes Verdienst war es indessen, daß er, aufbauend auf die unter den ‚Katholischen Königen' geschaffenen Ratskollegien, dem Rätesystem, und damit dem spanischen Verwaltungssystem der frühen Neuzeit insgesamt, seine endgültige Form gab.

Sein ranghöchster Bestandteil war seit 1522 der Staatsrat, dessen selbstgestellte Aufgabe es war, den Monarchen in allen wichtigen Angelegenheiten Spaniens und des Deutschen Reichs zu beraten. Zu seinen Mitgliedern gehörten im Jahre 1526 neben Gattinara und dem Grafen Heinrich von Nassau der Erzbischof von Toledo, der Bischof von Jaén, die Herzöge Alba und Béjar sowie der königliche Beichtvater, jedoch kein Vertreter des dritten Standes. Die tägliche Verwaltungsarbeit lag indessen bei einem wachsenden Stab von Mitarbeitern, der sich ab 1566 in zwei Abteilungen unterteilte, ‚Norte', zuständig für die Angelegenheiten Nordeuropas, insbesondere der Niederlande, und ‚Sur', deren Kompetenzen sich vorrangig auf Italien begrenzten. Allerdings war nicht nur der Hinweis auf die Mitgestaltung der Reichspolitik ein Anspruch, der in der Praxis nur schwer zu rechtfertigen war, sondern die Rivalitäten innerhalb des Staatsrates und die Anfeindungen, denen er von außen ausgesetzt war, bewogen Karl, ihm eine vornehmlich repräsentative Rolle zuzuweisen. Wesentlich größeren Einfluß genoß dagegen der 1517 gegründete Kriegsrat, dessen Mitglieder teilweise mit denen des Staatsrats identisch waren. Zwar oblag ihm nominell die Aufsicht über das Militärwesen aller Kronländer, doch konzentrierten sich seine Zuständigkeiten primär auf Spanien und das westliche Mittelmeer.

Kaum weniger bedeutend war der Finanzrat (‚Consejo de Hacienda'), der, aufbauend auf die kastilischen ‚Contadurías Mayores' und beeinflußt vom burgundischen ‚Conseil des Finances' – Heinrich von Nassau gehörte beiden Organen an –, seit 1523 der königlichen Finanzverwaltung vorstand. Der Kastilienrat, dessen Präsident nach dem Monarchen die höchste Autorität im Lande verkörperte, leitete wie bisher die Verwaltung und das Rechtswesen Kastiliens und bildete, unter anderem, die oberste richterliche Instanz im Königreich. Infolge der Fülle seiner Aufgaben entstand in seinem Inneren sehr bald der ‚Kastilische Kammerrat‘, der allerdings erst 1588 die Kategorie eines unabhängigen Ratskollegiums erlangen sollte. Seine spezielle Aufgabe war es, den Monarchen bei der Besetzung der Ämter im Verwaltungs- und Justizwesen zu beraten und sich der aus dem ‚Patronato Real‘ entstehenden Fragen anzunehmen. Die Kompetenzen des ‚Cruzada‘-Rates beschränkten sich dagegen ausschließlich auf die Kontrolle der gleichnamigen Steuer. Auch das Ansehen des ‚Königlichen Rates der Militärischen Orden‘, der neben den drei wichtigsten kastilischen Orden (Santiago, Calatrava, Alcántara) später auch die aragonischen Montesa- und Johanniterorden verwaltete, ruhte vornehmlich auf der Bedeutung der von ihm kontrollierten Einkünfte.

Den aus der ständigen Ausweitung des spanischen Herrschaftsbereichs entstehenden Anforderungen begegnete das Verwaltungswesen durch die Schaffung neuer Territorialräte. So übertrug man 1524 die Kontrolle und Verwaltung der überseeischen Besitzungen und des Amerikahandels vom Kastilienrat auf den neugeschaffenen Indienrat. Der Aragonrat mußte seinerseits 1555 die Zuständigkeit für Mailand, Sizilien und Neapel – nicht jedoch Sardinien – an den neugegründeten Italienrat abtreten und beendete damit eine nahezu 300jährige Präsenz der Krone Aragon auf italienischem Boden. Dem Erwerb Portugals im Jahre 1580 sollte zwei Jahre später die Schaffung des Portugalrates folgen, und weitere sechs Jahre darauf trug die Krone den durch die ‚Union von Arras‘ geschaffenen Tatsachen Rechnung und übertrug die Verwaltung der sogenannten Spanischen Niederlande auf den neugegründeten Flandernrat.

Die von Gattinara und Cobos geschaffene Polysynodie sollte, abgesehen von gewissen Veränderungen im politischen Gewicht und der personellen Zusammensetzung der einzelnen Ratskollegien, die Stürme der folgenden Jahrzehnte unversehrt überstehen. Cobos, der, außer dreien, allen zu jenem Zeitpunkt bestehenden Räten als Sekretär angehörte, war überdies der erste in einer langen Reihe von königlichen Sekretären, auf deren Schultern bis zum späten 16. Jahrhundert die Verwaltung des spanischen Imperiums ruhen sollte. Wie Cobos, Alonso de Idiáquez oder Juan Vázquez de Molina, entstammten sie vornehmlich dem Kleinadel oder dem Bürgertum und zeichneten sich gewöhnlich nicht durch besondere intellektuelle Fähigkeiten aus, wußten dies aber durch ihre relative Unbestechlichkeit und unbedingte Treue zum Monarchen weitgehend wettzumachen. Die Leitung der Mehrzahl der Ratskollegien und die Spitzen des Beamtenapparates lagen dagegen vornehmlich in den Händen von ‚Letrados‘, d. h. geschulten Juristen aus dem Kleinadel und dem bürgerlichen Stand, die vor ihrem Eintritt in den Staatsdienst als Anwälte oder im Dienst der Kirche bereits Erfahrungen gesammelt hatten.

Eine langjährige Laufbahn im Staatsdienst bedeutete für sie gewöhnlich den Eintritt in die mittleren Bereiche der Aristokratie, eine Entwicklung, die letztlich in die Schaffung eines der französischen ‚Noblesse de robe‘ ähnlichen Dienstadels münden sollte. Die sogenannte ‚Capa y Espada‘-Hierarchie rekrutierte sich dagegen vornehmlich aus dem mittleren und höheren Adel und dominierte hauptsächlich in dem Kriegs-, Staats- und Finanzrat, im Wehrstand, der Gebietsverwaltung (Vizekönige, Gouverneure) und im Sicherheitswesen (‚Corregidores‘, ‚Alcaldes‘). Da der Eintritt in diese Bereiche gewöhnlich keine formelle Ausbildung voraussetzte, war es unvermeidlich, daß die Ämter dieser Kategorie angesichts des mit ihrem Besitz verbundenen Prestiges sehr rasch den Charakter der Käuflichkeit erwarben. Infolge der wachsenden Verschuldung der Krone sollte sich der Verkauf von Ämtern und Titeln besonders seit ca. 1540 zu einer Einnahmequelle von wachsender Bedeutung entwickeln.

Wenige Monate nach der Kaiserkrönung traf Karl – entschlossen, sich den religiösen Spannungen im Reich mit verstärktem Nachdruck zu widmen – zu seinem zweiten Aufenthalt in Deutschland ein. Die ständig bedrohlichere Türkengefahr und der Zusammenschluß der protestantischen Fürsten im Schmalkaldischen Bund (Februar 1531) zwangen ihn jedoch bald, die auf dem Augsburger Reichstag bewiesene Unnachgiebigkeit gegenüber dem deutschen Protestantismus zugunsten einer versöhnlicheren Haltung aufzugeben. Diese Tatsache sollte 1532 im Nürnberger Religionsfrieden ihren deutlichen Niederschlag finden. Nachdem Karl 1533 vergeblich versucht hatte, den osmanischen Gegner im europäischen Südosten in die Schranken zu weisen, zwang ihn derselbe Feind bereits im folgenden Jahr zur erneuten Rückkehr nach Spanien.

Die seit dem Fall von Rhodos (1522) verstärkt im westlichen Mittelmeer operierenden türkischen Galeeren und die Seeräuberschiffe des Chaireddin Barbarossa beunruhigten die iberischen und italienischen Küstengewässer und untergruben zusehends die spanische Vorherrschaft in Nordafrika. Barbarossa, ein Verbündeter der ‚Hohen Pforte‘, war durch die Eroberung Bugias (1515), des Peñón de Argel (1529) und Tunis’ (1534) zum Herrn der sizilianisch-afrikanischen Meerenge geworden, und drohte Karls Plan, dem Osmanen durch Angriffe im Adriatischen und Ionischen Meer in die Flanke zu fallen, zum Scheitern zu bringen. Karls Großoffensive des Jahres 1535 erbrachte zwar die Wiedereroberung Tunis' und La Golettas, doch konnte die Absicht, diesen Triumph zu einem Vorstoß auf die Piratenhochburg Algier auszunutzen, um so die spanische Hegemonie im Maghreb wiederherzustellen, wegen der erneut aufflammenden Feindseligkeiten mit Frankreich nicht realisiert werden. Wie verhängnisvoll dies war, zeigte sich nach dem Scheitern der christlichen Liga. Türkische Flottenverbände eroberten die am Golf von Cattaro gelegene Festung Castelnuovo und der zum osmanischen Großadmiral aufgestiegene Barbarossa plünderte zwei Jahre später Gibraltar. Eine Offensive gegen Algier schlug infolge widriger Witterungsverhältnisse fehl. Damit war die kaiserliche Mittelmeerpolitik vorläufig gescheitert.

Wie bereits erwähnt, lag die tiefere Ursache dieses Scheiterns allerdings in erster Linie in den wachsenden Unruhen im Reich und der ständigen Bedrohung seitens Frankreichs. Seit dem Frieden von Cambrai hatte die Diplomatie der französischen Krone vornehmlich im Dienst einer vom Revanchegedanken getragenen Politik gestanden. Nach Bündnisabschlüssen mit England, Papst Klemens VII. und der ‚Hohen Pforte‘ eröffnete Frankreich 1536 mit dem Einfall in Piemont und Savoyen den dritten italienischen Krieg. Französische Flottenverbände stießen in das Mittelmeer vor, während dem kaiserlichen Gegenstoß in der Provence nur wenig Erfolg beschieden war. Der 1538 geschlossene Waffenstillstand von Nizza stellte jedoch eine unzureichende Grundlage für einen dauerhaften Frieden dar, und wurde bereits 1542 erneut von Frankreich gebrochen. Nach französischen Erfolgen in Piemont und gescheiterten Vorstößen Franz' I. auf Perpignan und Luxemburg, drangen die verbündeten englischen und kaiserlichen Streitkräfte im Gegenstoß in Nordfrankreich ein und bedrohten Paris. Der Vormarsch der deutschen Reformation und die andauernde Türkengefahr, der Franz I. durch die zeitweilige Umwandlung Toulons in einen osmanischen Flottenstützpunkt bewußt Vorschub leistete, erlaubten es dem Kaiser allerdings nicht, diese militärischen Erfolge politisch voll auszunützen. Frankreich konnte daher im Frieden von Crespy 1544 seinen Anspruch auf Savoyen und Piemont behaupten, mußte jedoch auf sein Bündnis mit der Pforte verzichten und Karls Herrschaft in Italien und den Niederlanden anerkennen. Diese Beruhigung der außenpolitischen Lage erlaubte es dem Kaiser, sich nun endlich ganz den innerdeutschen Angelegenheiten zuzuwenden. Die Weigerung der Schmalkaldener das auf Betreiben Karls einberufene Konzil von Trient zu beschicken, begünstigte eine Annäherung zwischen dem Kaiser und dem Heiligen Stuhl. Darüber hinaus gelang es dem Monarchen durch Neutralitätserklärungen seitens Moritz' von Sachsen-Meißen und anderer protestantischer Fürsten, seine Gegner noch vor Ausbruch der Feindseligkeiten zu isolieren. Der Schmalkaldische Krieg sollte daher bereits nach dem glänzenden Sieg bei Mühlberg (24. April 1547) mit dem Triumph der kaiserlichen Waffen enden, und ermöglichte weitere fünf Monate später den ‚Geharnischten Reichstag‘ zu Augsburg.

Auf dem Höhepunkt seiner Macht angelangt, war Karl nun bemüht, sein Lebenswerk durch eine frühzeitige Regelung der Nachfolgefrage so weit wie möglich abzusichern. Die Niederlande – seit 1531 von Karls Schwester Maria als Statthalterin regiert – wurden 1548 vom Reich losgelöst und dem Kronprinzen Philipp zu Lehen gegeben. Als Karl jedoch 1551 Ferdinand zum Verzicht auf die Nachfolge seines Sohnes im Kaisertum zugunsten Philipps zwang – dessen Kandidatur sollte dann freilich am Widerstand der Kurfürsten scheitern –, führte dies nicht nur zu einer schweren Verstimmung im Hause Habsburg, sondern brachte auch die latenten Spannungen im Reich erneut zum Ausbruch. Katholische und protestantische Fürsten widersetzten sich in der sogenannten Fürstenverschwörung gemeinsam der Ausweitung der kaiserlichen Macht, und fanden in Heinrich II. von Frankreich, der sich im Zusammenhang mit inneritalienischen Auseinandersetzungen ohnehin im Krieg mit Habsburg befand, einen willigen Bundesgenossen. Der Monarch erklärte sich im Vertrag von Chambord (15. Januar 1552) bereit, gegen Übernahme des Reichsvikariats über Cambrai, Metz und zwei weitere lothringische Reichsstädte den Plan der Aufrührer zu finanzieren.

Der Kaiser wurde von den Ereignissen weitgehend überrascht und konnte sich nur mit Mühe vor den heranrückenden Streitkräften Moritz' von Sachsen aus Innsbruck retten. Ferdinand, der als Statthalter der österreichischen Kronlande eine andere Interessenpolitik verfolgte als die von universalen Aspekten geleitete Politik seines kaiserlichen Bruders, griff vermittelnd in den Streit ein und vermochte im Sommer 1552 den Passauer Vertrag gegen den Willen Karls durchzusetzen. Karls Versuche, dieses Abkommen, das letztlich zum Augsburger Religionsfrieden und somit zum Scheitern der kaiserlichen Glaubenspolitik im Reich führen sollte, zu revidieren, blieben ebenso erfolglos wie seine Bemühungen, Metz 1553 durch kriegerische Schritte für das Reich zurückzugewinnen. Gleichzeitig drohte eine Reihe von Rückschlägen im Kampf gegen den Halbmond – insbesondere der Verlust von Tripolis und Bugia (1551 bzw. 1555) – und die wachsende Bedrohung der katalanisch-aragonischen Handelsschiffahrt durch den Korsaren Torghud, die kaiserliche Mittelmeerpolitik ins Wanken zu bringen.

Selbst Karls Bemühungen, durch Fortführung der traditionellen habsburgischen Heiratspolitik Philipp für den Verlust der deutschen Kaiserkrone zu entschädigen, standen unter einem Unstern. Philipp, dessen erste Gemahlin, die portugiesische Infantin Maria, 1545 bei der Geburt des Prinzen Karl (Don Carlos) gestorben war, heiratete 1554 die englische Königin Mary Tudor. Damit eröffnete sich ihm die Möglichkeit, mittels eines Imperiums, bestehend aus zwei sich gegenseitig ergänzenden wirtschaftlichen und geographischen Einheiten – England und die Niederlande, Spanien und Italien –, die habsburgischen Hegemonieträume sowohl im Abendland wie auch in der Neuen Welt zu verwirklichen. Dieser Traum sollte allerdings schon 1558 mit dem Tod Marys ein plötzliches Ende finden. Karl, der bereits seit 1553 seinen Bruder mit allen das Reich betreffenden Angelegenheiten betraut hatte, übertrug Philipp während der folgenden zwei Jahre neben den Niederlanden auch Mailand, Neapel und, nach dem Tod seiner Mutter, Johannas ‚der Wahnsinnigen‘, im Januar 1556 schließlich auch die spanische Königskrone. Er selber zog sich auf eine nahe dem Kloster San Gerónimo de Yuste gelegene Villa zurück, von wo aus er am 12. September 1556 Ferdinand das Kaisertum zur Verfügung stellte. Hier sollte er auch bereits zwei Jahre später sein Leben beschließen.

Karls Bedeutung als letzter Vertreter der mittelalterlichen universalen christlichen Kaiseridee, kann bei der Bewertung seiner Regierung aus spanischer Sicht nur begrenzt berücksichtigt werden. Das Urteil über ihn in seiner Eigenschaft als Herrscher Spaniens muß daher zwangsläufig widersprüchlich ausfallen. Zweifellos gebührt ihm das Verdienst, Spaniens Bestand als ein machtpolitisches Ganzes unwiderruflich gefestigt und es endgültig unter die europäischen Großmächte eingereiht zu haben. Aber es war ebenfalls Karl, der Spanien zum ersten Mal in die Konflikte Mittel- und Westeuropas verstrickte und somit der Außenpolitik eine für das Land folgenschwere Richtung gab. In der Frage der Eindämmung der Türkengefahr und des Kampfes um die Herrschaft in Italien stimmten die kaiserlichen Intentionen und die Belange Spaniens bis zu einem gewissen Punkt überein, wie auch die Bemühungen des Kaisers um die Erhaltung der Glaubenseinheit Westeuropas gefühlsmäßig von der Mehrheit seiner spanischen Untertanen unterstützt wurden. Angesichts der Tatsache, daß solche gelegentlichen Gemeinsamkeiten um den Preis der wirtschaftlichen Auszehrung Kastiliens erkauft wurden, muß die Bilanz der kaiserlichen Herrschaft bezüglich der iberischen Kronländer jedoch letztlich negativ ausfallen.

3. Die Begründung des Kolonialreiches

Es schmälert nicht die herausragende Rolle des spanischen Volkes in der Erschließung und Besiedelung der Neuen Welt, wenn man darauf hinweist, daß die Voraussetzung für diese Leistung – die Entdeckung des amerikanischen Kontinents durch Christoph Kolumbus (Cristóbal Colón) – keineswegs Folge einer langfristigen und planvollen Politik der spanischen Krone gewesen ist. Die vorbereitenden Entdeckungsreisen im nördlichen Atlantik und entlang der westafrikanischen Küste waren ausschließlich das Werk italienischer und portugiesischer Seefahrer, wie ja auch der Genuese Kolumbus von 1476 bis 1484 in portugiesischen Diensten gestanden hatte. Dem spanischen Hof fehlte es an einer Persönlichkeit, die, wie Heinrich der Seefahrer, bereit gewesen wäre, ihr politisches Gewicht für den Entdeckungsgedanken in die Waagschale zu werfen, und Hinweise auf die zukünftige imperiale Rolle der ‚Katholischen Könige‘ bezogen sich vor 1492 fast ausschließlich auf das Abendland und Nordafrika. Selbst nachdem Kolumbus nach seiner Rückkehr im Herbst 1492 den Hof von seinen Entdeckungen unterrichtet hatte, sollte sich diese Haltung nur sehr allmählich ändern. Dennoch war die Krone bemüht, diese Erwerbungen so rasch wie möglich vertraglich abzusichern. Nachdem Papst Alexander VI. bereits in seinen Bullen von Mai und September 1493 die Neue Welt in eine spanische und eine portugiesische Einflußsphäre geteilt hatte, kamen die beiden Mächte ein Jahr später im Vertrag von Tordesillas (7. Juni 1494) überein, den spanischen Entdeckungsraum entlang einer nordsüdlichen Demarkationslinie 370 Meilen westlich der Kapverden zu begrenzen.

Erst nachdem die Berichte des Kolumbus und anderer spanischer Seefahrer über die angeblich sagenhaften Schätze der Neuen Welt auf der Pyrenäenhalbinsel Verbreitung gefunden hatten, war ein rasch anwachsender Strom von Spaniern bereit, die Fahrt über den Atlantik zu wagen. Die erste spanische Niederlassung wurde auf Hispaniola (Haiti) gegründet und entwickelte sich seit 1508 zum Ausgangspunkt der weiteren Erforschung des Subkontinents. Weitere Niederlassungen entstanden in rascher Folge auf Puerto Rico, Jamaica und Kuba. Ihnen folgten die ersten Vorposten auf dem Festland, Darien, im heutigen Nikaragua gelegen, und Panama (1519). Der Zeitraum von 1519 bis 1540 umschloß die heroische Phase der ‚Conquista‘ Mittel- und Südamerikas. Ihre Protagonisten waren in erster Linie verarmte ‚Hidalgos‘, wie Hernán Cortés, die nachgeborenen Söhne des Landadels, aber auch Männer aus den unteren Volksschichten, wie Francisco Pizarro und Diego de Almagro. Erben der jahrhundertealten Tradition der Reconquista, waren ihre Beweggründe doch nur selten religiöser Natur, sondern entsprangen vorrangig dem Machthunger und der Begierde auf Besitz. Zur Durchsetzung ihrer Ziele waren sie bereit, große Entbehrungen zu erleiden, und ihre Fähigkeit, mit beschränkten Mitteln Unglaubliches zu leisten, erfüllt den Menschen der Neuzeit mit, wenn auch zuweilen widerwilliger, Hochachtung.

Noch bevor die Phase der Eroberung und Erforschung ganz abgeschlossen war, traf die Krone die nötigen Vorkehrungen, um zu verhindern, daß in Amerika eine neue Schicht übermächtiger Magnaten heranwachse. Bereits 1501 ernannte man den ersten Gouverneur von Hispaniola. Diego Colón dagegen, der Sohn des Entdeckers, der nach dessen Tod (1506) das Amt des Gouverneurs und später auch des Vizekönigs geerbt hatte, sah sich zunehmend in seinen Befugnissen von Beamten der Krone eingeengt. Die wirkliche Verfügungsgewalt lag indessen in den Händen eines Mitgliedes des Kastilienrates, Juan Rodríguez de Fonseca, der seit 1493 am Hof als ‚de facto'-Minister für koloniale Fragen handelte. In seinem Todesjahr (1524) entstand mit dem bereits erwähnten Indienrat eine Institution mit weitreichenden Kompetenzen bezüglich aller verwaltungstechnischen, rechtlichen und kirchlichen Angelegenheiten Spanisch-Amerikas.

Seine Vollzugsorgane auf dem Subkontinent waren einmal die ‚Audiencias' – die erste entstand 1511 auf Hispaniola, weitere sechs sollten bis 1549 folgen – und die Vizekönige. Im Unterschied zu den in Spanien bestehenden ‚Audiencias' besaß ihr koloniales Gegenstück sowohl rechtsprechende wie auch verwaltende Funktionen. Ihre Vorsitzenden (‚Presidente') bekleideten, mit Ausnahme der ‚Audiencias' von Lima und Mexico, gewöhnlich auch das Amt des Gouverneurs oder Landeshauptmanns. Sie dienten in erster Linie als Gegengewicht zu den Vizekönigen und stellten sicher, daß deren Eigenmächtigkeit bezüglich der Krone ein gewisses Maß nicht überschreite.

Die Umformung der eroberten Gebiete in Vizekönigreiche bedeutete zumindest theoretisch, daß diese Gliedstaaten der kastilischen Krone die gleiche rechtliche Stellung einnahmen wie z. B. Navarra oder Asturien, und hat daher zu der Behauptung geführt, die amerikanischen Besitzungen seien niemals richtige Kolonien gewesen. Die Teilung des riesigen, sich vom Mississippi bis nach Feuerland ausdehnenden Kolonialbesitzes in nur zwei Vizekönigreiche – Neu-Spanien (1535, Mexico) im Norden und Neu-Kastilien – oder Peru – (1542, Lima) im Süden – erwies sich trotz des Bestehens einer Vielzahl halbautonomer ‚Audiencias' bald als unzureichend. Erst die Abtrennung der Vizekönigreiche Neu-Granada und La Plata sollte hier 1717 bzw. 1776 eine grundlegende Änderung erbringen. Obwohl die Ernennung und Amtszeit der fast ausnahmslos in Spanien geborenen Vizekönige ausschließlich der Entscheidung des Monarchen und des Indienrats unterlagen, gingen ihre Machtbefugnisse doch weit über die eines bloßen Vollzugsbeamten hinaus. Begünstigt durch die erheblichen Entfernungen zwischen ihrem Amtssitz und dem Mutterland – Botschaften des Monarchen an den Vizekönig von Peru erreichten Lima gewöhnlich erst nach acht Monaten – handelten die Vizekönige nach dem Grundsatz: „Obedezco pero no cumplo", d. h. „Ich gehorche, aber führe (die mir gegebenen Weisungen) nicht aus", und ignorierten die Verordnungen des Hofes oder paßten sie den örtlichen Gegebenheiten an.

Die Besiedelung Spanisch-Amerikas folgte in vielen Punkten den Praktiken der Kolonisierung der Kanarischen Inseln, die sich wiederum an den Erfahrungen der Reconquista orientiert hatte. Die von den Konquistadoren vorgenommene Landverteilung besaß, zumindest theoretisch, lediglich provisorischen Charakter und bedurfte zur rechtlichen Absicherung der Zustimmung der Krone. Dies ergab sich aus der Tatsache, daß es den ‚Katholischen Königen' frühzeitig gelungen war, ihr Besitzrecht auf alles Land und die darunter liegenden Bodenschätze durchzusetzen. Ausgenommen davon waren nur jene Ländereien, die zum Zeitpunkt der Eroberung von den Indianern bebaut wurden, eine Bestimmung, die jedoch in der Praxis häufig übergangen wurde.

Eine besondere Variante dieses ‚Repartimiento' (Verteilung) genannten Vorgangs ergab sich aus der Notwendigkeit, Arbeitskräfte zur Bebauung des Grundbesitzes zu finden. In den ersten Jahren nach der Eroberung waren die Siedler diesem Problem dadurch begegnet, daß sie die vorgefundenen Indianer einfach zur Arbeit zwangen. Die nächste Stufe dieser ‚de facto'-Versklavung der eingeborenen Bevölkerung erreichte man, als Kolumbus nach seiner zweiten Amerikafahrt etwa 500 Indianer in Spanien zum Verkauf anbot. Sofern man überhaupt bemüht war, diesem Vorgang einen legalen Anstrich zu geben, bediente man sich des schon auf den Kanarischen Inseln praktizierten ‚Requerimiento'. Es bestand darin, den der Schrift unkundigen Eingeborenen vor Ausbruch der Feindseligkeiten ein Schreiben vorzulegen, in dem man ihnen freistellte, zwischen Unterwerfung und Taufe oder Versklavung zu wählen.

In dieser Lage war es die Kirche, oder zumindest einflußreiche Kreise innerhalb dieser Institution, die durch ihr Eingreifen eine lange Tradition christlicher Verantwortung gegenüber den Indianern begründete. Dem Rat hoher Geistlicher folgend, entschlossen sich die ‚Katholischen Könige' 1500 die Freiheit der indianischen Bevölkerung förmlich zu gewährleisten, und in den auf Drängen des Dominikanerordens erlassenen ‚Gesetzen von Burgos' (1512) unterstrich man die Verpflichtung jedes Christen, die Indianer vor Ausbeutung und Mißbrauch zu schützen. Freilich stand diese Gesetzgebung in scharfem Gegensatz zu den Interessen der spanischen Landbesitzer und der Krone. Man erklärte daher schon bald die Versklavung jener Indianer für zulässig, die sich ihrer Unterwerfung mit Gewalt widersetzt hatten, den Kannibalismus praktizierten oder durch Kauf erworben worden waren. Darüber hinaus forderte die Krone 1503 die Weißen auf, die Indianer zur Kontaktaufnahme mit ihren Besiegern zu zwingen und sie zur Arbeit anzuhalten. Damit hatte man die rechtlichen Grundlagen der ‚Encomienda' geschaffen, jenes Systems also, das schon während der Reconquista besonders durch die militärischen Orden angewendet worden war.

Zum Unterschied zu diesem Vorläufer handelte es sich bei dem Objekt, das hier in die ‚Obhut oder ‚Encomienda' der Siedler gegeben wurde, jedoch nicht um Land, sondern um Menschen. Die Krone erkannte jedem ‚Encomendero' die Herrschaft über eine bestimmte Anzahl Indianer zu, welche als Entgelt für ihren Schutz und die ihnen angediehene zivilisatorische und missionarische Fürsorge zu Frondiensten verpflichtet waren. Die ‚Encomienda' ermöglichte somit eine planmäßige Bewirtschaftung des Bodens und die Ausbeutung der Bodenschätze und diente gleichzeitig als billiges und umfassendes Mittel zur Überwachung der Indianer.

Der einzige Teil der spanischen Gesellschaft, der auch weiterhin bereit war, sich wirklich für die Sache der Eingeborenen zu engagieren, waren die in der Neuen Welt tätigen Geistlichen. Besonders der als ‚Indianerapostel' bekanntgewordene Dominikanermönch Bartolomé de las Casas, der in zuweilen vergröbernder Weise in seinen Schriften auf die Leiden der eingeborenen Bevölkerung aufmerksam machte, erwarb sich auf diesem Gebiet große Verdienste. Die ersten Priester waren bereits anläßlich der zweiten Reise des Kolumbus in Amerika gelandet. Eine planmäßige missionarische Tätigkeit begann jedoch erst 1500 mit der Ankunft der Franziskaner, denen später Dominikaner und Angehörige anderer Bettelorden folgten. Die Gründung der ersten Bischofssitze erfolgte 1512 auf Santo Domingo und San Juan de Puerto Rico. Gleich dem ersten Bischof von Mexico, Juan de Zumárraga, beseelten die Mehrheit der Missionare die Ideen des Erasmus von Rotterdam und die ‚Utopia' des Thomas Morus, und die primitive Ackerbauerngesellschaft Mexicos erschien ihnen als ideale Grundlage für die Verwirklichung ihrer Vorstellungen von der vollkommenen christlichen Gemeinschaft. Mit bewundernswerter Energie widmeten sie sich der Aufgabe, Missionen und Kirchen zu errichten, die Indianer in Dorfgemeinschaften anzusiedeln und ihre zerstörte Kultur durch eine neue Zivilisation zu ersetzen.

Weit weniger erfolgreich waren indessen ihre Bemühungen, ihre indianischen Schützlinge vor den Übergriffen der Weißen zu bewahren. Sowohl die erwähnten ‚Gesetze von Burgos' wie auch die 1520 von Karl befohlene Aufhebung der ‚Encomienda' scheiterten am Widerstand der spanischen Grundbesitzer. Da es überdies den ‚Encomenderos' zunehmend gelang, jene Verordnung zu umgehen, derzufolge die ‚Encomienda‘ als persönliches Lehen nicht erbtümlich war, schien der Entstehung einer mächtigen und unabhängigen Kaste von Magnaten nichts mehr im Weg zu stehen. Dies zu verhindern, war die Absicht der sogenannten ‚Neuen Gesetze‘ von 1542, die jedoch infolge heftiger Widerstände in Peru und der Weigerung des Vizekönigs von Neu-Spanien, sie in seinem Amtsbereich anzuwenden, bereits drei Jahre später teilweise revidiert wurden. Trotz dieser Rückschläge hatte die ‚Encomienda‘ zu diesem Zeitpunkt jedoch bereits den Zenit ihrer Macht überschritten.

Die Ursache hierfür lag nicht so sehr bei den diesbezüglichen Bestrebungen der Krone, sondern vor allem in dem ungeheueren Massensterben der indianischen Bevölkerung im Laufe des 16. Jahrhunderts. Infolge Hunger, Entbehrung und der Anfälligkeit der Eingeborenen für relativ harmlose Krankheiten wie Masern, Typhus und Pocken, vollzog sich in wenigen Jahrzehnten eine weitgehende Entvölkerung ursprünglich dicht besiedelter Gebiete Mexicos und des peruanischen Hochlandes. Jüngste Studien haben ergeben, daß die Bevölkerung Neu-Spaniens, eines Gebietes also, das sich von Südkalifornien bis zum heutigen Nikaragua ausdehnte, von 1519 bis 1605 von etwa 25 Millionen auf etwas über eine Million fiel.[2] Damit war die nahezu unbegrenzte Verfügbarkeit eingeborener Arbeitskräfte, und somit die Existenzgrundlage der ‚Encomienda‘, nicht mehr gegeben.

4. Wirtschaft

Spaniens Wirtschaft wurde während der ersten Hälfte des 16. Jahrhunderts von zwei Faktoren besonders stark beeinflußt. Diese waren einmal die wachsende Finanzlast der kaiserlichen Reichspolitik und zum anderen das Wirtschaftspotential des amerikanischen Kolonialreiches.

Während in den ersten Jahrzehnten der Herrschaft Karls die Finanzierung seiner politischen und militärischen Unternehmen vorrangig von den italienischen Kronländern und den Niederlanden getragen wurden, führten der besonders seit 1539 wachsende Widerstand der niederländischen Stände und andere Faktoren dazu, daß von nun an Spanien zunehmend diese Aufgabe wahrnahm. Angesichts der Entschlossenheit, mit der die Ständeversammlungen der Krone Aragon sich seit jeher verstärkten Finanzforderungen der Monarchen widersetzt hatten, war es zwangsläu-

[2] S. F. Cook/W. Borah, The Indian Population of Central America 1531–1610, Berkeley/Los Angeles 1960.

fig Kastilien, das im wachsenden Maße die Rolle des kaiserlichen Zahl-
meisters erfüllte.

Die dem Kaiser in Kastilien zur Verfügung stehenden Einnahmequel-
len kirchlicher Art bestanden wie bisher in erster Linie aus dem königlichen Anteil am Kirchenzehnt und der ‚Cruzada‘. Im Bereich der nicht-
kirchlichen, außerhalb der Kontrolle der ‚Cortes‘ liegenden Staatseinkünfte (‚Rentas ordinarias‘) waren zu den bereits erwähnten Abgaben des
Schafzüchterkartells, den Grenz- und Binnenzöllen und der ‚Alcabala‘
noch die Steuern der Seidenindustrie und des Amerikahandels (‚Almoja-
rifazgo mayor‘) hinzugekommen. Allerdings hatte die ‚Alcabala‘ viel von
ihrer ursprünglichen Bedeutung verloren, seit vom Jahre 1515 an die
Städte zunehmend dazu übergingen, statt der Verkaufssteuer jährlich eine
feststehende Summe (‚Encabezamiento‘) an den Fiskus zu entrichten.
Infolge des durch die wachsende Inflation bewirkten progressiven Wert-
verlusts dieser Abgabe sah sich Karl zunehmend gezwungen, auf die seit
1504 bestehende Praxis zurückzugreifen, die außerordentliche Hilfssteuer (‚Servicio‘) als regelmäßige Abgabe zu behandeln. Diese Subsidien
bedurften zwar der Bewilligung der ‚Cortes‘, die aber, ungeachtet gele-
gentlicher Proteste, der Krone nie verweigert wurden.

Folglich hatte der Wechsel von der Verkaufssteuer zu den Hilfsgeldern
für den Monarchen nur geringe Konsequenzen. Ganz anders dagegen die
Folgen für die soziale Struktur des Landes. Während die ‚Alcabala‘ – von
einigen, vornehmlich den Klerus betreffenden Ausnahmen abgesehen –
von allen sozialen Schichten entrichtet wurde, mußten die Mittel für die
Hilfssteuer ausschließlich von den steuerpflichtigen Bürgern aufgebracht
werden. Das heißt, sie schlossen jeden Beitrag des Adels, der Geistlichkeit, derer Familienangehörigen und Dienstboten, der Witwen und der
wegen ihrer Armut von allen direkten Abgaben befreiten niedrigsten
Volksschichten (‚Pobres de solemnidad‘) aus. Die Hilfssteuer bedeutete
somit eine weitere Bürde für den ohnehin überbelasteten Steuerzahler.
Die Versuche Karls, anläßlich der ‚Cortes‘-Sitzung von 1538 die Hilfssteuer zumindest teilweise durch eine von allen Untertanen zu entrich-
tende Lebensmittelsteuer zu ersetzen, scheiterten am Widerstand des
Adels.

All diese Einkünfte reichten indessen nicht aus, um die kostspielige
Außenpolitik des Kaisers finanziell abzusichern. Einer Steigerung der
Staatseinkünfte um 50% standen Ausgaben gegenüber, die sich während
Karls Regierung mehr als verdoppelten. Die Folge war eine wachsende
Verschuldung der Krone. Karl, dessen jährliche Einkünfte als König von
Spanien etwa eine Million – nach 1542 ca. eineinhalb Millionen – Duka-
ten betrugen, gelang es dank der Kreditfähigkeit Kastiliens bei vornehm-

lich ausländischen Bankhäusern, Darlehen in Höhe von 39 Millionen Dukaten aufzunehmen. Als Sicherheit dienten ihm dabei die jeweils nächste Ladung der alljährlich in Sevilla eintreffenden amerikanischen Silberflotte, das zu erwartende Steueraufkommen des folgenden Jahres, oder auch bestimmte Vorrechte in der spanischen Wirtschaft und beim Amerikahandel. So erhielt z. B. das Augsburger Patriziergeschlecht der Welser als Pfand für gewährte Darlehen 1528 das Handelsmonopol für Venezuela und sollte dieses Gebiet bis 1546 als Familienlehen verwalten.

Die langfristige Verpfändung der spanischen Staatseinkünfte wurde außerdem noch dadurch beschleunigt, daß Karl in den letzten Jahren seiner Regierung dazu überging, vermehrt festverzinsliche Schuldverschreibungen ('Juros') zum Kauf anzubieten. Ihre Deckung erfolgte allerdings nicht aus dem Staatsschatz im allgemeinen, sondern durch einen ständig wachsenden Anteil an den hauptsächlichen Steuern der Krone. Bereits 1543 sollte die Tilgung der Zinsen jährlich etwa 65% des ordentlichen Steueraufkommens verbrauchen. Diese Art der Haushaltsführung mündete 1557 fast zwangsläufig in die zeitweilige Zahlungsunfähigkeit der Krone. Darüber hinaus entzog der Handel in Schuldverschreibungen der Wirtschaft erhebliche Mittel und verhinderte somit dringend notwendige Investitionen. Ähnlich der Entwicklung, die sich in Katalonien mit der Gründung der 'Taula de Canvi' angebahnt hatte, wurden Bankiers und Kaufleute mit dem Kauf der 'Juros' zu Angehörigen einer Rentierklasse und beraubten damit die kastilische Wirtschaft ihrer ursprünglichen Dynamik.

Trotz seines beträchtlichen Potentials als Rohstoffquelle und Absatzmarkt für die Erzeugnisse des Mutterlandes, war Spanisch-Amerika nicht in der Lage, die zunehmende Schwächung der kastilischen Wirtschaft aufzufangen, sondern sollte, im Gegenteil, diese Entwicklung noch erheblich begünstigen. Im Rahmen der staatsmonopolistischen Bestrebungen der 'Katholischen Könige' war 1503 in Sevilla mit der 'Casa de Contratación' eine Institution entstanden, die, beeinflußt von ähnlichen Einrichtungen der portugiesischen Krone, als königliches Handelslenkungs- und Kontrollorgan den Warenaustausch mit Amerika in diesem am Guadalquivir gelegenen Binnenhafen konzentrierte. Obwohl Kaiser Karl unter dem Druck ausländischer Geldgeber, entgegen dem bis dahin von den Kastiliern praktizierten Alleinhandelsrecht, 1525 die Untertanen aller seiner Kronländer zur Teilnahme am Kolonialhandel ermächtigte, war die monopolistische Stellung Kastiliens nie ernstlich gefährdet. Auch Sevilla sollte, trotz der von 1529 bis 1573 geltenden Bestimmung, derzufolge weitere neun kastilische Hafenstädte am Amerikahandel zu beteiligen seien, ihre Position als alleiniger europäischer Aus- und Einfuhrhafen der ,Flota' gegen die Anfeindungen ihrer Rivalen bis 1680 erfolgreich verteidigen.

Der Begriff ,Flota' – oder ,Carrera de las Indias' – verkörperte ein System, mittels dessen durchschnittlich 60 bis 100 Handelsschiffe und Geleitfahrzeuge zweimal jährlich die Überfahrt von Sevilla zu einem der drei amerikanischen Bestimmungshäfen – Vera Cruz, Cartagena und Nombre de Dios – unternahmen. Diese Spielart des Geleitflottensystems hatte zwar schon sehr früh ihren Eingang in den Amerikahandel gefunden, erhielt aber erst 1561 ihre endgültige Form. Es bildete nicht nur eine wirksame Abwehr gegen das im Laufe der Jahrzehnte zunehmende Seeräuberunwesen, sondern ergab sich auch aus dem relativen Mangel an erfahrenen Lotsen. Darüber hinaus erleichterte es die Kontrollfunktion der ,Casa de Contratación' bezüglich der Einfuhr von Edelmetallen und die Einziehung des Aus- und Einfuhrzolls.

Die Ausfuhren bestanden in erster Linie aus Textilien, Waffen, Büchern, Luxusgütern aller Art, Wein, Speiseöl und, trotz des wachsenden Anbaus des von den Spaniern eingeführten Brotgetreides, erheblichen Mengen Korns. Unter den Einfuhren dominierten wertmäßig Farbstoffe, Zucker, Perlen, Gold und, insbesondere nachdem man 1545 die bedeutenden Lagerstätten von Potosí entdeckt hatte, Silberbarren. Angesichts des sehr hohen Finanzaufwands bei der Erschließung, hatte die Krone es vorgezogen, ihr Besitzrecht auf alle Bodenschätze in den Kolonien gegen ein Fünftel der Ausbeute (,Quinto Real') an private Unternehmer zu veräußern. Der königliche Anteil an den in Sevilla registrierten Silberbarren betrug daher durchschnittlich nur etwa 40%, während weitere 40–50% der Begleichung der nach Amerika ausgeführten Waren dienten.

Die Auswirkungen dieses wachsenden Zustroms von Edelmetallen in das Mutterland waren zweifellos erheblich, eine Tatsache, die manchen Historiker bewogen hat, das amerikanische Silber als die hauptsächliche Ursache für Spaniens wirtschaftlichen Niedergang zu bezeichnen. Der bekannteste Verfechter dieser Theorie, der nordamerikanische Historiker Hamilton, versucht anhand der jährlich in Sevilla registrierten Silberladungen, einen Kausalzusammenhang zwischen diesen Daten und der inflationären Preisentwicklung des 16. Jahrhunderts herzustellen.[3] Allerdings verkannte Hamilton, daß die von ihm gebrauchten Statistiken nur unvollkommen die wirkliche Lage auf diesem Sektor widerspiegelten. Ein weiterer Faktor, den er anscheinend unterschätzte, war der, daß Spanien zu Beginn des 16. Jahrhunderts in der heutigen Terminologie

[3] E. J. Hamilton, American Treasure and the Price Revolution in Spain 1501–1650, Cambridge/Mass. 1934.

bereits unter die Schwellenländer einzureihen war, d. h. seine ökonomische Struktur war bereits zu vielfältig, um durch einen einzigen Faktor in jene Krise gestürzt zu werden, die in veränderter Form bis in die jüngste Vergangenheit andauern sollte.

Allein die Tatsache, daß Spanien zu diesem Zeitpunkt aus drei grundsätzlichen Wirtschaftsräumen bestand, bedingte, daß die Auswirkungen des Amerikahandels auf das Wirtschaftsgefüge der verschiedenen Regionen sehr unterschiedlich waren. Andalusien, das sich seit dem Ende der Reconquista ohnehin in einem stetigen wirtschaftlichen Aufschwung befunden hatte, sollte dank der privilegierten Stellung Sevillas am unmittelbarsten vom Kolonialhandel profitieren. Ähnlich der Einwanderungswelle, die Andalusien nach der Eroberung des Emirats Granada erlebt hatte, zogen während des 16. Jahrhunderts Zehntausende aus den überbevölkerten Gebieten Kantabriens und Altkastiliens in die andalusischen Städte. Trotz Epidemien und der Auswanderungsbewegung nach Amerika sollte Sevilla folglich zu Ende des Jahrhunderts mit etwa 130000 Einwohnern zur drittgrößten Metropole des Abendlandes aufsteigen. Olivenhaine und Weingärten, deren Erzeugnisse in Amerika besonders gewinnbringend zu verkaufen waren, verdrängten zunehmend den Kornanbau aus der fruchtbaren Senke des Guadalquivir. Auch die Tuchindustrie, die sich bis dahin hauptsächlich in Alt- und Neukastilien konzentriert hatte, kam dank der überseeischen Nachfrage in Córdoba, Ubeda, Baeza und anderen andalusischen Städten zur Blüte. Die Erzeugnisse der wiedererstarkten Seidenindustrie Granadas schließlich fanden sowohl in der Neuen Welt wie auch in Flandern, Frankreich und Italien zunehmend Absatz.

Eine ähnlich breite Grundlage im Außenhandel schien gewissen Wirtschaftszweigen Mittel- und Nordspanien eine sichere Zukunft zu garantieren. Die Eisenindustrie des Baskenlandes verzeichnete ständig steigende Ausfuhren nach Frankreich, aber auch Luxusgüter – Lederwaren, Waffen aus Toledo und Keramikgegenstände – erfreuten sich in den Märkten Nordeuropas wachsender Beliebtheit. Das wirtschaftliche Rückgrat Nordspaniens bildete jedoch weiterhin die Wolle der Merinoschafe. Einschließlich der etwa dreieinhalb Millionen ‚Trashumantes‘ wurde ihre Zahl im frühen 16. Jahrhundert auf insgesamt mehr als zehn Millionen geschätzt. Wichtigste Abnehmer der kastilischen Wolle waren wie bisher Flandern, Frankreich und die Länder der Krone Aragon. Berührungspunkte zwischen dem nordspanischen Wirtschaftsraum einerseits, sowie Andalusien und Spanisch-Amerika andererseits, ergaben sich vor allem im Schiffsbau und im Finanzwesen. Der interne Finanzmarkt lag fest in den Händen der in den nördlichen Handelszentren Medina del

Campo und Burgos aus der Kaufmannschaft aufgestiegenen Bankiers und ihrer vornehmlich in Sevilla angesiedelten ausländischen Standesgenossen.

Die Länder der Krone Aragon waren dagegen von diesem Zusammenspiel weitgehend ausgeschlossen. Die Bitte der katalanischen Kaufleute, man möge ihnen in Sevilla und Cádiz die Einrichtung eigener Handelskonsulate gestatten und gewisse Vorrechte im Amerikahandel einräumen, wurde von der Krone ignoriert. Die Vorteile, die sich aus der Präsenz Spaniens in der Neuen Welt ergaben, beschränkten sich für Katalonien und Valencia hauptsächlich auf den vermehrten Verkauf ihrer Tuche auf den Messen von Medina del Campo und Villalón, die dann größtenteils nach Amerika verschifft wurde. Trotz dieser Anomalien waren die Bedingungen für einen raschen wirtschaftlichen Aufstieg Spaniens zweifellos vorhanden. Ein expansiver Kapitalmarkt, ein erhebliches demographisches Wachstum im Inneren, gute Handelsbeziehungen mit dem europäischen Ausland und überaus entwicklungsfähige Märkte in Amerika, in denen die Krone sich zudem bemühte, autarkische Bestrebungen im Keim zu ersticken, all dies schien Spaniens Aufstieg zur wirtschaftlichen Großmacht vorzuzeichnen.

Freilich ließ diese optimistische Betrachtungsweise einige erhebliche Schwachstellen im Wirtschaftsgefüge völlig außer acht. Während der Bevölkerungszuwachs und der steigende Bedarf in Spanisch-Amerika zu einer wachsenden Nachfrage nach Brotgetreide führte, hielt der Niedergang des Ackerbaus weiter an. Nicht wenige kastilische Kleinbauern, die sich die Mittel für eine bessere Bebauung und Bewässerung von Öd- und Weideland durch die Aufnahme von kurz- und mittelfristigen Hypotheken ('Censo al quitar') verschafft hatten, sahen sich nach einigen Mißernten außerstande, die hohen Zinsen aufzubringen, und verloren folglich ihren gesamten Besitz. Die vermögenden Landbesitzer zogen es dagegen vor, angesichts der seit 1539 permanenten Preisbindung für Getreide sich in erster Linie auf die gewinnträchtige Erzeugung von Wein und Speiseöl zu konzentrieren. Zudem benutzte die Krone die 'Tasa del Trigo' – und somit den Ackerbau als Ganzes – als Mittel, um die Lebenshaltungskosten der städtischen Massen niedrig zu halten und somit einer inflationären Lohnentwicklung, insbesondere unter den Webern, entgegenzuwirken, erreichte jedoch genau das Gegenteil. Der Mangel an Brotgetreide und die Unfähigkeit der Krone, die Einhaltung der Preisbindung zu gewährleisten, führten zu vermehrtem Druck auf das Lohngefüge und waren daher eine der Ursachen für die schwindende Wettbewerbsfähigkeit der kastilischen Tucherzeugnisse. Darüber hinaus beschleunigten die relativ hohen Löhne in der Textilindustrie die Abwanderung aus der Landwirtschaft und trugen somit dazu bei, deren Leistungsfähigkeit weiter zu schwächen.

Die Verteuerung der kastilischen Webwaren hatte allerdings noch eine zweite wesentliche Ursache, und zwar die wachsende Nachfrage im Inland und in den überseeischen Besitzungen. Der Mangel an qualifizierten Arbeitskräften ließ eine Produktionssteigerung nur bedingt zu, und es war angesichts ihrer monopolistischen Stellung in beiden Märkten nur zu verständlich, daß die Textilindustrie auf diese Herausforderung mit ständig steigenden Preisen antwortete. Die Folge war, daß der aus der Verfügbarkeit binnenländischer Merinowolle resultierende Wettbewerbsvorteil langfristig nicht ausreichte, um eine unverhältnismäßige Verteuerung der kastilischen Tuche zu verhindern. Die daraus resultierende Unzufriedenheit der Verbraucher, die sich in erster Linie in den kastilischen ‚Cortes‘ artikulierte, zwang schließlich die Krone 1548 die Einfuhr ausländischer Tuchwaren zu genehmigen und vier Jahre später alle Ausfuhren dieses Sektors auf Spanisch-Amerika zu begrenzen. Obwohl sie schon wenige Jahre später annulliert wurde, verursachte diese Verordnung eine schwere Krise, in deren Verlauf die kastilische Textilindustrie endgültig ihre internationale Wettbewerbsfähigkeit einbüßen sollte.

Obwohl der Zustrom amerikanischen Silbers nicht unerheblich zu der inflationären Entwicklung beitrug, sollte seine Bedeutung zumindest in der ersten Hälfte des 16. Jahrhunderts nicht überschätzt werden. Während nämlich die jährliche Inflationsrate zwischen 1501 und 1561 durchschnittlich 2,8% betrug, um dann bis zur Jahrhundertwende auf jährlich 1,3% abzusinken, vollzog sich bei der Einfuhr von Edelmetallen ein umgekehrter Vorgang. Erst während des Jahrfünfts 1561–1565 überschritt der Wert der in Sevilla eingegangenen Silberbarren die Grenze von 11 Millionen Dukaten, und sollte sich in der Folge – abgesehen von einigen wenigen Ausnahmen – bis 1620 ständig steigern.

Die Frage, worin die Ursachen der Wirtschaftskrise zu suchen seien, beschäftigte bereits damals weite Kreise der kastilischen Oligarchie. Die ‚Cortes‘ glaubten sie in der steigenden Nachfrage nach kastilischen Gütern im Ausland und in den Kolonien auszumachen. Martín de Azpilcueta dagegen, der herausragendste Vertreter einer Gruppe von Gelehrten, die sich an der Universität Salamanca dem Studium wirtschaftlicher und monetärer Fragen widmeten, versuchte anhand seiner Geldwerttheorie – die er 1556, und somit zwölf Jahre vor Bodin, verfaßte – einen Kausalzusammenhang zwischen Inflation und dem Zustrom amerikanischen Silbers herzustellen.

IV. Die Ära Philipps II. (1556–1598)

1. Spanische Politik im Zeichen der Expansion und der Gegenreformation

Die Abtrennung der habsburgischen Erblande im Reich hatte das universale Machtgebilde Karls I. (V.) auf etwas überschaubarere Dimensionen reduziert. Dennoch scheint es angesichts der Verstreutheit der spanisch-habsburgischen Territorien wenig angebracht, bereits vom Sieg des Nationalstaates über das universale Imperium zu sprechen. Vielmehr handelte es sich, im Einklang mit dem erweiterten Weltbild des christlichen Abendlandes, um eine Verlagerung des Schwerpunkts dieses Machtgebildes vom mitteleuropäischen in den atlantischen Raum.

Die Bewahrung dieses Erbes erforderte von Philipp II. politisches Augenmaß und staatsmännisches Geschick, beides Fähigkeiten, über die der zum Zeitpunkt seiner Thronbesteigung 29jährige Monarch nur in begrenztem Maße verfügte. Trotz seines zaudernden Wesens ließ es sich Philipp nicht nehmen, auch eine Vielzahl sekundärer Fragen selbst zu entscheiden. Diese Haltung entsprach nicht nur einer unbedingten Pflichttreue, sondern auch der von ihm zur Schau getragenen Überzeugung, er allein verfüge über die nötige Urteilsfähigkeit. Hinter dieser Fassade unerschütterlichen Selbstvertrauens verbarg sich freilich das verzweifelte Bemühen, sich am Werk seines Vaters zu messen, dessen Nimbus des strahlenden Kriegshelden und Staatsmannes sein ganzes Leben überschatten sollte.

So wie Karls Herrschaft vorrangig an seinen Erfolgen und Niederlagen im Kampf mit der französischen Krone gemessen wird, so muß für die Regierung seines Nachfolgers, ungeachtet der Vielfalt der sich in diesen vierzig Jahren abspielenden Ereignisse, der Aufstand der Niederländer als hauptsächlicher Prüfstein dienen. Zu Beginn der Ära Philipps schien es jedoch, als ob der Kaiser auf der Soll-Seite seines Erbes neben einer ungeheueren Schuldenlast seinem Sohn auch die Feindschaft mit Frankreich hinterlassen habe.

Trotz der im Passauer Vertrag vollzogenen Beendigung der deutschen Fürstenverschwörung lebte die mit diesem Konflikt verknüpfte Auseinandersetzung zwischen Frankreich und dem Hause Habsburg besonders auf italienischem Boden fort. Zwar gelang es Spanien, den von Frankreich

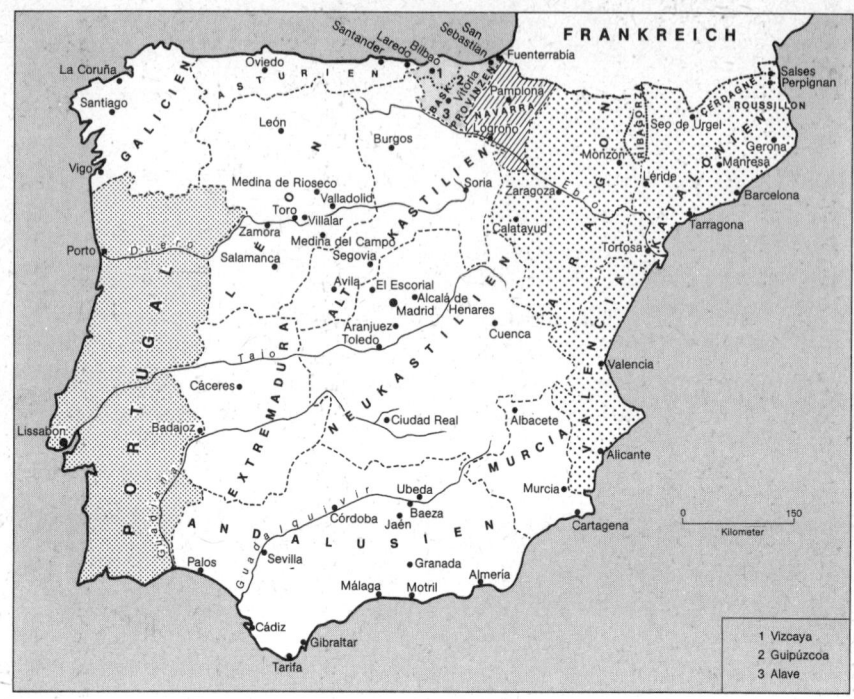

Spanien unter Philipp II.

unterstützten Aufstand Sienas zu unterdrücken und Heinrich II. zum Waffenstillstand von Vauxcelles (6. Februar 1556) zu zwingen, aber die anti-spanische Gesinnung des neuen Papstes, Pauls IV., ließ den Krieg erneut aufflammen. Die Ereignisse der folgenden drei Jahre führten dem westlichen Europa einmal mehr die Überlegenheit des spanischen Wehrwesens plastisch vor Augen. Der von Guise geführte Vorstoß in Mittelitalien wurde vom Herzog von Alba erfolgreich zurückgewiesen, spanische Streitkräfte unter dem Befehl Herzog Emanuel-Philiberts von Savoyen errangen im selben Jahr bei St. Quentin (10. August 1557) einen glänzenden Sieg über Montmorency, und ein weiterer spanischer Triumph vollzog sich im folgenden Jahr bei Grevelingen (Gravelines). Die im Frieden von Cateau-Cambrésis (3. April 1559) geschlossenen Abmachungen bestätigten mehr denn je die spanische Vorherrschaft in Italien. Frankreich räumte die gesamte Apenninenhalbinsel und Korsika, während die spanische Krone an der tyrrhenischen Küste die sogenannten ‚Presidios‘, eine Reihe fester Plätze, erhielt. Geschwächt durch die wachsenden religiösen Konflikte im Inneren, war Heinrich II. lebhaft an einer langfristigen Stabilisierung der Beziehungen mit Spanien interessiert. Philipp, der im Jahr des Friedensschlusses Elisabeth von Valois geehelicht hatte, befand sich damit in der glücklichen Lage, jahrzehntelang seine Politik weitgehend unabhängig vom ‚Faktor Frankreich‘ konzipieren zu können.

Oberstes Ziel dieser Politik war die Bewahrung der habsburgisch-spanischen Besitzungen und der Schutz des katholischen Glaubens gegen seine inneren und äußeren Feinde. Allerdings war Philipp nicht abgeneigt, gelegentlich auch rein machtpolitische Ziele als Glaubensfragen zu maskieren, und versäumte darüber hinaus keine Gelegenheit, um seinen Ruf als Hüter der katholischen Orthodoxie zu unterstreichen. So haftete dem in den Abmachungen von Cateau-Cambrésis enthaltenen Bekenntnis zum Kampf gegen Protestantismus und Calvinismus angesichts des geringen Widerhalls, den diese Bewegungen im spanischen Herrschaftsbereich gefunden hatten, etwas Deklamatorisches an. Hatten sich doch in Spanien die religiösen Erschütterungen des Abendlandes nur in einigen wenigen, in völliger Isolierung handelnden Gruppen artikuliert, während in den Niederlanden der später so mächtige Strom calvinistischer Glaubensbekenntnisse sich zu diesem Zeitpunkt noch auf einige wenige Rinnsale beschränkte.

Es war daher auch nicht so sehr das Problem der ‚Ketzer‘, das Philipp während seiner vierjährigen (1555–1559) Herrschaft in Brüssel mit bösen Vorahnungen erfüllte, sondern vielmehr gewisse Veränderungen im burgundischen Hochadel. Die weitgehende Identifikation der Magnaten mit dem ‚burgundischen‘ Karl war unter seinem Sohn einem Verhältnis gewichen, das infolge der zunehmend divergierenden Interessen beider Seiten einer wachsenden Zerreißprobe ausgesetzt war. So sah sich Philipp bereits vor seiner Rückkehr nach Spanien gezwungen, in der Frage der Steuern und der Stationierung spanischer Streitkräfte in den Niederlanden auf die Forderungen der Generalstaaten, des burgundischen Ständeparlaments, einzugehen. Erzogen im Geist des kastilischen Protoabsolutismus, war Philipp allerdings nicht willens, den Institutionen der Niederlande ein gleiches Maß an Eigenständigkeit zuzugestehen, wie es z. B. die Ständeversammlungen der Krone Aragon seit Jahrhunderten als selbstverständlich empfanden. Er leitete daher unmittelbar nach seiner Rückkehr eine grundsätzliche Neuordnung der kirchlichen Verwaltung der Niederlande ein, die neben gewissen Reformbestrebungen vornehmlich das Ziel verfolgte, die Landtage der einzelnen Provinzen durch die Ernennung gefügiger Kleriker enger an die Krone zu binden. Die Empörung aller Stände zwang Philipp allerdings schon zu Beginn des Jahres 1564 Anton Perrenot von Granvelle, seinen engsten Vertrauten in den

Niederlanden und seit 1561 Titular der neugeschaffenen Erzbischofswürde von Mechelen, zu entlassen. Darüber hinaus wurde Margarete von Parma, die seit 1559 ihren königlichen Halbbruder in den Niederlanden als Generalstatthalterin vertrat, angewiesen, die im Staatsrat vertretenen Magnaten vermehrt in die Regierungsführung einzubeziehen.

Diese Maßnahmen führten zwar zu einer gewissen Beruhigung des auf die Wahrung seiner Privilegien bedachten Hochadels, hatten jedoch keinerlei Einfluß auf die sich verschärfenden religiösen Gegensätze. Während nämlich auf der einen Seite der Calvinismus in den Niederlanden infolge der Entwicklung im benachbarten Frankreich zunehmend an Einfluß gewann, hatte sich Philipps Haltung in der Glaubensfrage unter dem Eindruck der Ereignisse auf der Pyrenäenhalbinsel weiter verhärtet. Seine Entscheidung, die Edikte des Tridentinums auch in den burgundischen Kronländern in ihrer Gesamtheit anzuwenden, sollte daher seit 1564 das Land erneut in Unruhe versetzen. Mehrere hundert Kleinadlige, die Geusen, formierten sich in der sogenannten Liga und verlangten von der Krone die Auflösung der Inquisition und eine tolerantere Glaubenspolitik. Die von Parma in der sogenannten ‚Moderation‘ angebotene Kompromißlösung kam zu spät, um verhindern zu können, daß im Verlauf des Sommers 1566 eine Reihe von niederländischen Städten von blutigen Ausschreitungen erfaßt wurden. Angesichts ihres religiös-sozialen Charakters beeilte sich die Mehrheit des Adels nun erneut, eine der Krone angenäherte Position einzunehmen. Lediglich eine Handvoll von Magnaten – unter ihnen Wilhelm von Oranien – sympathisierte auch jetzt noch mit den Rebellen und floh nach deren Niederlage ins benachbarte Deutschland.

Philipp jedoch, in völliger Verkennung der tatsächlichen Lage, war entschlossen, in den Niederlanden ein Exempel zu statuieren, und verfügte im Mai 1567 die Verlegung mehrerer spanischer Regimenter in das nördliche Kronland. Ihr Befehlshaber, der Herzog von Alba, hatte sich auf militärischem Gebiet und als Vizekönig von Neapel erhebliche Verdienste erworben. Darüber hinaus verkörperte er am Hof jene Clique, die schon seit längerem für eine ‚kastilische‘ Lösung des niederländischen Problems plädierte, d. h. für die Entmachtung der Stände zugunsten einer verstärkten Präsenz der Krone an den Schaltstellen der Macht.

Die Entsendung Albas war zweifellos einer der folgenreichsten Fehler der Regierung Philipps, denn letzten Endes war das brutale Vorgehen des ‚Eisernen Herzogs‘ die Ursache dafür, daß sich die nationalen, religiösen und ständischen Strömungen im niederländischen Volk zu einer allumfassenden Bewegung vereinten. Gleichwohl erschien es anfänglich, als sollten Albas Methoden zum Ziel führen. Der von ihm geschaffene ‚Blutrat' regierte das Land mit eiserner Hand. Selbst solche Angehörige des Adels und des Patriziats, die, wie Graf Egmont oder der Antwerpener Bürgermeister Van Straelen, sich nach anfänglichem Zaudern letztlich doch auf die Seite der Krone geschlagen hatten, endeten auf dem Schafott. Die Folge war eine Lähmung des Widerstandswillens und eine wachsende Kollaboration mit den neuen Machthabern. Ein im Herbst 1568 von Wilhelm von Oranien geleiteter militärischer Einfall in die Niederlande scheiterte folglich ebenso wie die ersten Vorstöße der Wassergeusen.

Etwa zur gleichen Zeit suchte man auch im Süden der Pyrenäenhalbinsel die innere Konsolidierung des spanischen Herrschaftsbereichs mit allen Mitteln voranzutreiben. Zwar hatte Granadas Erzbischof Guerrero seine Forderung, man solle bezüglich der Morisken einen härteren Kurs einschlagen, auch unter dem Eindruck des kurz zuvor beendeten Tridentiner Konzils formuliert, doch entsprang die begeisterte Zustimmung, mit der die Krone diesen Vorschlag begrüßte, weniger dem Geist der Gegenreformation als dem machtpolitischen Kalkül. Erklärte sich doch die Tatsache, daß die Morisken trotz der königlichen Verordnungen aus dem Jahre 1508 sich in Sprache und Brauchtum auch weiterhin völlig von den ,Alten Christen' abhoben, aus der Eigenmächtigkeit, mit der die Grafen von Tendilla seit dem Ende der Reconquista die Region verwalteten. Diesen war angesichts der finanziellen Bedeutung der moriskischen Seidenindustrie und um die Erhaltung ihres eigenen Einflusses willen, nur wenig an einer Störung des ,Status quo' gelegen. Die Krone sah dagegen in Guerreros Forderung eine Möglichkeit, ihren Einfluß auf diesem Gebiet auszuweiten.

Eine Schlüsselstellung in dieser Auseinandersetzung nahm Kardinal Espinosa ein. In seiner Doppelfunktion als Großinquisitor und Präsident des Kastilienrats gelang es ihm, durch eine gezielte Ämterbesetzung die Position der Tendillas zunehmend zu schwächen. Es war wahrscheinlich ebenfalls Espinosa, der, mit dem Hinweis auf die Gefahr, die granadischen Morisken könnten im Fall eines osmanischen Landungsversuchs die Rolle einer ,fünften Kolonne' übernehmen – Kontakte zwischen beiden Seiten hatte man bereits 1565 aufgedeckt –, Philipp von der Notwendigkeit einer schärferen Aufsicht über die Morisken überzeugte.

Obwohl die Edikte vom 1. Januar 1567 im wesentlichen lediglich eine Zusammenfassung früherer Verordnungen waren, mußten sie den Morisken als eine ernste Bedrohung ihrer Existenz erscheinen. Die Versuche Tendillas, den Monarchen vor dieser Gefahr zu warnen, wurden von Espinosa hintertrieben. Statt dessen beauftragte man den wegen seiner Unnachgiebigkeit berüchtigten Pedro de Deza – der als Präsident der ,Chancillería' von Granada ein besonderes Interesse daran hatte, die Verwaltung der Region in die Hände der Krone zu überführen –, die Edikte anzuwenden. Die Folge war, daß die Bewohner des ehemaligen Emirats bereits zu Weihnachten 1567 zum zweiten Mal innerhalb von siebzig Jahren zu den Waffen griffen. Priester und die in den Dörfern der Alpujarras ansässigen 'Alten Christen' waren die ersten Opfer der Erhebung. Die von Tendilla anfänglich mit großem Erfolg betriebene Strategie, die Rebellen durch militärischen Druck und eine kompromißbereite Haltung zum Niederlegen der Waffen zu bewegen, wurde bald von seinen Gegnern am Hof sabotiert. Man übertrug den militärischen Oberbefehl einer Junta, der neben Philipps jüngerem Halbbruder, Don Juan de Austria, und Tendilla, auch dessen Rivalen Deza und der Markgraf von Los Vélez angehörten. Der daraufhin erfolgte Rücktritt des Grafen beraubte die Rebellen jeder Hoffnung auf eine akzeptable Lösung des Konflikts, und der Aufstand drohte nun auf die sehr zahlreiche moriskische Bevölkerung Murcias und Valencias überzuspringen. Nur die zahlenmäßige Überlegenheit seiner Streitkräfte und die Tatsache, daß die erhoffte Hilfe des Osmanischen Reiches sich auf einige hundert türkische Freiwillige beschränkte, erlaubte es Don Juan schließlich, die Erhebung im Sommer 1570 unter Kontrolle zu bringen. Mit der Begründung, diese schwärende Wunde im Volkskörper nun endgültig beseitigen zu wollen, zerstreute man die Morisken über ganz Mittel- und Nordspanien und ersetzte sie in ihrer alten Heimat durch 'Alte Christen', vorwiegend Galicier. Damit hatte man zwar das strategische Problem der granadinischen Mauren weitgehend gelöst, aber ihre langwierige Assimilation in das kastilische Volk konnte die Kontroverse um das zu jenem Zeitpunkt bereits heiß diskutierte Problem der Rassenreinheit nur vertiefen.

Trotz des Versäumnisses der Hohen Pforte, den Aufstand der Morisken zu einer militärischen Intervention auf der Pyrenäenhalbinsel auszunutzen, stand die Beherrschung des Mittelmeeres, insbesondere nach dem Frieden von Adrianopel (1568), verstärkt im Mittelpunkt ihrer Politik. Bereits seit Jahren stellten die wiederholten Unternehmungen der Türken in den Küstengewässern die Verteidigungsfähigkeit der spanischen Seestreitkräfte auf eine harte Probe. Jede größere Operation, wie z. B. der Entsatz der Insel Malta (1565) durch eine spanisch-italienische Expeditionsflotte, entblößte die Pyrenäenhalbinsel ihrer maritimen Verteidigung und erlaubte es den nordafrikanischen Piraten wiederholt, die andalusische Mittelmeerküste zu verheeren. Bemühungen, dieser Schwäche durch ein umfangreiches Schiffsbauprogramm zu begegnen, wurden erst dann eingeleitet, nachdem eine spanisch-italienische Flotte im Sommer 1560 während eines mißlungenen Angriffs auf Dscherba 42 Schiffe und achtzehntausend Soldaten verloren hatte. Freilich zeigte sich 1569, als die

Hohe Pforte sich anschickte, den Venezianern Zypern zu entreißen und dabei auch indirekt die Balearen bedrohte, daß man von dem gesteckten Ziel noch weit entfernt war. Philipp, der anfänglich nur sehr widerstrebend in die von Papst Pius V. angestrebte Liga mit Venedig und den italienischen Kleinstaaten einwilligte, stand dieser Gefahr offenbar hilflos gegenüber und verfügte die Räumung Mallorcas. Zwar sollte dieser Befehl niemals ausgeführt werden, doch machte er deutlich, wie verwundbar das spanische Imperium wirklich war.

Die Tatsache, daß es wenig später, am 7. Oktober 1571, einer spanisch-italienischen Flotte unter dem Befehl Don Juans de Austria gelang, den osmanischen Seestreitkräften bei Lepanto eine vernichtende Niederlage zuzufügen, steht nur scheinbar im Widerspruch zu dieser Beobachtung. Philipp zumindest machte sich keine Illusionen über die ungebrochene Kraft der türkischen Seemacht und zögerte mehrere Monate, bevor er der in Messina vor Anker liegenden Flotte den Befehl zum Vorstoß auf Nordafrika erteilte. Bizerta und Tunis wurden im Sturm genommen, aber die möglicherweise von persönlichen Gefühlen diktierte Entscheidung des Monarchen, seinen Halbbruder wenig später nach Neapel zurückzubeordern, bereitete weiteren Expeditionsplänen ein jähes Ende. Die eroberten Gebiete sollten bereits 1574 erneut unter die Herrschaft des Halbmonds fallen.

Der Sieg von Lepanto markierte nicht nur den Höhepunkt der Herrschaft des ‚Rey prudente‘, sondern auch des spanischen Imperialismus an sich. Sollte doch von nun an Spaniens europäische Großmachtstellung immer heftigeren Angriffen ausgesetzt sein, um dann unter Philipps Nachfolgern endlich ins Wanken zu geraten.

Der bedeutendste unter den Gründen, die Philipp bewogen hatten, vorläufig von einer expansiven Politik im Mittelmeerraum abzusehen, war die Furcht vor einem Zweifrontenkrieg. Zwar hatten die Ereignisse der Bartholomäusnacht (24. August 1572) die unmittelbar nach Lepanto bestehende Gefahr eines antispanischen Bündnisses zwischen England und Karl IX. von Frankreich weitgehend gebannt, doch erforderte die Entwicklung in den Niederlanden zunehmend die Aufmerksamkeit des spanischen Monarchen. Dort hatte Albas bedrückende Finanzpolitik endlich das bewirkt, was ihm fünf Jahre zuvor mit seinem Terrorregime nicht gelungen war. Die Einführung des ‚Zehnten Pfennigs‘ im Frühling 1572, einer der ‚Alcabala‘ ähnlichen Verkaufssteuer, hatte seine Herrschaft auch unter der katholischen Mehrheit verhaßt gemacht. In dieser gespannten Situation wirkte die Nachricht von der Eroberung der Maasfestung Den Briel durch die Wassergeusen wie ein Fanal auf die nationalen Kräfte. Innerhalb weniger Wochen hatten sich fast alle bedeutenden

Städte Hollands und Seelands unter die Herrschaft der Geusen gestellt, während die Brüder Oranien sich den Spaniern sowohl an der Reichsgrenze wie auch im wallonischen Südwesten entgegenstellten. Die Hoffnung, nun endlich mit Hilfe des von Admiral Coligny in Aussicht gestellten französischen Hilfsheeres zum alles entscheidenden Schlag ausholen zu können, wurde jedoch durch die Bartholomäusnacht zunichte gemacht. In wenigen Wochen gelang es Alba, den überwiegenden Teil der 16 Provinzen – die siebzehnte, Luxemburg, sollte an diesen Ereignissen keinerlei Anteil haben – erneut unter seine Kontrolle zu bringen. Lediglich Holland und Seeland, geschützt durch die Mündungsarme des Rheins und mit weitem Zugang zum Meer, konnten sich infolge der spanischen Unterlegenheit im Seekrieg dem ‚Eisernen Herzog‘ widersetzen. Die Spanier sahen sich nun in einen verlustreichen Kleinkrieg verwickelt, in dessen Verlauf die Geusen wiederholt die Deiche durchstießen und weite Landstriche unter Wasser setzten.

In den folgenden Jahren sollte die Tatsache, daß die spanische Krone sich immer häufiger außerstande sah, ihre Streitkräfte in den Niederlanden regelmäßig zu besolden, für die Kriegsführung von wachsender Bedeutung sein. Das Heer – es umfaßte neben 3000 Spaniern ca. 25000 deutsche und 8000 wallonische Söldner – war unter normalen Umständen bereit, Unglaubliches für seinen Monarchen zu leisten. Der Marsch Mondragóns durch die östliche Schelde zur Insel Beveland (Oktober 1572) und die erneute Durchquerung dieses Gewässers drei Jahre später zwischen Tholen und Duiveland, sind nur zwei der vielen militärischen Großtaten der ‚Tercios‘. Entzog die Krone sich jedoch ihren Verpflichtungen und verweigerte monatelang die Auszahlung des Soldes, dann zögerten dieselben Söldner nicht, den gerade gewonnenen militärischen Vorteil durch ihren Ungehorsam zunichte zu machen. So war es die Zuchtlosigkeit der eigenen Truppe, die den neuen Generalstatthalter, Luis de Requesens, daran hinderte, den Sieg auf der Mooker Heide (April 1574) – Ludwig von Oranien, sein Bruder Heinrich und der Pfalzgraf Christoph fanden hier den Tod – zu einem vernichtenden Schlag gegen die rebellischen Nordprovinzen auszunützen.

Die Ablösung Albas durch Requesens im November 1573 markierte eine neue Phase in den höfischen Machtkämpfen. Einer zeitweilig von Philipps Jugendfreund, dem Fürsten von Eboli, geführten Clique war es endlich gelungen, den Monarchen davon zu überzeugen, daß es an der Zeit sei, den von Alba praktizierten Terror durch eine flexiblere Politik zu ersetzen. Obwohl Kardinal Espinosa, bis zu seinem Tod eines der prominentesten Mitglieder dieser Kamarilla, und der Markgraf von Los Vélez, ihr nominaler Führer und Schwiegervater Requesens', sich anläßlich des Moriskenaufstands als Vertreter einer harten Linie erwiesen hatten, hat diese Haltung in der niederländischen Frage manchen Historiker bewogen, der konservativen Alba-Clique eine angeblich ‚liberale' Eboli-Gruppe gegenüberzustellen. Allerdings erscheint die Existenz einer ‚liberalen' Gruppe in Anbetracht der am Hofe herrschenden Geisteshaltung wenig realistisch, und es ist daher wohl richtiger, beide Cliquen als Interessengruppen zu definieren, die ohne eine klare Ideologie am Hof um Einfluß rangen.

Requesens' Versuch durch Aufhebung des ‚Zehnten Pfennigs' und durch eine Amnestie einen Ausgleich herbeizuführen, scheiterte an der unnachgiebigen Haltung Oraniens. Dieser erklärte den Abzug der spanischen Truppen zur ‚Conditio sine qua non' einer jeden Verständigung. Ende 1575 wurde erneut eine Offensive gegen Seeland und Holland eingeleitet und unter Requesens' Führung unternahm das spanische Heer wenig später den erwähnten Marsch durch die Schelde nach Duiveland. Allerdings kam das Ergebnis dieser Operation, die Einnahme des strategisch wichtigen Städtchens Zierikzee, für Requesens zu spät; bereits am 5. März 1576 ereilte ihn der Tod.

Weitere Rückschläge folgten. Die Krone hatte sich im Herbst 1575 erneut für zahlungsunfähig erklärt, und die spanischen Truppen verließen im Juni das mühsam eroberte Zierikzee und fielen plündernd in Brabant ein. Dies, insbesondere die berüchtigte Plünderung Antwerpens (4.–5. November 1576), bewog die in den Generalstaaten vertretenen loyalen Provinzen, zusammen mit Holland und Seeland in der sogenannten ‚Pazifikation von Gent' den Abzug aller ausländischen Streitkräfte zum gemeinsamen Ziel zu machen. Don Juan de Austria, den Philipp nach monatelangem Zaudern zum Nachfolger von Requesens ernannt hatte, sah nach seiner Ankunft in den Niederlanden keine andere Möglichkeit, als sich dieser Forderung zu beugen.

Don Juan erfreute sich, wie Requesens vor ihm, der Unterstützung der Eboli-Partei, mit deren tatsächlichem Führer, dem königlichen Sekretär Antonio Pérez, er ein besonders enges Verhältnis unterhielt. Philipps Halbbruder betrachtete die Befriedung der Niederlande lediglich als Vorstufe eines großartigen Unternehmens, das letztlich auf die Eroberung Englands abzielte. Er war daher anfänglich bemüht, den Aufstand durch eine kompromißbereite Politik unter Kontrolle zu bringen, wurde jedoch durch die Unnachgiebigkeit Oraniens schon bald zu einem Kurswechsel gezwungen. Er verfügte daher nach der Besetzung Namurs im Juli 1577 die Rückkehr der spanischen Truppen und entsandte seinen Berater, Juan de Escobedo, nach Madrid, damit dieser vom Monarchen die Entsendung weiterer Streitkräfte und Geldmittel erwirke.

Escobedo, ein früherer Vertrauter Antonio Pérez', hatte sich während seines monatelangen Aufenthalts in den Niederlanden von dessen Einfluß gelöst und sich vollkommen mit den Plänen Don Juans identifiziert. Damit war er für Pérez zum Gegner geworden, wußte er doch, daß dieser sich unter anderem des Verkaufs von Staatsgeheimnissen schuldig gemacht hatte und mit der Fürstin von Eboli, der ehrgeizigen Witwe des 1573 verstorbenen Fürsten, Beziehungen unterhielt, deren Zielrichtung zwar von der Geschichtsschreibung noch nicht völlig geklärt sind, bei denen es aber offenbar um Geheimverhandlungen mit Oranien und andere stark von der Regierungspolitik abweichende Schritte ging. Obwohl Pérez kurz zuvor im Kampf um die Nachfolge im Sekretariat ‚Sur‘ einem Kandidaten der Alba-Clique – Gabriel de Zayas – unterlegen war, gelang es ihm dennoch, den stets mißtrauischen Philipp davon zu überzeugen, daß Don Juans Pläne nicht nur auf die Gewinnung Englands, sondern letztlich auch auf die des spanischen Throns abzielten. Die Beseitigung Escobedos, dem Pérez in seiner Darstellung die Rolle des bösen Ratgebers Don Juans zugewiesen hatte, erhielt schließlich die Billigung des Monarchen. Nach mehreren erfolglosen Giftanschlägen wurde Escobedo am 31. März 1578 durch drei von Pérez gedungene Mörder getötet.

Diese Bluttat hatte allerdings nicht die von Pérez beabsichtigte Wirkung. Seine Gegner am Hof vermochten Philipp schließlich davon zu überzeugen, daß er einer Täuschung erlegen war. Die undurchsichtige Rolle, die Pérez zusammen mit der Fürstin von Eboli Ende 1578 in der portugiesischen Nachfolgekrise spielte, vertiefte noch das Mißtrauen des Monarchen. Dennoch mußten noch mehrere Monate vergehen, ehe Philipp sich trotz seiner Mitverantwortung dazu entschloß, den gordischen Knoten mit einem Schlag zu lösen. Nachdem er den seit seiner Entlassung in Italien lebenden Granvelle zu sich nach Madrid berufen hatte, verfügte er Ende Juli 1579 die Festsetzung Pérez' und der Fürstin von Eboli. Damit war diese Krise, die – mit Ausnahme der Affäre, die 1568 zur Einkerkerung und dann zum Tod des geisteskranken Kronprinzen Karl (Don Carlos) geführt hatte – wie keine andere die Herrschaft Philipps erschütterte, allerdings nur vorläufig unter Kontrolle gebracht.

Es entbehrt nicht einer gewissen Ironie, daß Philipp sich gleichzeitig mit dieser für ihn sehr demütigenden Affäre anschickte, den jahrhundertealten Traum von der politischen Einigung der Pyrenäenhalbinsel endlich zu verwirklichen. Infolge des Schlachtentods König Sebastians von Portugal bei Qasr-al-Kabir (4. August 1578) und des fortgeschrittenen Alters seines Nachfolgers, des Kardinals Heinrich, eröffnete sich Philipp die Möglichkeit, seinen Anspruch auf den portugiesischen Thron – den er von seinem Großvater Manuel I. ableitete – geltend zu machen. In langwierigen Verhandlungen gelang es seinen Unterhändlern, den Kardinal sowie die überwiegende Mehrheit des Hochadels und der hohen Geistlichkeit, für die spanische Nachfolge zu gewinnen. Lediglich der dritte Stand widersetzte sich diesen Plänen und sprach sich wenige Wochen vor dem Tod des Kardinals (31. Januar 1580) in den portugiesischen ‚Cortes‘ für die Kandidatur des Priors von Crato, Dom Antonio, aus. Um einer möglichen Intervention Frankreichs oder Englands zuvorzukommen, überschritt nach Ablauf eines Ultimatums ein kastilisches Heer die portugiesische Grenze und besetzte das Land nach nur geringem Widerstand.

Eingedenk der Erfahrungen in den Niederlanden, trug Philipp Sorge, die Vorrechte der portugiesischen Oligarchie so wenig wie möglich anzutasten. So schwor er in den ‚Cortes‘ von Thomar (April 1581), die Gesetze und Bräuche Portugals zu achten und ratifizierte das 25-Punkte-Abkommen, das man wenige Monate zuvor mit dem Kardinal ausgehandelt hatte. In ihm versprach der Monarch, sich während seiner Abwesenheit nur durch ein Mitglied seiner Familie oder einen Portugiesen vertreten zu lassen und gewährleistete das Indigenat für alle Ämter in Portugal und den portugiesischen Kolonien. Weitere Garantien betrafen den Fortbestand des portugiesischen Währungssystems und die fortgesetzte Kontrolle des Kolonialhandels durch die Portugiesen. Dagegen sollten die Zollschranken zwischen den beiden Königreichen – gemäß den Absichten portugiesischer Finanzkreise, durch die Einfuhr spanischen Silbers und die Ausfuhr heimischer Erzeugnisse den wirtschaftlichen Niedergang Portugals aufzuhalten – beseitigt werden.

Trotz dieser Sonderrechte war der Anschluß Portugals an die spanische Krone ein Schritt von größter Bedeutung. Von nun an verfügte sie nicht nur über die größte Handelsflotte der Welt – ca. 250000–300000 Tonnen, verglichen mit 232000 Tonnen der Vereinigten Provinzen –, sondern auch über ein Kolonialreich, das neben Portugiesisch-Amerika den gesamten Malaiischen Archipel und ausgedehnte Besitzungen entlang der afrikanischen und indischen Küste einschloß. Darüber hinaus besaß die Krone nun einen verbreiterten Zugang zum Atlantik, jenem Meer also, das weiterhin im Brennpunkt der gegensätzlichen europäischen Wirtschaftsinteressen stand.

Der Krieg in den Niederlanden hatte währenddessen eine wechselvolle Entwicklung durchgemacht. Don Juan war es nach der Rückberufung der spanischen Regimenter gelungen, die Truppen der Generalstaaten im Januar 1578 bei Gembloux vernichtend zu schlagen. Südbrabant beugte sich, mit Ausnahme Brüssels, den spanischen Waffen. Wilhelm von Oranien, begleitet von Matthias, dem Sohn Maximilians II. und späteren deutschen Kaiser – man hatte ihn kurz zuvor auf Initiative der katholischen Magnaten zum Generalstatthalter der aufrührerischen Niederlande ernannt –, floh vor dem spanischen Vormarsch nach Antwerpen. Doch erneut konnte der gewonnene Vorteil infolge der finanziellen Engpässe nicht gefestigt werden, und Don Juan, dessen militärischer Einfluß zu diesem Zeitpunkt wieder auf den Süden Walloniens geschrumpft war, starb verbittert am 1. Oktober 1578 in Namur.

Sein Nachfolger, Alexander Farnese, der sich das Amt des Generalstatthalters, zumindest nominell, mit seiner Mutter, Margarete von Parma, teilen mußte, sollte dagegen in seiner Amtsführung eine wesentlich glücklichere Hand beweisen. Allerdings profitierte er auch von gewissen Veränderungen in der politischen Situation der Niederlande. Dort hatten die Ziele der nördlichen Provinzen unter dem Einfluß Johanns von Oranien und anderer extremer Calvinisten eine solche Radikalisierung erfahren, daß die katholischen Magnaten Walloniens sich gedrängt sahen, das in der ‚Pazifikation von Gent‘ geschlossene Bündnis zu brechen, um in der ‚Union von Arras‘ eine der spanischen Krone angenäherte Position einzunehmen. Die Antwort der Nordprovinzen bestand darin, sich am 23. Januar 1579 in der ‚Union von Utrecht‘ zusammenzuschließen und somit die Keimzelle der Vereinigten Provinzen zu schaffen. Damit hatte sich jedoch der ursprünglich nationale, antispanische Kampf der Niederländer in einen religiösen Konflikt verwandelt. Es gelang daher Farnese, dank einer klugen und toleranten Politik, neben Wallonien und den weiterhin überwiegend katholischen Ostprovinzen, auch Flandern und Südbrabant erneut ins königliche Lager zu ziehen.

Die Bemühungen der Nordprovinzen um ausländische Bundesgenossen standen dagegen zunächst unter einem Unstern. Der Herzog von Anjou, ein Bruder Heinrichs III. von Frankreich, den man im Herbst 1580 zum Herrscher der abgefallenen Provinzen erhoben hatte, versuchte im Januar 1583 vergeblich, sich durch einen Staatsstreich seiner konstitutionellen Fesseln zu entledigen. Der französische König selber zeigte sich an einer Nachfolge nicht interessiert. Zudem wurde Wilhelm von Oranien, der als Vorsitzender des Staatsrates die tatsächliche Macht in den Vereinigten Provinzen innehatte, am 10. Juli 1584 das Opfer eines Mordanschlags. Erst seinem Sohn und Nachfolger, Moritz von Nassau-Dillenburg, gelang es, dem Land durch das englisch-niederländische Hilfsabkommen vom 20. August 1585 einen wichtigen Verbündeten zuzuführen.

Damit erhielt auch Spaniens Außenpolitik eine völlig neue Richtung. Philipp II., der seit Jahrzehnten die mit Billigung der englischen Krone erfolgten Kaperfahrten Drakes und Hawkins’ geduldig ertragen hatte und auch tatenlos mitansah wie Königin Elisabeth I. die katholische Kirche in den Untergrund trieb, entschloß sich nun endlich, zum entscheidenden Schlag gegen das ‚ketzerische' England auszuholen. Diese Entscheidung schien trotz des genannten Hilfsabkommens weitgehend von Emotionen bestimmt, hätte doch ein Bruchteil der mächtigen Armada, mit deren Aufstellung man nun begann, ausgereicht, um die aufständischen Niederländer in die Knie zu zwingen. Überdies boten ihm gewisse Ereignisse des Jahres 1587 noch einmal eine Gelegenheit, die gesetzten Prioritäten zu modifizieren. Der Earl von Leicester, den man im Rahmen des englisch-niederländischen Abkommens im Februar 1586 zum Generalstatthalter der Vereinigten Provinzen ernannt hatte, suchte im September jenes Jahres – wie Anjou vor ihm – vergeblich, seine wachsenden Differenzen mit dem Staatsrat durch einen Staatsstreich in seinem Sinne zu lösen. Diese Affäre bedeutete zwar noch nicht den völligen Bruch zwischen den beiden Staaten, minderte jedoch erheblich Englands Engagement im niederländischen Freiheitskampf.

Trotz der veränderten politischen Konstellation nahm im Frühling 1588 die mit ca. 130 Schiffen erste große Segelkriegsflotte der Neuzeit Kurs auf England. Bereits im Spätjuli erlitt sie in einer Reihe von Gefechten schwere Verluste; weitere Schiffe fielen auf der Rückfahrt um die Britischen Inseln den heftigen Stürmen zum Opfer.

Die Auswirkungen dieses Fehlschlags wogen in psychologischer Hinsicht weit schwerer als die tatsächlichen materiellen Verluste. Schließlich hatten mehr als zwei Drittel der Schiffe noch die Heimathäfen erreicht, und die Verluste waren in wenigen Jahren so weit ausgeglichen, daß die spanischen Seestreitkräfte nicht nur weiterhin erfolgreich die Silberflotten gegen englische und niederländische Freibeuter verteidigten, sondern bereits 1597 erneut eine Armada gegen England entsandten. Was von nun an die Nation mit einem wachsenden Pessimismus durchdringen sollte, war die schmerzhafte Erkenntnis, daß der Allmächtige sich in diesem Feldzug, der so sehr im Zeichen der Verteidigung des wahren Glaubens gestanden hatte, offenbar von seinen treuesten Dienern abgewandt hatte. Das von mehr als einem Jahrhundert glänzender Erfolge und der eigenen Glaubensfestigkeit getragene Bewußtsein, ein von Gott erwähltes, anderen Nationen überlegenes Volk zu sein, wurde durch die Niederlage der Armada zum ersten Mal ernstlich erschüttert und führte im folgenden Jahrhundert zu einer zunehmend selbstkritischen Haltung.

Da man seit Beginn der achtziger Jahre eine erhebliche Steigerung der Silbereinfuhren verzeichnete, konnte Philipp II. es sich leisten, diese Zeichen zunächst noch zu ignorieren. Statt dessen konzentrierte er sein Interesse vermehrt auf die Entwicklung in Frankreich. Nachdem er seit Mitte des Jahrzehnts durch die Subventionierung der katholischen Liga bereits eine Schlüsselstellung in den inneren Wirren des Nachbarlandes eingenommen hatte, entschloß er sich im Gefolge der Ermordung Heinrichs III. (1. August 1589) zur direkten Intervention. Farnese, dessen weiterhin sehr erfolgreiche Kriegsführung in den Niederlanden man bereits im Vorjahr durch die Vorbereitungen für die geplante Invasion der Britischen Inseln empfindlich gestört hatte, wurde nun angewiesen, das von Heinrich (IV.) von Navarra eingeschlossene Paris zu entsetzen, einen Auftrag, den er im August 1590 unter Protest ausführte. Philipps Versuch, sich nun die Rolle eines Protektors Frankreichs anzumaßen und mittels der in Paris stehenden Streitkräfte eine spanische Kronkandidatur in der Person Isabella Clara Eugenias, seiner Tochter aus der Ehe mit Elisabeth von Valois, durchzusetzen, spaltete die ursprünglich prospanische Liga. Das wiedererwachte Nationalbewußtsein der Franzosen und der Konfessionswechsel Heinrichs (IV.) von Navarra führten 1594 zur Vertreibung der spanischen Garnison aus Paris und somit zum Scheitern von Philipps Frankreichpolitik. Farnese, der sich stets dieser Verzettelung des militärischen Potentials Spaniens widersetzt hatte, wurde 1592 gezwungen, den Oberbefehl an den Grafen von Fuentes, einen Schwager Albas, abzutreten. Er selber starb wenig später, am 2. Dezember 1592.

In Anbetracht der fortdauernden militärischen Auseinandersetzungen mit Frankreich und der erneuten Schwächung der spanischen Finanzen, mußte sich nun selbst Philipp der Einsicht beugen, daß der Konflikt in den Niederlanden nicht länger auf der bisherigen Grundlage auszutragen sei. Dieser Lernprozeß mündete 1594 in der Ernennung Erzherzog Ernsts, eines Bruders Kaiser Rudolfs II., zum Gouverneur der Niederlande, eine Entscheidung, mit der Philipp die allmähliche Loslösung der Niederlande von Madrid herbeizuführen suchte. Man erhoffte sich damit nicht nur eine Entlastung der spanischen Staatskasse, sondern auch eine Wiederannäherung zwischen den feindlichen Provinzen. Allerdings sah sich Philipp infolge der ablehnenden Haltung der Vereinigten Provinzen und des Todes des Erzherzogs Ernst zu Beginn 1595 gezwungen, den Plan vorübergehend aufzugeben, um sich erneut auf die Verfolgung einer rein militärischen Lösung zu konzentrieren.

Die 1596 zwischen England, Frankreich und den Vereinigten Provinzen geschlossene Tripelallianz bedrohte Spanien zum ersten Mal seit Jahrzehnten wieder mit der Möglichkeit eines Allfrontenkriegs. Allerdings sollten sich die nun einsetzenden Kriegshandlungen in erster Linie auf die Niederlande und die Freigrafschaft Burgund begrenzen. Mehr noch, infolge der wirtschaftlichen Erschöpfung Frankreichs gelang es Fuentes und Erzherzog Albert, dem Bruder und Nachfolger Ernsts, mit der Einnahme von Calais, Cambrai und Hulst, einige der seit dem Tode

Alexander Farneses' erlittenen Verluste wettzumachen. Allerdings führte die von Moritz von Nassau eingeleitete Gegenoffensive 1597 zum Verlust eines Großteils der Provinz Overijsel und beraubte damit die spanische Armee – abgesehen von einigen kleineren Gebieten in Gelderland – ihrer Operationsbasis entlang der Reichsgrenze. In Anbetracht der Pattsituation in den Niederlanden und der sich ständig verschlechternden Lage der Staatsfinanzen, war Philipp nun bereit, die Phalanx seiner Gegner mit diplomatischen Mitteln aufzubrechen. Der am 2. Mai 1598 mit Frankreich geschlossene Frieden von Vervins beinhaltete in erster Linie die Anerkennung Heinrichs IV. durch die spanische Krone und bestätigte weitgehend die siebzig Jahre zuvor im ‚Damenfrieden‘ vereinbarte Grenzziehung zwischen beiden Staaten.

Noch im selben Monat übertrug Philipp II. seiner Tochter Isabella Clara Eugenia und ihrem späteren Gemahl, Erzherzog Albert, die Niederlande. Trotz der Vereinbarung, daß – sollte die Ehe kinderlos bleiben – die Niederlande nach dem Tod des Herrscherpaares erneut an die spanische Krone fallen würden, hatte sich Spanien damit die nötige Voraussetzung geschaffen, um sich schrittweise dieser lästigen Verantwortung entledigen zu können. Wenige Monate später, am 13. September 1598, ging mit Philipps Tod eine der bedeutendsten Epochen der spanischen Geschichte zu Ende.

Begnügte man sich bei dem Versuch, eine Bilanz dieser vierzig Jahre lediglich in bezug auf die Mißerfolge und Erfolge der spanischen Außenpolitik zu ziehen, so käme man zu einem weitgehend ausgewogenen Ergebnis. Zwar war Philipp II. in seiner selbsternannten Rolle als Gendarm Europas völlig gescheitert, doch die Festigung der spanischen Vormacht in Italien, die Abwehr der osmanischen Gefahr und die Einverleibung Portugals glichen sowohl diesen Fehlschlag als auch die ungeschickte Politik in den Niederlanden weitgehend aus. Philipps wirkliches Versagen liegt indessen darin, daß er im Äußeren eine Politik betrieb, die in keinem Verhältnis zur wirtschaftlichen Leistungsfähigkeit seines Reiches stand, oder umgekehrt, daß er keinen nennenswerten Versuch unternahm, die wirtschaftlichen Grundlagen zu stärken und somit den Erfordernissen seiner Politik anzupassen.

2. Staat und Verwaltung

Das herausragendste Merkmal der spanischen Zentralverwaltung in der Ära Philipps II. war ihre wachsende Bürokratisierung. Diese Entwicklung ergab sich sowohl aus der zunehmenden Vielfalt des Verwaltungswesens wie auch aus den persönlichen Neigungen des Monarchen. Dieser war in der Praxis der erste Sekretär seines Reiches. Allerdings stand sein ausgeprägtes Bedürfnis, über alle politischen, wirtschaftlichen und sozialen Entwicklungen in seinen Kronländern unterrichtet zu sein, in scharfem Gegensatz zu seiner Abneigung, sich diesen Informationsstand durch regelmäßige Inspektionsreisen persönlich anzueignen. Philipp war, im Gegensatz zu seinem Vater, ein dem Reisen völlig abgeneigter Monarch. Die Wahl Madrids zum ständigen Sitz des Hofes (1561) – zuvor war diese Funktion zeitweise von Toledo und Valladolid erfüllt worden – war nicht nur das Ergebnis der durch die Umstände erzwungenen Beendigung des spätmittelalterlichen Reisekönigtums, sondern bewies, wie sehr Philipp sich in erster Linie als König Kastiliens verstand. Er verließ während seiner vierzigjährigen Herrschaft nicht einmal die Pyrenäenhalbinsel, stattete den Ländern der Krone Aragon insgesamt nur drei Besuche ab und verbrachte lediglich etwa zwei Jahre in Lissabon. Selbst seine Reisen innerhalb Kastiliens beschränkten sich im wesentlichen auf gelegentliche Ausflüge nach Toledo, Aranjuez, dem Jagdschlößchen El Pardo und, nach dessen Fertigstellung im Jahre 1584, nach dem Palast von El Escorial.

Um dennoch die gewünschte Überwachung des Verwaltungsapparates sicherzustellen, waren seine Beamten zu regelmäßiger schriftlicher Berichterstattung verpflichtet. Die Folge davon war eine stetig anwachsende Flut von Depeschen aus allen Teilen des spanischen Reiches, deren Bearbeitung in Konsultation mit den Sekretären der verschiedenen Ratskollegien vom König persönlich vorgenommen wurde. Die Schriftstücke wurden dann gewöhnlich an das zuständige Ratskollegium weitergereicht, damit dieses die entsprechenden Vorschläge, oder ,Consultas‘, erarbeite. Diese wurden dann erneut dem Monarchen und dem jeweils verantwortlichen Sekretär zur Begutachtung vorgelegt.

Letztere gehörten den verschiedenen Räten nicht direkt an, sondern dienten vornehmlich als Verbindungsperson zum Monarchen. Dahinter verbarg sich eine weitere typische Eigenschaft des philippinischen Verwaltungswesens, nämlich die Tatsache, daß der König nur selten an den Beratungen der Ratskollegien teilnahm und ihre Entscheidungen häufig ignorierte. Konsultationen zwischen den Ratsausschüssen wurden so weit wie möglich unterbunden, um die Rolle des Koordinators ausschließlich in der Person Philipps zu konzentrieren. Das instinktive Mißtrauen des Monarchen gegenüber unabhängigen und fähigen Untergebenen führte überdies dazu, daß das geistige Format der verschiedenen Gremien ein gewisses Mittelmaß nie überschritt. Philipps Kontrolle über den zentralen Verwaltungsapparat war mithin vollkommen.

Der Staatsrat besaß trotz seiner Entmachtung weiterhin ein erhebliches Prestige und erlaubte es Philipp, in der Oligarchie die Illusion einer direkten Beteiligung am politischen Entscheidungsprozeß zu erhalten und dieser ein adäquates Forum für ihre internen Rivalitäten zur Verfügung zu stellen. Die Leistungsfähigkeit der Territorialräte litt insbesondere unter der Tatsache, daß diese, wie bereits erwähnt, neben gesetzgebenden und exekutiven Funktionen auch eine ganze Reihe von rechtsprechenden Aufgaben zu erfüllen hatten. Philipps Versuch, dem Kastilienrat durch eine personelle Aufstockung (1559) eine größere Effizienz zu verleihen, sollte sich als wenig erfolgreich erweisen.

Mit dem Anwachsen des behördlichen Schriftverkehrs wurde auch die Gründung eines zentralen Archivs zur unabwendbaren Notwendigkeit. Bereits 1547 hatten die ‚Cortes‘ in Monzón Jerónimo Zurita zum ‚Chronisten des Königreichs Aragon‘ ernannt und ihn mit der Fürsorge aller offiziellen Dokumente der katalanisch-aragonischen Föderation betraut. Gonzalo Pérez, der erste Sekretär Philipps II., begann seinerseits – weitgehend aus eigener Initiative – die Schriftstücke des Staatsrates in der nahe Valladolid gelegenen Festung Simancas abzulegen. 1567 schließlich, betraute der Monarch Zurita mit der Aufgabe alle Dokumente der höheren Verwaltungsebene von Italien und den Ländern der Krone Aragon nach Simancas zu überführen, und legte damit den Grundstock zum späteren Staatsarchiv.

Im Gegensatz zu dem von ihm geführten Gremium, verfügte der erste Sekretär des Staatsrates auch weiterhin über eine erhebliche Machtfülle. Während Cobos und Nicolas Perrenot von Granvelle sich nach dem Tod Gattinaras dieses Amt teilen mußten, waltete ihr Nachfolger, der aragonische Geistliche Gonzalo Pérez, als alleiniger ‚de facto‘-Kanzler Philipps II. Nach seinem Tod (1566) wurde erneut eine Teilung vorgenommen. Diego de Vargas übernahm die Leitung der neugeschaffenen Abteilung ‚Sur‘, während Antonio Pérez, der uneheliche Sohn des Verstorbenen, eine Doppelfunktion als Sekretär der Abteilung ‚Norte‘ und des Kastilienrats bekleidete. Seine Verhaftung im März 1579 führte zu einer erneuten Umbesetzung. Philipp, der wenig später seinen etwa zweijährigen Aufenthalt in Portugal antreten sollte, betraute nun Anton Perrenot von Granvelle und Juan de Idiáquez provisorisch mit der Leitung des Staatsrates.

Granvelles imperiale Politik stieß jedoch sehr bald auf den Widerspruch der kastilischen Oligarchie und zwang Philipp im März 1583, vorzeitig nach Madrid zurückzukehren. In Anbetracht seines fortgeschrittenen Alters und der wachsenden Arbeitslast entschloß sich Philipp, nun endlich einen Teil der Verantwortung auf einen kleinen Kreis getreuer Ratgeber zu übertragen. Vornehmste Aufgabe der Mitglieder der sogenannten ‚Junta de Noche' – unter ihnen der Präsident des Kastilienrats, Graf von Barajas, der Graf von Chinchón, verantwortlich für Italien und die Krone Aragon, Cristovam de Moura (Portugal) und Idiáquez (Äußeres) – war es, die an den König gerichteten Berichte sowie die ‚Consultas' der Ratskollegien zu begutachten und in regelmäßig stattfindenden Sitzungen die entsprechenden Empfehlungen zu formulieren. Ihren Vorsitz führte der persönliche Sekretär des Königs, Vázquez de Leca. In Anbetracht der Tatsache, daß die Angehörigen des Hochadels sich in der Minderzahl befanden und die Entscheidungsgewalt ausschließlich bei Philipp lag, beinhaltete die Entstehung dieses Gremiums – in dem erste Ansätze zu einem Ministerrat zu erkennen waren – keineswegs einen Machtverzicht des Königs zugunsten der Magnaten.

Die im Gefolge des ‚Communero'-Aufstandes ohnehin sehr geschwächten ‚Cortes' sollten unter Philipp auch ihrer letzten Privilegien verlustig gehen. Bereits Karl I. (V.) hatte – wohl als Antwort auf den Widerstand, den adlige und geistliche Ständevertreter 1538 seinen Steuervorschlägen entgegengebracht hatten – ihre Mitgliederzahl auf 36 ‚Procuradores' aus 18 Städten verringert. 1555 verloren die ‚Cortes' das Recht, den vom Monarchen eingebrachten Gesetzesvorlagen ihre Zustimmung zu versagen. Weitere elf Jahre später zwang man die ‚Procuradores', vor Beginn der Sitzungen feierlich zu geloben, daß ihr Stimmrecht keinerlei Beschränkungen unterlag, und beendete damit das bis dahin geltende Prinzip des imperativen Mandats. Mithin erfüllten die ‚Cortes' für Philipp im wesentlichen lediglich die Rolle eines Resonanzbodens der eigenen Absichten und der Meinungsströmungen im Volk. Auch die seit den frühen zwanziger Jahren des 16. Jahrhunderts verstärkt betriebene Entmündigung der bedeutendsten kastilischen Städte sollte unter Philipp II. einen weiteren Höhepunkt erreichen. 66 ‚Corregidores', ausgestattet mit richterlichen und administrativen Vollmachten, fungierten als Transmissionsriemen der königlichen Gewalt und beherrschten die Mehrzahl der ihnen anvertrauten Magistrate.

Diese offenkundige Allgegenwart der königlichen Verwaltung im öffentlichen Leben und die persönliche Macht des Monarchen haben dazu geführt, daß man das Spanien Philipps II. häufig als eine absolute Monarchie und ein nahezu modern anmutendes Gemeinwesen definierte. Dieses Urteil läßt jedoch eine Reihe bedeutender Faktoren vollkommen unberücksichtigt. So war die Krone infolge der Schwerfälligkeit des Verwaltungsapparats oder aus verkehrstechnischen Gründen häufig gezwungen, eigenmächtige Entscheidungen untergeordneter Instanzen widerstandslos hinzunehmen. Eine erhebliche Schwächung der zentralen Kontrollmechanismen ergab sich auch aus der Tatsache, daß die Beamten der mittleren und unteren Verwaltungsebene sich gewöhnlich nicht durch besonderen Fleiß und Pflichttreue auszeichneten. Zwar hatte die Korruption im Beamtentum noch nicht das für das 17. Jahrhundert typische Ausmaß erreicht, doch zeigte das Beispiel Antonio Pérez' und des Grafen von Barajas, der kurz vor seinem Tod (1592) der Veruntreuung von Staatsgeldern bezichtigt wurde, daß diese Phänomene auch unter Philipp nicht unbekannt waren.

Ein noch größeres Hindernis für die Begründung einer wahrhaft absoluten Königsmacht bestand indessen in der Tatsache, daß die adlige Grundherrschaft auch weiterhin in Tausenden von Dörfern und Städten das Recht besaß, die Positionen in der Verwaltung, im Rechtswesen und gewöhnlich auch in den örtlichen Institutionen der Kirche nach Gutdünken zu besetzen. Darüber hinaus kontrollierte sie neben den herrschaftlichen Abgaben häufig auch die ‚Alcabala' und andere bedeutende Steuern. Die Bemühungen Philipps, den Hochadel weitgehend von den Schaltstellen der Regierung fernzuhalten, reichten nicht aus, um den indirekten Einfluß dieses Standes auf die nationale Politik spürbar zu vermindern. Erfolge in dieser Richtung waren nur in jenen Fällen zu verzeichnen, in denen der betreffende Magnat sich in einer besonders geschwächten Position befand. So war 1559 das bereits zu diesem Zeitpunkt hochverschuldete Haus der Enríquez – das traditionell das Amt des Admirals von Kastilien innehatte – gezwungen, einige bedeutende Privilegien, insbesondere das Zollrecht in den kantabrischen Häfen, an die Krone abzutreten. Maßnahmen, die den Stand in seiner Gesamtheit bedrohten, wurden dagegen von diesem entweder entschieden zurückgewiesen oder in der Praxis ignoriert. So scheiterte der Versuch, eheliche Verbindungen zwischen den Erben großer ‚Mayorazgos' durch Dekret (1534) zu unterbinden und somit der Tendenz zur Machtkonzentration innerhalb des Hochadels entgegenzuwirken, am passiven Widerstand der Magnaten. So muß es in erster Linie als Zeichen seines Selbstbewußtseins gewertet werden, daß der Hochadel es auch weiterhin vorzog, fern vom Hof auf seinen Familiensitzen zu residieren. Dieses Selbstgefühl fand seinen augenfälligsten Ausdruck in den teilweise sehr prächtigen Landpalais, unter denen der in Guadalajara gelegene Palast der Herzöge von Infantado eine Sonderstellung einnimmt.

Es war jedoch gerade die Krone, die durch die vermehrte Gewährung von Adelsbriefen und die Ausweitung des Hochadels, ihre Bemühungen, die Machtfülle dieses Standes einzuengen, untergrub. Das von Karl I. (V.) 1518 und erneut 1523 geleistete Versprechen an die kastilischen ‚Cortes', Adelspatente nur noch in Ausnahmefällen zu gewähren, wurde von ihm und seinem Nachfolger aus finanziellen und machtpolitischen Gründen weitgehend ignoriert. Die Zahl der zu den Kategorien der ‚Grandes' und ‚Títulos' gehörenden Familien stieg zwischen 1520 und 1581 von 63 auf mehr als 100. Der diesen Prozeß begleitenden Aneignung von Krondomänen und Kirchenland durch den Adel stand die Krone weitgehend hilflos gegenüber.

Überdies bedingten die sehr differenzierten konstitutionellen und verwaltungstechnischen Eigenarten der verschiedenen Teilreiche, daß selbst in den sogenannten ‚Tierras realengas' – d. h. jenen Gebieten, die unmittelbar der Krone unterstellt waren – die Entscheidungsgewalt des Monarchen nicht absolut war. So war es neben den Ländern der Krone Aragon auch der kastilischen Peripherie gelungen, sich dem seit den ‚Katholischen Königen' forcierten Vormarsch des königlichen Absolutismus zu widersetzen und ein beträchtliches Maß an Eigenständigkeit zu bewahren. Zwar vermochte der Monarch im Gefolge des Moriskenaufstands die bis dahin bestehende Sonderstellung Ostandalusiens zu beenden, doch sollten Erfolge dieser Art unter Philipp ein Sonderfall bleiben.

Nicht nur Navarra, sondern auch die drei baskischen Provinzen Vizcaya, Guipuzcoa und Alava, erfreuten sich dank ihres Status als ‚Señoríos' – oder reichsunmittelbare Herrschaften – einer weitreichenden Eigenständigkeit. Alle drei verfügten über eine Ständeversammlung (‚Junta General'), deren Vertreter in Alava und Guipúzcoa durch die Städte gewählt wurden und zu jährlich stattfindenden Beratungen zusammentraten. Das aus Vertretern der Kommunen und der bedeutendsten Landbezirke (‚Anteiglesias') bestehende Ständeparlament Vizcayas tagte dagegen nur etwa alle zwei Jahre an seinem traditionellen Versammlungsort, der Eiche von Guernica. Außerhalb der Sitzungsperioden lag die Verwaltung Vizcayas und Guipúzcoas in den Händen eines königlichen ‚Corregidors' und zweier, ihm beigeordneter Vertreter des jeweiligen Ständetags. Das wirtschaftlich wenig bedeutende Alava vermochte selbst dieses Symbol der Zentralmacht auf ein Mindestmaß zu beschränken. Anstelle eines ‚Corregidors' waltete hier ein vom Landtag ernannter ‚Diputado General' oder Generalstatthalter. Auch in Asturien, der Wiege des kastilischen Königreichs, bildete die ‚Junta General' das wichtigste Forum der zwischenständischen Interessenkämpfe. Allerdings befanden sich diese Institutionen weitgehend unter der Kontrolle des in den kantabrischen Provinzen so zahlreichen Kleinadels und entbehrten einer wahrhaft demokratischen Funktion. Da diese Gebiete, mit Ausnahme Vizcayas, überdies wirtschaftlich und demographisch nur von zweitrangiger Bedeutung waren, übten solche konstitutionellen Überbleibsel einer einst pluralistischen Gesellschaft auf die Gesamtheit des Königreichs Kastilien nur geringen Einfluß aus und wurden von der Zentralverwaltung als relativ unbedeutendes Ärgernis betrachtet.

Weit weniger gelassen reagierten dagegen viele höfische Beamte gegenüber dem Partikularismus der Länder der Krone Aragon. Insbesondere die Widerspenstigkeit der aragonischen ‚Cortes‘ erschien ihnen als ein Anachronismus, den es schleunigst zu beseitigen galt. Philipp war indessen angesichts der Ereignisse in den Niederlanden und der strategischen Bedeutung Aragons als Grenzprovinz nicht bereit, die bestehenden Spannungen unnötig zu verschärfen. Der geringe finanzielle Beitrag der Region zu den königlichen Finanzen, aber auch die Erfahrungen des Jahres 1556, als die sich in heftigen Unruhen äußernde Empörung der Stände und der Bürgerschaft von Zaragoza über eine vermeintliche Verletzung der ‚Fueros‘ den Vizekönig zur Flucht gezwungen hatte, hatten es dem Monarchen ratsam erscheinen lassen, Aragon so weit wie möglich zu ignorieren. Freilich mußte eine solche Haltung die unter dem aragonischen Adel herrschende Erbitterung über die Vorherrschaft Kastiliens am Hof und in den Schlüsselstellen der gesamtspanischen Politik weiter verschärfen und verwandelte Aragon mehr denn je in einen potentiellen Krisenherd.

Die Ursachen hierfür lagen freilich nicht nur in dem gespannten Verhältnis zwischen dem Hof und den aragonischen Ständen. Die Bemühungen der Bauern Nordaragons, sich endlich aus dem hier weiterhin sehr engen Abhängigkeitsverhältnis zur adligen Grundherrschaft zu lösen, äußerten sich in immer wiederkehrenden Erhebungen, die, gemeinsam mit dem endemischen Wegelagererunwesen, in großen Teilen der Region für bürgerkriegsähnliche Zustände sorgten. Eine weitere Ursache akuter sozialer Spannungen waren die vielen tausend moriskischer Kleinbauern, die als Lehnsmänner des Hochadels die fruchtbaren Ländereien der Ebroebene bewirtschafteten und somit für die landarmen ‚Alten Christen‘ eine ständige Herausforderung waren.

Die Tatsache, daß Philipp, in völligem Widerspruch zu seiner Maxime, im Jahre 1588 mit dem Markgrafen von Almenara einen Landfremden zum Vizekönig der Region ernannte, war in erster Linie auf die Intrigen seines Ratgebers Chinchón zurückzuführen, und bewies einmal mehr, wie sehr der Monarch sich trotz seiner vermeintlich absolutistischen Regierungsführung von seinen Vertrauten leiten ließ. Die Gründe, die den Generalschatzmeister des Aragonrates bewogen, am Hof für eine Umkehr der bisherigen Politik zu agieren, waren rein persönlicher Natur. Die Nichte Chinchóns war 1571 von ihrem Gemahl, dem aus dem Haus Villahermosa stammenden Graf von Ribagorza, wegen angeblicher Untreue zum Tode verurteilt und hingerichtet worden. Zwar büßte der Graf diesen Willkürakt zwei Jahre später mit dem Leben; das hinderte aber Chinchón nicht daran, von nun an am Hof gegen das Haus Villahermosa zu intrigieren.

Die Ernennung Almenaras, eines Vetters Chinchóns, stieß seitens des ‚Justicia‘, des Hüters der ‚Fueros‘, auf keinerlei Widerstand, wurde jedoch vom Adel und den Bürgern Zaragozas lebhaft kritisiert. In diese gespannte Lage platzte im April 1590 die Nachricht, daß Antonio Pérez, der ehemalige Sekretär des Königs, sich aus seinem Madrider Gewahrsam in die Obhut des ‚Justicia‘ geflüchtet hatte. Philipp war anfänglich gewillt, den vorgeschriebenen rechtlichen Weg zu beschreiten. Erst als Pérez begann, die ihm gewährte Freizügigkeit dazu auszunützen, den König mit Hilfe einer Reihe von Dokumenten der Mittäterschaft am Tod Escobedos zu bezichtigen, versuchte man die Angelegenheit unter die Zuständigkeit der Inquisition zu bringen, der einzigen über allen regionalen Sonderrechten stehenden Rechtsinstitution des Landes. Der Versuch, Pérez am 24. Mai 1591 heimlich in ein Gefängnis der Inquisition zu überführen, erwies sich indessen als ein schwerwiegender Fehler. Eine Volksmenge befreite ihn aus den Händen seiner Wächter und stürmte den Palast des Vizekönigs. Almenara wurde schwer mißhandelt und erlag wenig später seinen Wunden.

In Anbetracht der Nachbarschaft zu dem vom Calvinismus beherrschten Südfrankreich konnte ein mögliches Überspringen des Aufstands auf den Rest der Provinz für das katholische Spanien unübersehbare Folgen haben. Nach vergeblichen Versuchen, die Angelegenheit mit friedlichen Mitteln zu lösen, erteilte Philipp daher Anfang Oktober dem von Alonso de Vargas geführten Heer den Befehl zum Einmarsch in Aragon.

Der Aufruf des ‚Justicia‘, Juan de Lanuza, zur Verteidigung der ‚Fueros‘ wurde nur von wenigen Bewohnern der Region befolgt, betrachtete doch die Mehrheit der geknechteten Bauern die kastilischen Soldaten als ihre möglichen Befreier vom adligen Joch. Zaragoza fiel daher bereits am 11. November. Lanuza, der mit seinen Anhängern ins nahegelegene Epila geflüchtet war, wurde unter Vorwänden zur Rückkehr nach Zaragoza bewogen und dort wenig später hingerichtet. Zwei weitere Persönlichkeiten des aragonischen Hochadels, der Graf von Aranda und das Haupt des Hauses Villahermosa, wurden ausdrücklich von der Anfang des Jahres 1592 ausgesprochenen Amnestie ausgenommen und sollten wenig später unter ungeklärten Umständen in einem kastilischen Kerker ihr Leben lassen.

Die damit geschaffene Möglichkeit, die Suprematie der Krone in Aragon permanent zu festigen, wurde von Philipp nur bedingt genutzt. Unter den Neuerungen, die er im Juni 1592 in Tarazona vor den aragonischen ‚Cortes‘ formulierte, waren nur zwei von erheblichem politischen Gewicht: die Krone gewährte sich das Recht, künftig auch Landfremde als Vizekönige einzusetzen und den bis dahin unabsetzbaren ‚Justicia‘ gegebenenfalls zu entlassen. Der Grund für Philipps Mäßigung lag vor allem in der Tatsache, daß der Monarch die augenblickliche Schwäche des Adels nicht mit dessen permanenter Entmachtung verwechselte und daher davor zurückschreckte, diesen durch übergroße Strenge in einen anhaltenden Widerstandskampf zu drängen. Letzteres hätte den Monarchen zu einem Bündnis mit den niederen sozialen Schichten Aragons gezwungen, zu einem Schritt also, der ihm angesichts der herrschenden Machtstrukturen als undenkbar erscheinen mußte. Die Tatsache, daß Aragon während des verbleibenden Jahrhunderts habsburgischer Herrschaft weitgehend von schweren sozialen oder politischen Erschütterungen verschont blieb, scheint zu beweisen, daß Philipp, zumindest aus der Sicht der inneren Ordnung, die richtige Entscheidung getroffen hatte.

3. Wirtschaft

Die aus der imperialen Politik Karls I. (V.) herrührende Zerrüttung der Staatsfinanzen konfrontierte Philipp II. bereits in den ersten Monaten seiner Herrschaft mit einer dramatischen Situation. Unfähig, die gegenüber den ‚Asentistas‘ – Bankiers, mit denen das Herrscherhaus Kreditabkommen, oder ‚Asientos‘, abgeschlossen hatte – bestehenden Verpflichtungen zu erfüllen, erklärte die Krone 1557 den Staatsbankrott. Der daraufhin eingeschlagene Weg des Vergleichsverfahrens (‚Medio general‘), mittels dessen die Außenstände in mittel- und langfristige Schuldverschreibungen (‚Juros‘) umgewandelt wurden, sollte nur vorübergehend Erleichterung bringen. Weil keine drastischen Maßnahmen eingeleitet wurden, die den bestehenden Trend zur langfristigen Verpfändung der Staatseinkünfte hätte aufhalten können, mußten sich die Ereignisse von 1557 zwangsläufig wiederholen. So mündete die anhaltende Finanzkrise der frühen siebziger Jahre, die besonders für die Kriegsführung in den Niederlanden so verheerende Folgen haben sollte, im September 1575 in die erneute Zahlungsunfähigkeit der Krone. Die vorübergehende Lähmung der Messen von Medina del Campo drohte zeitweilig das komplizierte Finanzsystem Kastiliens zum Zusammenbruch zu bringen. Zwei sevillanische Banken schlossen zu Beginn des Jahres 1576 ihre Tore und die genuesischen ‚Asentistas‘ verweigerten der Krone monatelang jeden weiteren Kredit.

Parallel zum Abschluß eines weiteren Vergleichsverfahrens intensivierte Philipp nun die bereits eingeleiteten Bemühungen um eine Steigerung der Staatseinkünfte. Einen ersten Schritt in diese Richtung stellten die zwischen 1575 und 1580 abgefaßten ,Relaciones topográficas' dar. Mittels der hier erfaßten wirtschaftlichen und demographischen Daten hoffte man dem Fiskus neue Steuerquellen zugänglich machen zu können. Dank der Unterstützung des Heiligen Stuhls war es der Krone bereits 1561 gelungen, die Kirche zur Zahlung einer Hilfssteuer, des sogenannten ,Subsidios', zu bewegen, die nach einem festen Beitragssystem alljährlich gemeinsam von den Bistümern, Domkapiteln, geistlichen Orden und Kirchengemeinden aufgebracht wurde. Dazu gesellte sich 1567 unter der Bezeichnung ,Excusado' eine weitere Abgabe der Kirche.

Die ,Cortes' beugten sich 1575 ebenfalls den Forderungen der Krone und erhöhten den Steuersatz des ,Encabezamiento'. Damit stieg diese kollektive Abgabe aller steuerpflichtigen Kommunen auf das vierfache ihres ursprünglichen Wertes und bewirkte, daß die Steuerlast von nun an erheblich schneller anstieg als das allgemeine Preisniveau. Als Reaktion auf diesen Schritt entschlossen sich nun viele Städte, erneut der ,Alcabala' – die nur teilweise durch das ,Encabezamiento' ersetzt worden war – den Vorzug zu geben. Dies und der Widerstand, der allerorten der neuen Steuerrate entgegengebracht wurde, zwangen die Krone 1577 das ,Encabezamiento' abermals um etwa ein Viertel auf jährlich 2,7 Millionen Dukaten zu senken. Diese Maßnahme war nicht so sehr eine Niederlage der Krone, sondern ein Zeichen dafür, daß man endgültig an die Grenze der steuerlichen Belastbarkeit Kastiliens gestoßen war.

Damit stellte sich Philipp zeitweilig das Dilemma, entweder den Rahmen seiner Außenpolitik der wirtschaftlichen Leistungsfähigkeit Kastiliens anzupassen oder die Länder der Krone Aragon und andere Kronländer – gegen den zu erwartenden Widerstand der regionalen Ständeversammlungen – stärker an der gemeinsamen Finanzlast zu beteiligen. Es war einmal mehr das amerikanische Silber, das dringend notwendigen Reformbestrebungen den Boden entzog. Dank des ca. 1560 entwickelten Verfahrens zur Verfeinerung silberhaltiger Erze, konnten die 15 Jahre zuvor entdeckten Silbervorkommen von Potosi beschleunigt ausgebeutet werden. Folglich sollten die in Sevilla registrierten Silbereinfuhren, deren Wert sich von 1561 bis einschließlich 1565 auf ca. 13,5 Millionen Dukaten belaufen hatten, während des Jahrfünfts 1576–80 auf mehr als 20,7 Millionen ansteigen.

Philipp stürzte sich nun in jene imperiale Politik, die Spanien zunehmend in die französischen Religionskriege verstrickte und die im Scheitern der Armada – deren Kosten auf etwa zehn Millionen Dukaten geschätzt wurden – ihren sinnfälligen Ausdruck fand. Eine der wenigen Maßnahmen dieser Epoche, die unzweideutig auf eine wirtschaftliche Erneuerung Kastiliens abzielte, waren die 1587 abgeschlossenen Arbeiten zur Schiffbarmachung des Tajo zwischen Toledo und Lissabon. Dem Projekt lag vor allem die Absicht zugrunde, der toledanischen Seidenindustrie einen besseren Zugang zum Atlantik zu verschaffen, doch hätte sein Erfolg wohl letztlich auch ganz Zentralkastilien enger an Portugal und somit an die überseeischen Märkte angeschlossen. Die Tatsache, daß die Schiffahrt auf dem längsten Strom der Pyrenäenhalbinsel bereits vor Ende des Jahrhunderts wieder eingestellt wurde, lag daher auch nicht so sehr an den technischen Mängeln des Projekts, sondern vielmehr an den Einsprüchen der um ihre monopolistische Stellung fürchtenden Kaufmannschaft Sevillas. Pläne, die darauf abzielten, das Land mit einem Netz von Bewässerungskanälen zu überziehen, wurden entweder nie in Angriff genommen oder aber die eingeleiteten Bauarbeiten wurden, wie im Fall des ,Canal Imperial de Aragón', bereits nach wenigen Jahren abgebrochen.

Auch in der in den späten achtziger Jahren einsetzenden Krise, die Kastiliens Wirtschaft in einem bis dahin unbekannten Ausmaß in Mitleidenschaft ziehen sollte, spielte der Wirtschaftsfaktor Spanisch-Amerika eine erhebliche Rolle. Dort kündigte das Massensterben der eingeborenen Bevölkerung eine Schwächung der Kaufkraft der kreolischen Aristokratie an. Darüber hinaus unterlagen die Einfuhren aus dem Mutterland einem zunehmend harten Wettbewerb mit den heimischen Erzeugnissen – Wein, Öl und Getreide aus Peru, grobe Tuchwaren aus Mexico – sowie den illegalen Einfuhren aus England und den Vereinigten Provinzen. Diesen Handelskrieg hatte Spanien durch das 1585 und erneut 1595 ausgesprochene Handelsembargo gegen die Vereinigten Provinzen teilweise selbst heraufbeschworen. Die Niederländer, die sich bis dahin hauptsächlich auf den europäischen Frachtverkehr beschränkt hatten, begannen nun, unter Umgehung des spanisch-portugiesischen Handelsmonopols, sich die Waren direkt in Südostasien und der Karibik zu verschaffen.

Die nahezu traditionelle Vernachlässigung der Landwirtschaft drückte sich unter der Regierung Philipp II. in einem fortschreitenden Leistungsabfall und in der zunehmenden Verelendung der niederen und mittleren bäuerlichen Schichten Kastiliens aus. Eine ähnliche, wenn auch weniger ausgeprägte Entwicklung bahnte sich im letzten Drittel des Jahrhunderts unter den Webern und anderen Beschäftigten der kastilischen Tuchindustrie an.

Um dem erneut drohenden Staatsbankrott zu entkommen, schuf die Krone 1590 mit den ,Millones' – sie wurde statt der traditionellen ,Maravedís' in Millionen von Dukaten berechnet – eine weitere bedeutende Abgabe. Nachdem man es anfänglich den Städten überlassen hatte, zu entscheiden, wie sie den ihnen zugewiesenen Beitrag aufbringen würden, kam man 1596 überein, zusätzlich zu dem ursprünglichen Betrag jährlich 1,3 Millionen Dukaten in Form von Lebensmittelsteuern ('Sisas') zu erheben. Diese Besteuerungsform wurde dann in späteren Jahren bestimmend für die gesamten 'Millones'. Die Annahme, man habe damit, im Unterschied zu den weiterhin von den 'Cortes' gewährten Hilfsgeldern, ein beachtliches Maß an Steuergerechtigkeit geschaffen, sollte sich in der Praxis kaum bewahrheiten. Die Mehrheit der weltlichen und geistlichen Grundbesitzer war in der Lage, ihren Bedarf an abgabepflichtigen Nahrungsmitteln – vornehmlich Fleisch, Olivenöl, Wein und Essig – durch Eigenerzeugung weitgehend selbst zu decken.

Trotz der 'Millones' und der Tatsache, daß die 'Casa de Contratación' während des Jahrfünfts 1591–95 den bis dahin wertmäßig größten Eingang amerikanischen Silbers registrierte, befanden sich die königlichen Finanzen in einem beklagenswerten Zustand. Jährlichen Ausgaben von etwa 12 Millionen standen in Kastilien – der Beitrag der anderen Kronländer war nahezu bedeutungslos – Einnahmen von ca. 9,6 bis 10 Millionen Dukaten gegenüber. Erstaunlicherweise verfiel Philipp in dieser verzweifelten Lage nicht auf den so häufig gewählten Ausweg der Münzverschlechterung, sondern wahrte die von seinem Vater geübte Zurückhaltung. Karl I. (V.) hatte 1537 die bedeutendste Münze Kastiliens, den 'Excelente de Granada', durch den 'Escudo' ersetzt. Dieser besaß im Unterschied zu seinem Vorgänger einen Goldgehalt von 22 statt 23¼ Karat und einen Wert von 350 statt 375 'Maravedís'. Philipps einziger Eingriff in das Münzwesen bestand darin, 1566 den Wert des 'Escudo' auf 400 'Maravedís' zu erhöhen. Sowohl die gängigste Silbermünze, der 'Real', dessen Wert sich auf 24 'Maravedís' belief, wie auch der aus einer Silber-Kupferlegierung bestehende 'Vellón', dessen Silbergehalt 1552 von 7 auf 5,5 Gran gesenkt wurde, sollten in ihrem Wert und ihrer Beschaffenheit von Philipp nicht angetastet werden.

Trotz aller Abwehrmaßnahmen sah sich Philipp dennoch gezwungen, am 29. November 1596 erneut alle Zahlungen an die wichtigsten Gläubiger der Krone einzustellen. Zwar konnte die Situation – teilweise durch die Erhebung einer außerordentlichen Hilfssteuer – mit Hilfe des Vergleichs von 1597 in Bahnen gelenkt werden, die für die internationalen Bankkreise akzeptabel waren, doch der dem kastilischen Finanzwesen zugefügte Schaden war nicht wiedergutzumachen. Das kastilische Messe- und Finanzzentrum Medina del Campo, das sich infolge des Niedergangs der flandrischen Tuchindustrie ohnehin in einem sehr geschwächten Zustand befand, büßte nun endgültig seine beherrschende Stellung ein und verlor 1601 seine Messerechte an Burgos.

4. Gesellschaft und Kirche

Wenige Faktoren beeinflußten das Spanien des 16. Jahrhunderts so sehr wie das Bevölkerungswachstum jener Jahre. Hauptsächlicher Nutznießer dieser Entwicklung war Kastilien, wo die Bevölkerung von 1530 bis 1541 jährlich um ca. 65000 anstieg und im Jahre 1594 etwa 6,9 Millionen erreichen sollte. Infolge der zeitlichen Differenzen zwischen den Volkszählungen in den anderen Kronländern ist es allerdings nicht möglich, bezüglich der Bevölkerung ganz Spaniens eine ebenso klare Aussage zu machen. Während die Angaben von 1553 für Navarra (145523) und Katalonien (361700) das immer noch erhebliche Wachstum der zweiten Hälfte des Jahrhunderts völlig unberücksichtigt ließen, standen die Ergebnisse der Volkszählung von 1609 in Valencia (486000) und Aragon (332000) bereits unter dem Einfluß der 1596 einsetzenden Bevölkerungsverluste. Die Summe dieser Daten – ca. 8,2 Millionen – kann daher bezüglich der Einwohnerzahl Spaniens im späten 16. Jahrhundert nur als Richtzahl betrachtet werden und liegt weit unter dem tatsächlichen Wert. Weitere 1,25 Millionen lebten zu diesem Zeitpunkt in Portugal.

Mit mehr als 72% der Gesamtbevölkerung, aber nur 65,2% der Fläche, wies Kastilien die größte Bevölkerungsdichte auf. Am anderen Ende der Skala befanden sich die Länder der Krone Aragon, wo die entsprechenden Daten 12,4% bzw. 17,2% betrugen. Aus- und Einwanderung hielten sich zahlenmäßig etwa die Waage. Während einerseits Spanisch-Amerika um 1570 etwa 118000 weiße Siedler zählte – in ihrer überwiegenden Mehrheit ehemalige Bewohner Kastiliens – verzeichnete das Mutterland andererseits seit 1560 eine wachsende Zahl von Einwanderern aus dem von Religionskriegen heimgesuchten Frankreich. Allerdings sollte die Mehrheit der ca. 150000 Franzosen, die bis 1640 diesem Strom gefolgt waren, diesen Schritt erst im 17. Jahrhundert, und dann vornehmlich aus wirtschaftlichen Gründen, tun.

Eines der herausragendsten Merkmale der spanischen Gesellschaft des 16. Jahrhunderts war ihre zunehmende Verstädterung. Die diesem Prozeß zugrundeliegende Landflucht ging noch über ähnliche Vorgänge im restlichen Europa hinaus und resultierte in erster Linie aus der bereits erwähnten Verelendung des kastilischen Bauerntums. Allerdings waren die Kommunen infolge der Rezession nicht nur unfähig, diese Menschenmassen wirtschaftlich zu integrieren, sondern sahen auch die eigene Bevölkerung einer wachsenden Polarisierung unterworfen. Dies war der Beginn einer Entwicklung, die, wie in anderen Anrainerstaaten des Mittelmeeres auch, besonders im Verlauf des 17. Jahrhunderts zur weitgehenden Auslöschung der ländlichen und städtischen Mittelschichten führen sollte. Die Gesellschaft teilte sich zunehmend in ein unterbeschäftigtes oder erwerbsloses Proletariat, eine Reihe wirtschaftlich unproduktiver Sektoren und eine dünne Oberschicht. Bäuerliche Landbesitzer, selbständige Handwerker, Händler und Kaufleute, die früher das Rückgrat der mittleren Schichten gebildet hatten, wurden entweder im Strudel der wirtschaftlichen Erschütterungen nach unten gezogen oder gewannen Zugang zur Aristokratie.

Eine zwangsläufige Folge dieser Entwicklung war das Anwachsen jener, die gezwungen waren, sich ihre Existenzgrundlage am Rande der Gesellschaft zu suchen. Die zahlenmäßig wohl stärkste Gruppe bildeten die Bettler und Landstreicher, die zu Ende des Jahrhunderts annähernd 150000 Personen umfaßte. Paradoxerweise erlangte das Problem bereits eine gewisse Bedeutung als die zu diesem Zeitpunkt noch blühende Tucherzeugung und andere Gewerbe wiederholt über Mangel an Arbeitskräften klagten. Unter dem Eindruck des ‚De Subventione Pauperum‘ (Brügge, 1526) des Humanisten Juan Luis Vives hatte man daher bereits 1540 die Armengesetzgebung von 1387 dahingehend abgeändert, daß die Behörden gehalten waren, die Bettler in ihrem Amtsbereich zur unentgeltlichen Arbeit anzuhalten und Landstreicher mit Geldstrafen zu belegen. Beeinflußt durch den religiösen Symbolgehalt des Almosen widersetzten sich jedoch die Bettelorden und große Teile der Öffentlichkeit diesen Bestrebungen, so daß die ‚Cortes‘ sich 1552 veranlaßt sahen, erneut auf den Vollzug der diesbezüglichen Verordnungen zu drängen. Andere Wege beschritten dagegen sowohl Pérez de Herrera, der sich 1598 an die Kommunen mit dem Vorschlag wandte, man solle dem Problem durch die Gründung von Armenhäusern und Hospizen begegnen – die erste städtische Institution dieser Art war bereits 1512 in Valencia mit dem ‚Hospital General‘ entstanden – als auch der später heiliggesprochene Juan de Dios. Die von ihm begründete Bruderschaft der Hospitaliter widmete sich ausschließlich der Krankenfürsorge und hatte um 1590 in Spanien, Italien und Spanisch-Amerika bereits 79 Krankenhäuser geschaffen.

Ein weniger großes Vertrauen in die Barmherzigkeit ihrer Mitbürger war nicht das einzige, das die Tausende von Dieben, Bauernfängern und ‚Pícaros‘, die bereits unter Karl das Bild aller größeren Städte der Pyrenäenhalbinsel geprägt hatten, von den Bettlern unterschied. Insbesondere die ‚Pícaros‘, die einem ganzen Genre der spanischen Literatur – dem

Schelmenroman – ihren Namen gegeben haben, überlebten in einer feind-
seligen Umwelt hauptsächlich dank ihres Mutterwitzes und ihrer
Schläue. Der Gebrauch der Waffe, der in ihrem Metier nur eine geringe
Rolle spielte, war hingegen bei den vor allem in Aragon und Katalonien
so zahlreichen Raubrittern und Wegelagerern an der Tagesordnung. Angesichts des Vorzugs, den Kastilier bei der Vergabe von Staatsämtern
genossen, bildete das Raubrittertum für viele Nachgeborene des aragonischen Kleinadels eine durchaus akzeptable Existenzgrundlage. Eine weitere Facette dieser Situation waren die bewaffneten Banden französischer
Flüchtlinge, die sogenannten ‚Gascónes‘, sowie die aufständischen Bauern, die im Verlauf eines jahrzehntelangen Kleinkriegs ebenfalls häufig zu
gewöhnlichen Wegelagerern herabgesunken waren.

Die bis dahin gewahrte Zurückhaltung der Krone gegenüber diesem
Problem änderte sich erst, als diese Banden, die hie und da sogar eine
Stärke von bis zu 500 Mann erreichten, ihre Tätigkeit aus dem gebirgigen
Grenzgebiet auf die wichtigen Überlandverbindungen zwischen Barcelona und Zaragoza bzw. Valencia, ausdehnten. Infolge der Unsicherheit in
den europäischen Küstengewässern war die Krone nämlich dazu übergegangen, die für den Unterhalt ihrer Truppen in Italien und in den Niederlanden bestimmten Silbertransporte und andere Versorgungsgüter vornehmlich auf dem Landweg nach Barcelona zu leiten. (Von dort wurden
sie nach Genua, dem Ausgangspunkt der sogenannten ‚Spanischen Straße‘, verschifft. Diese führte zu jenem Zeitpunkt durch das Herzogtum
Mailand über Savoyen und die Freigrafschaft Burgund in die Niederlande.) Trotz weitreichender Schutzmaßnahmen sollte es der Krone nicht
gelingen, die Sicherheit auf den Straßen der Krone Aragon zu gewährleisten.

Das Sediment der spanischen Gesellschaft bildeten weiterhin die Sklaven. Die bedeutendsten Zentren des Sklavenhandels in der Ära Philipps II. waren Sevilla – jeder dreizehnte Einwohner war hier ein Höriger
–, Cádiz und Valencia. Im Norden der Pyrenäenhalbinsel stellten sie
dagegen eine Ausnahmeerscheinung dar, und die Stadtväter von Madrid
sollten 1601 die Sklavenhaltung sogar für ungesetzlich erklären. Die
Mehrheit der Sklaven entstammte dem Osmanischen Reich, dem Maghreb und Schwarzafrika. Sofern sie nicht als Hausgesinde Dienst taten,
erwartete sie in Spanien das grausame Schicksal auf den Galeeren oder in
den Quecksilberminen von Almaden.

Wohl in Anlehnung an die durch das Tridentinum im westlichen Europa ausgelöste Bewegung, betrachtet man die Ära Philipps II. gemeinhin
als das Zeitalter der spanischen Gegenreformation. Dieses historische
Kürzel ist zwar recht nützlich, entspricht jedoch nur bedingt den ge-

schichtlichen Gegebenheiten. Zwar übte das Tridentinische Konzil (1545–63) zweifellos auch auf die Gesellschaft Spaniens einen erheblichen Einfluß aus, doch muß hier der Beginn der Gegenreformation wesentlich früher angesetzt werden. So hatten sich die beiden wichtigsten Bestrebungen der Tridentinischen Reform – die innere Erneuerung der Kirche und die Wiederherstellung der religiösen Einheit – in Spanien bereits zu Ende des 15. Jahrhunderts in den Reformen Talaveras und Cisneros', der Begründung der Inquisition sowie der Vertreibung der Juden und der Mudejaren unüberhörbar artikuliert. Doch selbst der kompromißlose Kampf gegen reformerische Strömungen innerhalb der römischen Kirche setzte in Spanien bereits Jahrzehnte vor dem Konzil ein.

Der erste einer Reihe solcher Angriffe richtete sich Mitte der zwanziger Jahre gegen die ‚Alumbrados‘, die ‚Erleuchteten‘. Diese, dem Einfluß niederländischer Mystiker und dem visionären apokalyptischen Christentum des Savonarola unterliegenden Gemeinschaften, hatten seit Beginn des Jahrhunderts in mehreren kastilischen Städten Betstuben eingerichtet, wo sie in ihren ‚Dejamiento‘ genannten Exerzitien eine geistige Einheit mit Gott herzustellen suchten. Ihre Mitglieder waren vorrangig in bürgerlichen Kreisen und unter den Franziskanern zu suchen, doch sollte diese geistige Strömung auch im Haushalt des Markgrafen von Villena Eingang finden. Hier führte man 1524 die ersten Verhaftungen durch, ein Jahr später erfolgte die förmliche Verdammung der hauptsächlichen Lehrsätze der ‚Alumbrados‘.

Freilich betrachteten die konservativen Kräfte innerhalb der geistlichen Hierarchie die Unterdrückung der ‚Alumbrados‘ lediglich als eine Vorstufe des wesentlich schwierigeren Kampfes gegen das, was manchmal als die spanische Reformation bezeichnet wird. Das Gedankengut des Erasmus von Rotterdam war gemeinsam mit dem anderer Humanisten und Mystiker im Gefolge Karls I. aus dem niederdeutschen Raum in Spanien eingeströmt. Es erweckte das Interesse weiter Kreise der spanischen Gesellschaft und erfreute sich – wohl nicht zuletzt wegen der in ihm enthaltenen Kritik am sittlichen Verfall der Kirche – auch des Wohlwollens des Monarchen und seines humanistisch gesinnten Hofes. So war einer der herausragenden Humanisten jener Jahre der kaiserliche Sekretär Alfonso de Valdés, der in seinen Schriften den ‚Sacco di Roma‘ (1527) und andere Aspekte der kaiserlichen Politik gegenüber dem Papsttum zu rechtfertigen suchte. Weniger vordergründig als diese Schriften Valdés', aber darum kaum weniger kontrovers, erwiesen sich die Werke seines Bruders Juan sowie des berühmten Humanisten und Begründer des Völkerrechts, Juan Luis Vives. So lange Karl schützend seine Hand über den spanischen Humanismus hielt, waren dessen Gegner, bei denen neben religiösen und rassischen Beweggründen – die Erasmische Lehre von der inneren Frömmigkeit war besonders unter den Konvertiten auf fruchtbaren Boden gefallen – auch fremdenfeindliche Regungen eine wichtige Rolle spielten, weitgehend zur Untätigkeit verurteilt. Mehr noch, nach seiner Ankunft auf der Pyrenäenhalbinsel hatte Karl ursprünglich beabsichtigt, die seit dem Tode Ferdinands des Katholischen erheblich gewachsene Machtfülle der Inquisition drastisch zu beschneiden.

Diese Macht gründete sich weit weniger auf die berüchtigten Verhörmethoden der Inquisition oder die Zahl ihrer Opfer – sie erreichte unter den ‚Katholischen Königen‘ etwas über 2000 und sollte in den folgenden Jahren erheblich sinken – als auf ihr weitverzweigtes Netz von Spitzeln. Annähernd 20000 geheime Mitarbeiter (‚Familiares‘) der Inquisition wachten im späten 16. Jahrhundert über das religiöse und sittliche Verhalten ihrer Mitbürger, so daß selbst geringe Abweichungen von der Norm den zuständigen Stellen nur selten verborgen blieben. Diese Art der Überwachung des ganzen spanischen Volkes markierte indessen im wesentlichen lediglich eine Weiterentwicklung der seit dem 14. Jahrhundert so mächtigen konformistischen Tendenzen auf der Pyrenäenhalbinsel, eine Tatsache, aus der sich zumindest teilweise ihre Wirksamkeit erklären läßt. Insbesondere die sogenannten Glaubenserklärungen, d. h. die regelmäßig an die Einwohner einer Stadt und der umliegenden Dörfer gerichtete Aufforderung, die Beamten der Inquisition von den an ihren Mitbürgern beobachteten ketzerischen Verfehlungen in Kenntnis zu setzen, sowie die Tatsache, daß die Anonymität des Angebers gewöhnlich gewahrt blieb, begünstigten das Denunziantentum. Sie sorgten dafür, daß das geistige Leben sich zunehmend einer gewissen Selbstkontrolle unterwarf und die zwischenmenschlichen Beziehungen außerhalb der Familie in wachsendem Maße von Vorsicht, ja Mißtrauen, geprägt wurden.

Angesichts der Vorgänge im Reich begann Karl I. jedoch etwa um die Mitte der zwanziger Jahre seine ursprünglich ablehnende Haltung gegenüber der Inquisition und dem konservativen Flügel innerhalb der spanischen Kirche zu modifizieren und diese zu einem entschlosseneren Vorgehen zu ermuntern. Unmittelbar nach der ersten Veröffentlichung einer Arbeit Juan de Valdés' auf spanischem Boden (‚Diálogo de la doctrina cristiana‘, Alcalá, 1529) und zeitgleich mit der Rückkehr Karls ins Reich, eröffneten die konservativen Kräfte ihren langerwarteten Angriff. Mittels der Aussagen einer früheren Leiterin der Erleuchtetengemeinde von Valladolid bezichtigte man die Brüder Valdés, Juan de Vergara, einen engen Freund des Erasmus, und andere bedeutende Humanisten der geistigen Verwandtschaft mit dem Lutheranismus und den ‚Alumbrados‘. Nicht wenige Erasmisten entzogen sich daraufhin der drohenden gerichtlichen

Verfolgung durch die Flucht ins Ausland. Andere, wie z. B. Vergara, bekannten öffentlich ihre Verfehlungen und wurden anschließend in ein Kloster abgeschoben. Der Sieg der konservativen Kräfte war vollkommen, und der spanische Humanismus beschränkte sich von nun an, zumindest im theologischen Bereich, auf jene, denen es – wie Valdés, Vives, dem Theologen und Entdecker des kleinen (Lungen-)Kreislaufs, Miguel Servet, oder dem Melanchthon-Freund und Übersetzer des Neuen Testaments (Antwerpen, 1553), Francisco de Enzinas – gelungen war, ihre geistige Tätigkeit im Ausland wiederaufzunehmen.

Die damit vollzogene Wiederherstellung der geistigen Orthodoxie befriedigte indessen noch nicht die auf einen allumfassenden Konformismus ausgerichteten Kräfte in der Gesellschaft. Da infolge der Massenkonversionen des 14. und 15. Jahrhunderts sich das ‚jüdische Problem' in das der Konvertiten verwandelt hatte, benutzte man nun den Begriff der Blutsreinheit, um das Problem der rassischen Minderheiten erneut zur Diskussion zu stellen. Ein tiefes Mißtrauen bezüglich ihrer Glaubensfestigkeit und der Haß auf diese wirtschaftlich und politisch so erfolgreiche Volksgruppe bewog viele ‚Alte Christen' neben der Zugehörigkeit zum christlichen Glauben nun auch ‚la Pureza de sangre', d. h. den Nachweis einer nichtjüdischen Vorfahrenschaft, als Vorbedingung für den Eintritt in gewisse Institutionen festzulegen. Bereits 1449 hatten die Stadtväter von Toledo den ersten Schritt in diese Richtung getan, gewisse geistliche Orden und die ‚Colegios Mayores' der drei bedeutendsten Universitäten sollten ihnen bald folgen. Da jedoch nur wenige hochadlige Familien sich rühmen konnten, keine Konvertiten unter ihren Vorfahren zu zählen, vermochte diese Form des Rassismus nur gelegentlich in die Spitzen der spanischen Gesellschaft einzudringen.

Dies änderte sich jedoch, nachdem man 1546 Juan Martínez Siliceo zum Erzbischof von Toledo ernannt hatte. Angesichts der Verachtung, welche die hochadligen Domherren dem aus bescheidenen Verhältnissen stammenden Siliceo entgegenbrachten, entschloß sich der Erzbischof, diesen Makel – der ihm praktisch Gewähr war, daß sich unter seinen Ahnen, im Unterschied zu denen seiner Gegner, keine Konvertiten befanden – zu seinem Vorteil auszunützen. Kurz nach seinem Amtsantritt weigerte er sich, den vom Propst vorgeschlagenen Sohn eines Konvertiten zum Domherrn zu ernennen, und erzwang 1547 die Aufnahme des Prinzips der Rassenreinheit in die Statuten des Domkapitels. Dieses Beispiel sollte in der Folge bei der überwiegenden Mehrheit der geistlichen und weltlichen Institutionen Spaniens Schule machen. Das 1556 von Siliceo erbetene Plazet der Krone wurde von Philipp II. bezeichnenderweise mit der Begründung erteilt, die in Westeuropa verbreiteten Irrlehren seien das Werk jüdischer Abkömmlinge und die Änderung der Statuten daher eine begrüßenswerte Maßnahme.

Interessanterweise verlieh die Idee der Blutsreinheit dem Begriff der Ehre ('Honor') – der in Spanien vornehmlich den gesellschaftlichen Rang einer Person und die ihr durch andere bezeigte Wertschätzung bezeichnete – eine neue Komponente. Während bis dahin nur jene wirklich Anspruch auf 'Ehre' erheben konnten, die weder körperliche Arbeit verrichteten noch im Handel tätig waren, verlieh die 'Pureza de sangre' den Armen nun fast automatisch einen Bestandteil der 'Ehre', der vielen Adelsfamilien fast zwangsläufig versagt bleiben mußte. Diese Tatsache sollte der spanischen Gesellschaft trotz ihrer scharfen sozialen Gegensätze eine ungewöhnlich egalitäre Note verleihen.

Die Ernennung des ehrgeizigen Hernando de Valdés zum Großinquisitor (1547), das Scheitern jener Kräfte in der römischen Kirche, die versucht hatten, mittels einer grundlegenden Reform eine Aussöhnung mit den Reformatoren herbeizuführen, sowie der wachsende Einfluß des militanten Calvinismus im protestantischen Lager – all dies stärkte die militant konservativen Kräfte in der spanischen Kirche und bewirkte, daß das geistige Leben auf der Pyrenäenhalbinsel zunehmend von einer Festungsmentalität beherrscht wurde. So nahm man im September 1558 den angeblich massiven Zustrom ketzerischer Schriften aus dem Ausland zum Anlaß, um die seit 1502 bestehenden Zensurgesetze erheblich zu verschärfen. Die illegale Einfuhr ausländischer Bücher wurde nun unter Todesstrafe gestellt. Die Erteilung der erforderlichen Einfuhrlizenz lag nicht länger bei den erzbischöflichen Ordinariaten und den königlichen 'Audiencias', sondern ausschließlich bei den Organen der Inquisition. Darüber hinaus hatte die spanische Inquisition, aufbauend auf das 1546 durch die Universität Löwen herausgegebene Verzeichnis zersetzender Schriften, bereits 1551 ihren eigenen Index aufgestellt. Mehrfach überarbeitet, sollte er um 1583 nicht nur die bekanntesten Gegner der römischen Kirche aufführen, sondern enthielt auch Werke Thomas Morus', Talaveras und anderer verdienter Diener des katholischen Glaubens. 1584 erschien zusätzlich ein Index – der erste seiner Art – jener Druckwerke, die nur nach Beseitigung der hier aufgeführten Passagen vom Buchhandel geführt werden durften. Die Inquisition machte darüber hinaus von ihrem Recht Gebrauch, Buchläden sowie private und öffentliche Bibliotheken nach unerlaubtem Schrifttum zu untersuchen.

Wohl einen der wirkungsvollsten Schritte in diesen Bemühungen, Spanien geistig vom übrigen Abendland abzukapseln, bildete eine im November 1559 erlassene Verfügung, die es allen Untertanen der Krone untersagte, künftig an ausländischen Hochschulen zu studieren.

Ebenfalls in diese Übergangszeit zwischen den beiden Herrschaftsperioden fiel die Aufdeckung zweier religiöser Gemeinden, deren Gedankengut gewisse Gemeinsamkeiten mit der lutherischen Lehre aufwies. In Anbetracht der Tatsache, daß beiden Kreisen eine Reihe Prominenter der kastilischen Gesellschaft angehörten – unter anderem ein ehemaliger Beichtvater Karls I. und ein früherer Hofprediger – erwirkte die Inquisition 1559 vom Heiligen Stuhl die Erlaubnis, über die bestehende Kirchengesetzgebung hinauszugehen und auch hohe geistliche Würdenträger in ihre Untersuchungs- und Gerichtsverfahren einzubeziehen. Etwa 45 der Angeklagten wurden in einer Reihe von Autodafés öffentlich dem Feuertod überantwortet. Dieses hysterische Aufspüren wirklicher und vermeintlicher Dissidenten sollte 1559 mit der Einkerkerung Bartolomé de Carranzas, den man erst ein Jahr zuvor für seine Verdienste um die Bewahrung der katholischen Orthodoxie zum Primas von Spanien ernannt hatte, seinen Höhepunkt erreichen.

Die Forderung des Papsttums, man solle ihn der eigenen Gerichtsbarkeit unterstellen, wurde von der spanischen Inquisition mit dem Hinweis auf die ihr kurz zuvor gewährten Privilegien abgelehnt. Der daraufhin ausbrechende Konflikt zwischen dem Heiligen Stuhl und der spanischen Hierarchie bewies erneut, daß das Spanien Philipps II. trotz der Macht der Inquisition und der herausragenden Stellung des Klerus im sozialen Gefüge – die Zahl der Geistlichen belief sich zu Ende des Jahrhunderts auf 169 300[4] – keineswegs eine Theokratie gewesen ist. Tatsächlich sollte die Krone während des späten 16. Jahrhunderts die nationale Kirche in einem selbst für protestantische Staaten ungewöhnlichen Ausmaß beherrschen.

Ebenso irrig wäre es, Spanien und den Heiligen Stuhl als die unzertrennlichen Waffenbrüder der Gegenreformation anzusehen. Der 1589 im Zusammenhang mit den spanischen Thronansprüchen in Frankreich gemachte Ausspruch Sixtus' V.: „Die Bewahrung des katholischen Glaubens ... dient Seiner Majestät – deren wichtigstes Ziel in der Sicherung und Vergrößerung ihrer Besitzungen liegt – lediglich als Vorwand", umreißt in treffender, wenn auch etwas vergröbernder Weise die tatsächliche Haltung Philipps in dieser Frage. Seine Sorge um die Bewahrung der römischen Kirche war stets von den Bemühungen begleitet, diese Institution so weit wie möglich den Interessen der spanischen Krone unterzuordnen. So nutzte die Krone z. B. die Einkerkerung Carranzas dazu aus,

---

[4] A. Domínguez Ortiz (in La sociedad española en el siglo XVII; el estamento eclesiástico, Madrid 1970, S. 7) glaubt dagegen, sie habe zu diesem Zeitpunkt die Zahl von 100000 nicht überschritten.

um sich während der 17jährigen Sedisvakanz des Erzbistums Toledo dessen sehr erhebliche Einkünfte anzueignen.

Wie weit die Ziele der spanischen Krone und die des Heiligen Stuhls wirklich voneinander abwichen, zeigte sich am deutlichsten im Verlauf des Tridentinums. Die Tatsachen, daß die dritte Phase des Konzils (1562–63) unter anderem auch dank der Unterstützung Philipps zustande gekommen war, sowie die überwältigende Präsenz spanischer Theologen unter den nationalen und päpstlichen Delegierten, schufen – insbesondere in der iberischen Geschichtsschreibung – das Bild vom ‚spanischen Konzil‘. Der Mediceerpapst Pius IV. sah sich indessen keineswegs als das willige Werkzeug des ‚Rey prudente‘, sondern betrachtete die Wiedererrichtung der unumschränkten Autorität des Papsttums als eine der vorrangigsten Aufgaben des Tridentinums. Die Auseinandersetzung zwischen den beiden Persönlichkeiten entzündete sich vor allem an dem Versuch des Heiligen Stuhls, sich ein indirektes Mitspracherecht bei der Ernennung der spanischen Bischöfe zu sichern. Philipps Antwort auf diesen Angriff auf den Regalismus bestand darin, erneut dem Papst in aller Deutlichkeit seinen Führungsanspruch auf die römische Kurie darzulegen.

Die päpstliche Bulle vom Januar 1564 zeigte jedoch, daß die katholische Kirche trotz der völligen Identifikation der spanischen Delegierten mit den Belangen ihres Herrschers noch weit davon entfernt war, sich in eine spanische Institution zu verwandeln. Die in ihr enthaltenen Kompetenzerweiterungen wurden den Bischöfen ausschließlich in ihrer Eigenschaft als Delegierte des Papsttums zuerkannt. Darüber hinaus unterstrich man die Stellung des ‚Pontifex maximus‘ als Haupts der katholischen Hierarchie und obersten Richters in kirchlichen Streitfragen. Die Dekrete des Tridentinums wurden nach mehrmonatiger Verzögerung in Spanien schließlich mit dem Zusatz veröffentlicht, diese seien nur in dem Maße als bindend zu betrachten, in dem sie nicht die Privilegien der Krone beeinträchtigten. Damit waren allerdings noch längst nicht alle Hindernisse aus dem Weg geräumt. Die von Philipp verfügte Anwesenheit königlicher Vertreter in allen Bischofssynoden, der von der Krone erhobene Anspruch, die Veröffentlichung päpstlicher Bullen in ihrem Herrschaftsbereich gegebenenfalls zu untersagen (‚Regium exequatur‘) sowie eine Reihe anderer Streitpunkte sollten die Beziehungen zwischen dem Heiligen Stuhl und Spanien auch in späteren Jahren noch erheblichen Spannungen aussetzen.

5. Kultur

Unter dem Einfluß der vorrangig aus Italien und dem niederländischen Raum einströmenden humanistischen Impulse und begünstigt durch die anfänglich weltoffene Haltung der Krone, sollte das spanische Geistesleben während des 16. Jahrhunderts eine stürmische Aufwärtsentwicklung durchmachen. So sprengte man im theologisch-philosophischen Bereich die erstarrten Formen der mittelalterlichen Scholastik und löste damit das Land auch auf geistigem Gebiet aus seiner europäischen Randstellung. Nicht nur Humanisten wie Vergara, die Brüder Valdés und vor allem Vives, sondern auch deren Gegner sollten zu einer wesentlichen Bereicherung des abendländischen Geisteslebens beitragen. Aufbauend auf Vives' ,Aedes Legum' (1500), leisteten Neoscholastiker wie der Dominikaner Vitoria und der Jesuit Suárez Bahnbrechendes für die Entwicklung des Völkerrechts. Suárez war es auch, der sich als Zusammenfasser der neuen, etwa um 1550 einsetzenden scholastischen Metaphysik hervortun sollte. Die im höchsten Grade optimistische metaphysische Lehre der Jesuiten sollte indessen in der durch Luis de Molina, dem Vater des Kriegsrechts, entwickelten Variante im folgenden Jahrhundert zu heftigen Auseinandersetzungen innerhalb der römischen Kirche führen.

Obwohl die humanistischen Konzeptionen sich von ca. 1530 an zunehmend in den Untergrund gedrängt sahen, sollte ihr Einfluß auf die spanische Literatur doch bis weit in die Ära Philipps II. hineinreichen. Die Renaissance-Phase des sogenannten ,Siglo de Oro' – des etwa in den vierziger Jahren einsetzenden Goldenen Jahrhunderts der spanischen Literatur und Malerei – entfaltete sich vor dem Hintergrund eines politisch mächtigen Spaniens und unter dem Einfluß der spanischen Reformation.

In der Dichtkunst setzte diese Epoche 1543 mit der Veröffentlichung einer Anthologie der Verse des Katalanen Boscán und des toledanischen Adligen Garcilaso de la Vega ein. Der bereits 1536 bei Fréjus gefallene Vega hatte durch die Übertragung der Versformen und –maße der italienischen Renaissance in seine Muttersprache bestimmenden Einfluß auf die spanische Dichtkunst seiner Epoche. Sein wohl bedeutendster Schüler war der Augustiner Luis de León, dessen Humanismus unter dem Einfluß der mystischen und neuplatonischen Strömungen seiner Zeit eine besondere Intensität anhaftete. Leóns Ruf als einer der Großen der spanischen Literatur beruht indessen vornehmlich auf seiner homiletischen Prosa. ,Los Nombres de Cristo' sowie eine Reihe seiner bewegendsten Verse waren während jenes halben Jahrzehnts (1572–77) entstanden, das

León – bis zu seiner Verhaftung Professor der Universität Salamanca – in einem Gefängnis der Inquisition verbrachte.

Leóns Schicksal war in diesem Zeitalter wachsender Intoleranz jedoch keineswegs ein Ausnahmefall. Der hl. Johannes vom Kreuz, der neben der hl. Theresa von Avila, dem hl. Petrus von Alcántara und dem Dominikaner Luis de Granada hervorragendste Vertreter der wiedererwachten Mystik in der spanischen Literatur, wurde 1578 von Angehörigen eines rivalisierenden Zweiges des Karmeliterordens entführt. Die während der neunmonatigen Gefangenschaft erlittenen Entbehrungen inspirierten ihn zu jenen Zeilen, in denen der Heilige in ekstatischen Versen die Vereinigung der menschlichen Seele mit Gott besang. In den autobiographischen Prosawerken der hl. Theresa verband sich diese mystische Intensität mit einem fast modern anmutenden Drang, die menschliche Persönlichkeit zu durchforschen, wie es überhaupt den spanischen Mystikern gelang, in einem bis dahin unbekannten Ausmaß an die Grenzen des Unterbewußtseins vorzustoßen.

Das Genre des Ritterromans sollte mit dem ‚Amadis de Gaula‘ (1508) noch einmal einen Höhepunkt erreichen und erfreute sich bis zur Mitte des Jahrhunderts auf der Pyrenäenhalbinsel einer Beliebtheit, die es im übrigen Europa zu diesem Zeitpunkt bereits verloren hatte. Die Schöpferkraft des spanischen Volkes bewies indessen, daß sie fähig war, neben diesen in einer feudalen Phantasiewelt angesiedelten Abenteuern, Werke von einem überwältigenden Realismus hervorzubringen. Treffender noch als dem Autor der ‚Celestina‘ gelang es dem anonymen Verfasser des 1554 erschienenen ‚Lazarillo de Tormes‘, die Schwächen seiner Zeitgenossen und ihrer Gesellschft humorvoll aufzuspießen. Mehr als vierzig Jahre sollten indessen vergehen, bis die durch den ‚Lazarillo‘ begründete literarische Gattung des Schelmenromans mit dem ‚Guzmán de Alfarache‘ (1599) des Mateo Alemán ein weiteres Meisterwerk hervorbrachte.

Ein wachsendes Geschichtsbewußtsein im Volke äußerte sich, insbesondere in der zweiten Hälfte des Jahrhunderts, in dem Erscheinen einer ganzen Reihe von Werken, die, eingebettet in eine Vielzahl literarischer Formen, gewisse Ereignisse der spanischen Geschichte zum zentralen Thema hatten. Bevorzugte Themen waren der Untergang des Emirats Granada (Pérez de Hita), die Moriskenaufstände (Hurtado de Mendoza) und die Eroberungszüge in Übersee. Den wohl ersten Versuch, den geschichtlichen Werdegang Spaniens wissenschaftlich zu erfassen, unternahm der Jesuit Juan de Mariana.

Mariana wurde im restlichen Europa indessen vornehmlich als der Verfasser des ‚De Rege et Regis Institutione‘ (Toledo, 1599) bekannt, in dem er im Rahmen einer Verteidigung grundsätzlicher konstitutioneller Konzeptionen Ständeversammlungen das Recht zugestand, despotische Monarchen zu stürzen und sich ihrer notfalls durch den Königsmord zu entledigen. Marianas Werk stieß in Spanien besonders auf den Widerstand der Neoscholastiker und wurde in Frankreich nach der Ermordung Heinrichs IV. öffentlich verbrannt.

Hof und Hochadel fühlten sich mehr denn je dem Mäzenatentum verpflichtet. Karls Interesse galt vor allem den Geisteswissenschaften – Erasmus war, gemeinsam mit einer Reihe bedeutender Humanisten, Empfänger einer kaiserlichen Leibrente –, während sein Sohn unter anderem als Begründer der sehr umfangreichen Bibliothek von El Escorial hervortrat. Die Expansion des spanischen Machtbereichs eröffnete dem Adel neue geistige Horizonte und stärkte in ihm das Bestreben, sich, gleich seinem europäischen Widerpart, als Mäzen und Literat kulturell zu engagieren.

Insbesondere die Erforschung und Besiedlung der überseeischen Besitzungen wirkten als bedeutender Stimulus auf die spanische Wissenschaft des 16. Jahrhunderts. So entwickelte der Kartograph der ‚Casa de Contratación‘, Alonso de Santa Cruz, den ersten Globus, Felipe Guillén stellte 1525 einen wesentlich verbesserten Kompaß vor, und der Name des Nonius erinnert an den Mathematiker Pedro Núñez. Pedro de Esquivel, der auch an der Erstellung der erwähnten ‚Relaciones topográficas‘ mitwirkte, leistete Grundlegendes für die Entwicklung der Geodäsie, während die Beobachtungen des Astronomen Jerónimo Muñoz später Aufnahme in die Arbeit Tycho Brahes finden sollten. Auf dem amerikanischen Kontinent wirkten die Väter der vergleichenden Völkerkunde, der Franziskaner Bernardino de Sahagún und Diego Durán, sowie die Botaniker Francisco Hernández und Acosta. Der Benediktiner Ponce de León und J. P. Bonet widmeten sich unabhängig voneinander dem Problem der Taubstummen.

Auch am Vorabend ihrer glanzvollen Entfaltung wurde die spanische Malerei noch weitgehend von der Entwicklung im Ausland bestimmt. So übten die niederländischen Meister auf die kunstsinnigen Kreise der Gesellschaft weiterhin eine große Faszination aus. Selbst die wenigen großen Meister spanischer Provenienz hatten häufig ihr Metier im Ausland gelernt. Auch der erste herausragende Vertreter des Barock, der in Kreta geborene Theotokopoulos, genannt El Greco, war als ehemaliger Schüler Tintorettos weitgehend ein Geschöpf der italienischen Schule.

Plastik und Baukunst waren dagegen bereits im Begriff spezifisch spanische Ausdrucksformen zu finden. Millán, der Franzose Vigarnay und insbesondere Berruguete, schufen, aufbauend auf flämischen und deutschen Stilelementen des vorangegangenen Jahrhunderts und beeinflußt durch die italienische Renaissance, in ihren Bildhauerwerken einen bodenständigen Stil, der dann unmittelbar in den Barock überleiten sollte. Der aus spätgotischen und maurischen Stilelementen hervorgegangene Platereskenstil beherrschte vorrangig die weltliche Kunst, und wurde durch Karl I. auch für Deutschland und Flandern bedeutsam. Zur gleichen Zeit entstand jedoch eine strengere, gradlinigere Bauweise, die mit dem von Herrera vollendeten Riesenbau des El Escorial in den sogenannten monumentalen oder herreristischen Stil münden sollte. Dieses Symbol der Gegenreformation und der Verbundenheit zwischen Kirche und Staat sollte bis zum Ende des 17. Jahrhunderts in den Schöpfungen Gómez de Moras und J. Ramírez' noch zahlreiche Nachahmungen finden.

Die von Kaiser Karl initiierte Gründung der Hofkapelle in Madrid unter der Leitung des Josquin-Schülers Nicolás Gombert integrierte die Pyrenäenhalbinsel in das musikalische Westeuropa und festigte Spaniens polyphone Musikkultur. Einen Meilenstein der frühneuzeitlichen Polyphonie jener Epoche stellt die als ‚Cancionero musical de Palacio' bekannte Sammlung von Balladen und Freudenlieder dar, unter deren Verfassern sich so bekannte Namen wie Juan del Encina, Anchieta und Peñalosa befanden. Neben großen Organisten wie Cabezón und Lautenisten wie Milán, wirkten Luis de Victoria und Morales – letzterer als zeitweiliger Kapellmeister der Peterskirche – als bedeutende Meß- und Motettenkomponisten.

V. Zwischen Reform und Niedergang (1598–1661)

1. Die Ministerienherrschaft

Mit der Thronbesteigung des 20jährigen Philipp III. eröffnete sich 1598 ein Jahrhundert spanischer Geschichte, in dessen Verlauf die politische Führung des Landes fast ausschließlich in den Händen königlicher Günstlinge liegen sollte. Angesichts der zeitweise erschreckenden Unfähigkeit der letzten Herrscher aus habsburgischem Geblüt, bedeutete dieser Rückfall in die Zeiten Lunas und Villenas nicht unbedingt eine negative Entwicklung, vorausgesetzt der jeweilige ‚Válido' oder ‚Privado', vermochte sich von den vielfältigen Verfallserscheinungen am Hof zu distanzieren.

Der 1599 zum Herzog von Lerma aufgestiegene Markgraf von Denia entsprach indessen kaum diesen Anforderungen, richtete sich doch sein Streben in erster Linie auf die Bereicherung seiner dem valencianischen Zweig der Borgias (Borjas) entstammenden Familie und die Festigung der eigenen Machtposition. Die von Lerma zu seinen ‚alter ego' ernannten Rodrigo Calderón und Pedro Franqueza widmeten sich vornehmlich der Plünderung der königlichen Finanzen. Doch auch die nun mächtig in die Regierungsorgane einströmenden Vertreter des Hochadels zeigten sich außerstande, der Führungskrise Einhalt zu gebieten.

Diese Tatsache sowie die anhaltende Auszehrung der Staatsfinanzen bestimmten in den folgenden Jahren eine Außenpolitik, die darauf abzielte, die bereits von Philipp II. eingeleitete Beschneidung der spanischen Großmachtpolitik weiter voranzutreiben. Wie notwendig eine solche Strategie war, hatten die militärischen Ereignisse zu Beginn dieser Epoche noch einmal nachdrücklich unterstrichen. Dem Einfall Nassaus in die südlichen Niederlande und seinem Sieg bei Nieuwport (1600) war kaum ein Jahr später bei Kinsale die Vernichtung jenes Expeditionsheeres gefolgt, von dem man erhofft hatte, es könne gemeinsam mit den aufständischen Iren England in seiner Flanke bedrohen.

Die durch die Nachfolge Jakobs I. im englischen Königtum geschaffene Möglichkeit für eine Neuorientierung der spanischen Außenpolitik wurde von Lerma bereits im August 1604 mit dem Abschluß eines Friedensvertrags geschickt genutzt. Der mehr als zwanzig Jahre dauernde Kriegszustand mit der aufstrebenden Seemacht hatte damit ein willkommenes Ende gefunden. Auch im Verhältnis zu den Vereinigten Provinzen bahnte sich ein Wandel an. Nach dem Verlust der Festung Ostende und nach weiteren militärischen Erfolgen der in spanischen Diensten stehenden genuesischen Heerführer Federico und Ambrosio Spinola – letzteren betrachtet man als den Schöpfer der Maxime, daß „der Krieg den Krieg ernähren müsse" – war es den Niederländern gelungen, durch eine hinhaltende Kriegsführung und die Vernichtung einer spanischen Flotte vor Gibraltar (1607) die militärische Bilanz erneut auszugleichen. Angesichts dieser Pattsituation kam es bereits im Frühling 1607 zur Einstellung aller Kriegshandlungen, welche dann am 9. April 1609 durch den Abschluß eines zwölfjährigen Waffenstillstands formell bestätigt wurde.

Lediglich die Beziehungen zu Frankreich gestalteten sich weiterhin problematisch. Zwar bedeuteten die im Gefolge der Ermordung Heinrichs IV. geschlossenen Abkommen (August 1612) bezüglich zukünftiger ehelicher Verbindungen zwischen den beiden Dynastien eine scheinbare Annäherung an das vom Papsttum propagierte Ziel einer katholischen Allianz, doch zeigte bereits der Jülich-Klevische Erbfolgestreit (1609–1614), daß die bestehenden religiösen Gemeinsamkeiten nur vorübergehend geeignet waren, den fundamentalen Interessenkonflikt zwischen den beiden Staaten zu überdecken.

Dank Lermas Friedenspolitik – die von vielen Zeitgenossen als Verrat an der religiösen Militanz Philipps II. betrachtet wurde und sich auch in der heutigen Geschichtsschreibung noch häufig als eine Art Beschwichtigungspolitik darstellt – gelang es Spanien trotz seiner fortschreitenden inneren Auszehrung, seine außeriberischen Positionen zu behaupten und stellenweise gar auszubauen. Als Karl Emmanuel I. von Savoyen gemeinsam mit der Markgrafschaft Montferrat auch die Festung Casale – und damit den Angelpunkt der wichtigsten Verbindungsstraßen Oberitaliens – in seinen Besitz zu bringen suchte, gelang es den spanischen Vizekönigen von Mailand und Neapel, Villafranca und Osuna, den territorialen Status quo im Savoyisch-Venezianischen Krieg (1615–17) wiederherzustellen und Spaniens Vormachtstellung in Italien zu festigen. Ebenso wie die im Oñate-Vertrag (20. März 1617) geschlossenen Abmachungen, in denen Philipp III. als Gegenleistung für den Verzicht auf seine Erbansprüche auf Ungarn und Böhmen die Abtretung ausgedehnter Gebiete am Oberrhein zuerkannt wurde, zielte auch das von beiden Häusern Habsburg angezettelte ‚Veltliner Blutbad‘ auf die Sicherung der spanischen Nord-Südachse und die Einkreisung Frankreichs ab. Im Gefolge dieses Pogroms gegen die Graubündener Landesherrschaft (Juli 1620) besetzten spanische Streitkräfte das strategisch wichtige Verbindungsglied zwischen Mailand und Tirol und schufen somit eine Alternative zur bestehenden ‚Spanischen Straße'. Zur gleichen Zeit und in Verfolgung eben dieser Zielsetzung benutzte Spinola den Ausbruch des 30jährigen Krieges, um auch die Rheinpfalz unter spanische Kontrolle zu bringen. Beide Ereignisse gehörten indessen bereits zu einer Epoche, in deren Verlauf Spanien noch einmal versuchte, das Gesetz des Handelns in der europäischen Politik an sich zu reißen.

Das wohl bedeutendste innenpolitische Ereignis jener fast zwanzig Jahre umfassenden Ära, die am 4. Oktober 1618 mit dem Sturz Lermas zu Ende ging, bildete die Ausweisung von ca. 275 000 Morisken. Trotz ihrer – allerdings zumeist erzwungenen – Zugehörigkeit zum christlichen Glauben, hatte diese Minderheit in dem Ruf gestanden, eine potentielle ‚Fünfte Kolonne' des Halbmonds zu bilden, die mit herkömmlichen Mitteln nicht zu assimilieren sei. Doch ungeachtet der Tatsache, daß einige aragonische Morisken am Vorabend ihrer Ausweisung mit dem französischen Statthalter von Bearn Beziehungen konspirativer Art unterhalten hatten, ist dieses Argument wenig überzeugend. Die tatsächlichen Gründe schlossen den genannten Faktor zwar ein, waren jedoch wesentlich vielschichtiger. So spielte der Neid der ‚Alten Christen' auf diese sich rasch vermehrende und wirtschaftlich erfolgreiche Volksgruppe ebenso eine Rolle wie gewisse Rivalitäten innerhalb des Adels der Krone Aragon. Zentralistische Bestrebungen der Krone sowie die Ausnutzung der Vertreibung für propagandistische Zwecke standen ebenfalls bei der Entscheidung Pate.

Auch gegenüber einer anderen rassischen Minderheit, den als ‚Neue Kastilier' oder ‚Böhmen' bekannten Zigeunern, zeichnete sich die ansonsten an politischen Initiativen arme Herrschaft Philipps III. durch eine ungewohnt entschlossene Haltung aus. Obwohl bereits seit 1499 Opfer einer diskriminierenden Gesetzgebung, sollte ihre Verfolgung erst unter Philipp III. dramatische Züge annehmen. Nachdem das Königreich Navarra bereits 1602 die Verschickung aller Zigeuner auf die Galeeren verfügt hatte, ordnete man 1619 in Kastilien ihre Ausweisung an. Ähnlich geartete Erlasse traten dann auch 1624 in Valencia und Katalonien in Kraft.

Nach einer etwa dreijährigen Übergangsphase, in deren Verlauf die Regierungsgeschäfte vom Herzog von Uceda – Lermas Sohn, dem Verantwortlichen für jene Palastrevolution, die zu Lermas Sturz geführt hatte – geleitet wurden, betrat nach dem Tod Philipps III. (21. März 1621) mit dem später zum ‚Condeduque' aufgestiegenen Grafen von Olivares die wohl bedeutendste Gestalt jenes Jahrhunderts Spaniens politische Bühne. Diesem Sprößling eines illustren andalusischen Geschlechts war es durch jahrelanges Taktieren gelungen, sich bei dem zum Zeitpunkt der

Thronbesteigung erst 16jährigen Philipp IV. eine besondere Vertrau-
ensstellung zu erwerben und damit die Position des ‚Válido' an sich zu
reißen.

Wie viele seiner Zeitgenossen war Olivares überzeugt, die Friedenspolitik seines Vorgängers habe dem Land größeren Schaden zugefügt als
dies jemals in einem Krieg möglich gewesen wäre. Oberstes Ziel seiner
Politik war es daher, Spanien, und sei es mit kriegerischen Mitteln, erneut
die führende Stellung im Konzert der Nationen einzuräumen. Das im
April 1621 ausgelaufene Abkommen mit den Niederlanden wurde nicht
erneuert, die Ausgaben für das Wehrwesen wurden dagegen erheblich
gesteigert. Die entsprechenden militärischen Erfolge blieben jedoch aus.
Den Anfangserfolgen Spinolas bei Fleurus (1622) und Breda – die Einnahme dieser Stadt inspirierte Veláquez zu einem seiner berühmtesten
Bilder – folgte zwischen 1629 und 1632 der Verlust von Herzogenbusch
und weiter Teile der Provinz Limburg. Auch der Diplomatie des ‚Condeduque' war nur wenig Erfolg beschieden. Die bündniswillige Haltung der
englischen Krone, die Kronprinz Karl 1623 durch seine Reise zur Pyrenäenhalbinsel noch einmal persönlich unterstrichen hatte, wurde von
Spanien nicht genutzt.

Zudem wurden die bis dahin guten Beziehungen zu Frankreich im
Mantuanischen Erbfolgestreit leichtfertig aufs Spiel gesetzt. Der durch
die kaiserliche Politik gestützte Versuch Gonzalo de Córdobas, des Vizekönigs von Mailand, zu verhindern, daß die Nachfolge in Mantua und
Montferrat an einen französischen Zweig der Gonzaga falle, entfachte
Anfang 1628 den Konflikt mit Paris. Er endete im April 1631 mit dem
Vertrag von Cherasco, ohne daß es Spanien gelungen wäre, die Erbfolge
des französischen Prätendenten zu verhindern, und leitete somit den allmählichen Verfall seiner Vorherrschaft in Italien ein.

Die Erkenntnis, daß eine Rückkehr zur offensiven Außenpolitik Philipps II. langfristig nur durch ein tiefgreifendes Reformprogramm zu gewährleisten sei, wies Olivares innenpolitisch als einen Schüler der ‚Arbitristas' aus. Seit Beginn des Jahrhunderts hatten González de Cellorigo,
Fernández Navarrete und andere in ihren, ‚Arbitrios' genannten, Denkschriften den sich abzeichnenden Niedergang des Landes einer mehr oder
minder geglückten Analyse unterzogen und versucht, durch eine Vielzahl
von Vorschlägen, Anstöße zu einer inneren Regeneration zu geben. Die
wenigen ernstzunehmenden Ansätze, diese Strömungen auf Regierungs-
ebene aufzufangen – so, unter anderem, durch die Bildung der ‚Junta de
Reformación' (1618) –, scheiterten anfänglich an den ungeklärten Macht-
verhältnissen. Sobald jedoch Olivares nach dem Tod seines Onkels Balta-
sar de Zuñiga im Oktober 1622 auch offiziell das Amt des ersten Mini-

sters übernommen hatte, wich die bis dahin übliche Untätigkeit der Krone einer wahren Flut von Reformdekreten, die jedoch in ihrer Mehrheit entweder sofort am Widerstand der vielfältigen Sonderinteressen scheiterten oder allmählich hintertrieben wurden.

Noch schmerzhafter war für den ‚Condeduque‘ das Scheitern des als ‚Unión de las Armas‘ bekannten Herzstücks seines Reformprogramms. Dieser auch von absolutistischen und zentralistischen Impulsen getragene Versuch, die nicht-kastilischen Kronländer stärker zur Finanzierung der spanischen Streitkräfte heranzuziehen, stieß vor allem in der Krone Aragon auf wenig Gegenliebe. Während Aragon und Valencia es 1626 strikt ablehnten, Landeskinder zum Wehrdienst außerhalb der Grenzen heranzuziehen, dies jedoch immerhin durch gewisse Zusagen hinsichtlich des Unterhalts des stehenden Heeres auszugleichen suchten, war Katalonien zu keinerlei Konzessionen bereit. Das infolge der Rezession des Mittelmeerhandels in seiner wirtschaftlichen Substanz geschwächte Fürstentum fühlte sich seit dem Ende der Ära Philipps II. besonders im Kampf gegen das weiterhin akute Bandenunwesen von der Krone vernachlässigt, sah jedoch andererseits in jedem Vizekönig, der dieses Problem energisch anzupacken suchte, einen Verfechter des zentralistischen Absolutismus. Diese Episode, die damit endete, daß die finanzielle Hauptlast letztlich doch wieder auf Kastilien abgewälzt wurde, war indessen lediglich ein erstes Warnzeichen, daß der katalanische Partikularismus nur wenig von seiner jahrhundertealten Dynamik eingebüßt hatte.

Der französische Kriegseintritt stellte 1635 die offensive Politik des ‚Condeduque‘ auf die entscheidende Probe. Die spanischen Waffen, die trotz der Weiterverfolgung des niederländischen Konflikts auch in dem großen europäischen Krieg eine bedeutende Rolle gespielt hatten – so hatten sie z. B. entscheidenden Anteil am Sieg der Kaiserlichen bei Nördlingen –, konnten auch im Kampf gegen Frankreich anfänglich erhebliche Erfolge erzielen. Nach dem Vorstoß auf das nordfranzösische Corbie und nach der Wiedereinnahme des Veltlins, häuften sich jedoch die Rückschläge. Breda fiel 1637, Wallonien und Artois folgten wenig später, und 1638 blockierte die eroberte Festung Breisach die ‚Spanische Straße‘ nach Flandern. Auch auf dem Meer stand die spanische Kriegsführung nun unter einem Unstern. Nach dem Verlust eines kleineren Schiffsverbands vor Fuenterrabía, wurde die zum Entsatz der Streitkräfte in Flandern bestimmte Flotte im Oktober 1639 durch die Niederländer in der Dünenschlacht fast völlig aufgerieben. Im Sommer 1639 schließlich eroberte Frankreich die Grenzfeste Salses und trug damit den Krieg erneut auf katalanischen Boden.

Während der monatelangen, letztlich erfolgreichen Belagerung von Salses und den daraufhin einsetzenden Vorbereitungen für eine spanische Gegenoffensive, sollten die Spannungen zwischen der Bevölkerung Kataloniens und den hier einquartierten Streitkräften der Krone sich ins Unerträgliche steigern. Das Verhältnis wurde zudem von der Erkenntnis überschattet, daß Olivares offensichtlich beabsichtigte, die von ihm einberufenen ,Corts' durch militärischen Druck zu grundsätzlichen konstitutionellen und finanziellen Zugeständnissen zu bewegen.

Die Ereignisse kamen jedoch dem ,Condeduque' zuvor. Im Gefolge einer Reihe kleinerer Zwischenfälle kam es am Fronleichnamstag 1640, als – wie üblich an diesem Tag – Tausende von arbeitssuchenden Schnittern sich in Barcelona eingefunden hatten, zu heftigen Unruhen, in deren Verlauf unter anderem auch der Vizekönig umkommen sollte. Geführt von der ,Diputació' und dem Domherrn von Urgel, Pau Claris, bemächtigten sich die Aufständischen innerhalb weniger Tage großer Teile des Fürstentums und vollzogen damit den offenen Bruch mit der Krone.

In dem Bewußtsein, daß der Unabhängigkeitsgedanke – angesichts des drohenden Verlustes der brasilianischen Besitzungen und der allgemeinen Wirtschaftskrise – sich auch in Portugal wachsender Zustimmung erfreute – bereits 1637 war es mit französischer Hilfe zu schweren Unruhen gekommen –, forderte Olivares den portugiesischen Hochadel auf, sich dem Feldzug gegen Katalonien anzuschließen. Damit war das Stichwort gegeben, um die seit langem gehegten Umsturzpläne in die Tat umzusetzen. Die Verschwörer besetzten am 1. Dezember 1640 den königlichen Palast in Lissabon und proklamierten den Herzog von Braganza als Johann IV. zum König des unabhängigen Portugals.

Es schien als solle Spanien vor dem Hintergrund einer sich ständig vertiefenden Wirtschaftskrise erneut in eine Reihe von christlichen ,Taifas' auseinanderbrechen. Katalonien, das sich ursprünglich zur unabhängigen Republik erklärt hatte, suchte bei Frankreich Schutz vor dem sich nähernden Expeditionsheer und erhob Ludwig XIII. zum Grafen von Barcelona und Roussillon. Die wiederholten Bemühungen Olivares', das Fürstentum auf militärischem Wege wiederzugewinnen, scheiterten am Widerstand dieses mächtigen Rivalen. Darüber hinaus entlarvte man im Sommer 1641 Medina Sidonia und den Markgrafen von Ayamonte als die Urheber einer Verschwörung, die darauf abzielte, Andalusien nach portugiesischem Vorbild in einen unabhängigen Staat zu verwandeln. Gestützt durch die Rückschläge, gelang es dem von Olivares verachteten Hochadel die Position des königlichen Günstlings allmählich zu untergraben, bis dieser schließlich am 17. Januar 1643 vom Monarchen aufgefordert wurde, sich auf seine Güter zurückzuziehen.

Den Ermahnungen der Ordensschwester Sor Maria de Agreda folgend, die zu diesem Zeitpunkt einen erheblichen Einfluß auf den Monarchen ausübte, entschloß sich Philipp IV., nun selbst die Regierungsgeschäfte zu übernehmen, wurde dieser Verantwortung jedoch bereits nach wenigen Monaten überdrüssig. Es fiel daher einem Neffen Olivares', dem geschmeidigen, jedoch zur wirkungsvollen Machtausübung nur wenig begabten Luis de Haro zu, Spanien aus jener verzweifelten Lage zu befreien, in die es der ‚Condeduque‘ durch seine imperiale Politik gestürzt hatte.

Äußere Umstände sollten Haro diese Aufgabe sehr erleichtern. Obwohl Spaniens internationale Position durch die Niederlage bei Roicroi (19. Mai 1643), dem ersten französischen Sieg gegen die ‚Tercios‘ in offener Feldschlacht, eine weitere Schwächung erfahren hatte, gelang es seinen Unterhändlern in den seit 1644 laufenden Verhandlungen, die Gegner gegeneinander auszuspielen. Das im Rahmen des Friedens von Münster geschlossene spanisch-niederländische Abkommen (24. Oktober 1648) erforderte daher von Spanien lediglich die seit langem de facto bestehende Anerkennung der Unabhängigkeit der Vereinigten Provinzen, sicherte aber, zumindest gegenüber diesem Gegner, den Bestand der spanischen Niederlande.

Freilich hatte sich Spanien damit nur eine kurze Atempause erkauft. Der Niederlage bei Lens und den letztlich erfolglosen Aufständen in Neapel und Sizilien (1647) folgte ein Jahr später die Verschwörung des Herzogs von Híjar, der gehofft hatte, mit französischer Hilfe ein unabhängiges Aragon zu errichten.

Doch zeigte es sich jetzt, daß das Netz von gegensätzlichen lokalen Interessen, das infolge des Fehlens einer starken Zentralgewalt in den Ländern der Krone Aragon intakt geblieben war, in Krisenzeiten bereits totgeglaubte Bindungen zur Krone erneut zu aktivieren vermochte. Der Kleinadel, der in Katalonien neben den Handwerkern und bäuerlichen Schichten ursprünglich das tragende Element des Aufstandes gebildet hatte, trug zunehmend schwer am Joch des französischen Absolutismus. Er distanzierte sich daher, zusammen mit dem katalanischen Großbürgertum, dessen wirtschaftliche Interessen durch die französische Expansion im Mittelmeer zunehmend untergraben wurden, von jener Bewegung, die im Laufe der Jahre deutlich sozial-revolutionäre Züge angenommen hatte. Beeinflußt durch diese Entwicklung sowie die Tatsache, daß Frankreich erneut von inneren Konflikten geschüttelt wurde, errangen die spanischen Waffen seit Mitte 1651 eine Reihe kleinerer Erfolge, die am 13. Oktober mit der Einnahme Barcelonas schließlich ihre Krönung erfahren sollten.

Allerdings erwies sich der Versuch, nun durch die Unterstützung der

Fronde Frankreich erneut auf seine Ausgangsposition zurückzudrängen, als zu ehrgeizig. Erst nachdem man am 15. Juni 1658 in der sogenannten Dünenschlacht eine weitere schwere Niederlage erlitten hatte, begann die Krone – getrieben von der Gefahr eines erneuten Staatsbankrotts – Friedensfühler auszustrecken. Diese konkretisierten sich im folgenden Jahr im sogenannten Pyrenäenfrieden. In ihm verlor Madrid neben Teilen des Artois auch das Roussillon und die transpyrenäischen Gebiete der Cerdagne. Damit hatte Spaniens Abgleiten auf den Rang einer Sekundärmacht, augenfälliger noch als bei Roicroi oder im Westfälischen Frieden, erneut seine Bestätigung gefunden.

Selbst die Hoffnung, man könne zumindest die politische Einheit der Pyrenäenhalbinsel wiederherstellen, erwies sich als unerfüllbar. Portugal befand sich seit 1654 erneut im Besitz seiner reichen brasilianischen Latifundien und war dank der sehr massiven französischen und englischen Hilfe imstande, die gegnerischen Offensiven immer wieder abzuwehren. Nach den Niederlagen bei Ameixial (1663) und Villaviciosa (1665) sah Spanien sich gedrängt, die Unabhängigkeit Portugals als vollendete Tatsache hinzunehmen, war jedoch erst unter der Regentin Marie Anna von Österreich bereit, dies im Februar 1668 auch formell anzuerkennen.

2. Lebensbedingungen und Gesellschaft

Wohl kaum ein Faktor prägte so sehr die spanische Gesellschaft des 17. Jahrhunderts wie jene Epidemien, von denen das Land bis hinein in die achtziger Jahre mit unerbittlicher Regelmäßigkeit heimgesucht wurde. Die Pestseuche der Jahre 1596 bis 1602 raffte annähernd eine halbe Million Menschen dahin, nahezu 600000 fielen dem ‚Schwarzen Tod‘ zwischen 1647 und 1652 zum Opfer, und ca. eine Viertelmillion Menschenleben kosteten die Typhus- und Pestepidemien der Jahre 1676 bis 1685. Weitere erhebliche Bevölkerungsverluste ergaben sich aus der Ausweisung der Morisken und den zyklisch wiederkehrenden Hungersnöten, die mittelbar aus den Seuchen resultierten, deren Verbreitung aber auch erheblich begünstigten. Diese Entwicklung sollte durch den jahrzehntelangen Konflikt mit Portugal in den grenznahen Bezirken Galiciens, Andalusiens und Extremaduras – diese Region verlor mehr als ein Drittel ihrer Bevölkerung – besonders stark hervortreten. Erst zur Mitte des 17. Jahrhunderts verzeichnete man in den kantabrischen Gebieten und den Küstenprovinzen der Krone Aragon eine allmähliche Erholung, welche freilich durch die Epidemien von 1676 bis 1685 vorübergehend erneut außer Kraft gesetzt wurde. Es handelte sich dabei zwangsläufig um einen langwierigen Prozeß, da eine unverändert hohe Kindersterblichkeit dafür sorgte, daß die spanische Familie auch in diesem Jahrhundert durchschnittlich nur vier Kinder umfaßte.

Die unveränderte Abwanderung der galicischen und altkastilischen Bevölkerung in den äußersten Süden sowie die Landflucht der bäuerlichen Bevölkerung waren Bestandteil einer Entwicklung, die bereits im vorangegangenen Jahrhundert in sehr ausgeprägter Form bestanden hatte. Neu dagegen waren die Bemühungen der Krone, die ausgewiesene moriskische Bevölkerung Valencias durch spanische und französische Siedler – 1635 waren es bereits annähernd 10000 – zu ersetzen. Die dabei gemachten Fortschritte erreichten allerdings ebensowenig das gesteckte Ziel wie jene dirigistischen Maßnahmen – Steuervergünstigungen für Jungverheiratete, Auswanderungsverbot, sowie die Bildung der ‚Junta de Población, Agricultura y Comercio‘ (1624) –, mit denen man im restlichen Spanien ähnliche Absichten verfolgte. Folge dieser vielfältigen Einflüsse war die allmähliche Verlagerung des demographischen Schwergewichts vom Zentrum zur kantabrischen und mediterranen Peripherie, eine wichtige Voraussetzung für den späteren wirtschaftlichen Aufstieg dieser Gebiete. Ehemals bedeutende Zentren der kastilischen Woll- und Tucherzeugung, wie z. B. Avila und Soria, verkümmerten dagegen zu schläfrigen Provinzstädten. Lediglich Madrid gewann – mit Ausnahme eines kurzen Zwischenspiels (1601–06), als sich der Sitz des Hofes erneut in Valladolid befand – auch unter den Nachfolgern des ‚Rey prudente‘ ständig an Bedeutung und zählte in der Ära Philipps IV. bereits ca. 100000 Einwohner.

Die genannten Hungersnöte resultierten sowohl aus dem sich ständig verschärfenden Leistungsabfall der spanischen Landwirtschaft wie aus der Tatsache, daß ein unzureichendes Verkehrsnetz es nicht zuließ, bei örtlich begrenzten Mißernten rasch Lebensmittel aus anderen Gebieten zuzuführen. Da jedoch die Erfahrung gezeigt hatte, daß Hungersnöte in den Städten häufig Ursache ernster sozialer Unruhen waren, bemühte man sich durch die Einrichtung kommunaler Armenküchen oder durch die Regulierung der Lebensmittelpreise (Madrid) einer solchen Entwicklung zuvorzukommen.

Die ländliche Bevölkerung verfügte dagegen selbst in den Jahren guter Ernten kaum über das Notwendigste zum Überleben. Im Gegensatz zum Spätmittelalter, als nach zeitgenössischen Berechnungen jeder kastilische Haushalt im Jahresdurchschnitt das Fleisch eines Rindes sowie acht kleinerer Tiere verzehrte, ernährten sich die Landarbeiter und Kleinbauern des 17. Jahrhunderts fast ausschließlich von Brot – in Mittelspanien hauptsächlich Roggenbrot, in den kantabrischen Gebieten häufig Maisbrot – das zusammen mit Öl, Essig oder Zwiebeln eingenommen wurde. Trauben, Melonen und Wein vervollständigten gewöhnlich diese karge Kost. Die allmähliche Ausbreitung des Kartoffelanbaus änderte zunächst wenig an dieser Situation.

Die Suche der ‚Arbitristas‘ nach den Ursachen des Niedergangs, der sich in diesen Mißständen ankündigte, gipfelte nicht selten in der Feststellung, das Hauptübel sei in der zunehmenden Verzerrung der sozialen Werte der spanischen Gesellschaft zu suchen. Wenn man auch zuweilen dazu geneigt hat, die Geringschätzung, die große Teile des Volkes dem Broterwerb durch Handel und körperliche Arbeit entgegenbrachten, in ihrer Bedeutung zu überschätzen, so ist dies doch mehr als nur ein historischer Gemeinplatz. Zwar hatte die Tatsache, daß die wirtschaftlich produktiven Kräfte einem permanenten Schrumpfungsprozeß unterlagen, auch bedeutende historische und wirtschaftliche Ursachen, sie ist jedoch nur bei Berücksichtigung der damals gültigen Werteskala einigermaßen erklärbar.

Der Wunsch, dem Sohn durch den Besuch der Lateinschule und einer der vielen neuen Universitäten eine einträgliche Anstellung im Dienst der Kirche, am Hof oder in der Verwaltung zu verschaffen, beherrschte das Denken vieler wohlhabender Bauern und Handwerker. Die sich hierin offenbarende Mißachtung des eigenen Standes reflektierte zum Teil lediglich dessen politische Machtlosigkeit, war aber auch Ausdruck einer gewissen ‚Glücksrittermentalität‘. Der Verlauf der Reconquista, die Anhäufung riesiger Vermögen in Übersee und die Expansion der spanischen Machtstrukturen einerseits, sowie die Rechtlosigkeit der arbeitenden Schichten andererseits, hatten viele Untertanen zu der Überzeugung gebracht, es sei sinnvoller, den Weg zum sozialen Aufstieg durch glänzende Taten oder den Gunstbeweis eines Mächtigen zu suchen, als ihn sich durch harte und beharrliche Arbeit erkämpfen zu wollen. Die wirtschaftliche Instabilität des 17. Jahrhunderts tat ein Weiteres, um diese Entwicklung zu vertiefen.

Zum anderen waren schon die dem zweiten Stand eigenen Privilegien Ansporn genug, damit all jene, die sich dem Adel zugehörig betrachteten, Sorge trugen, ihren häufig sehr fadenscheinigen Anspruch nicht durch irgendwelche kommerzielle oder körperliche Arbeit zu entwerten. Das Ergebnis war häufig jener adlige Hungerleider, der im ‚Lazarillo de Tormes‘ und von Cervantes so treffend persifliert wurde.

Eine wichtige Stütze dieser Geisteshaltung war die Tatsache, daß auf einer gewissen Ebene, insbesondere außerhalb der Länder der Krone Aragon, sich das Prinzip der Rassereinheit auf das der Berufsreinheit (‚Limpieza de oficio‘) ausgedehnt hatte. So beschlossen z. B. die adligen

Schafzüchter Segovias, Kaufleute und Notare sowie deren unmittelbare Nachkommen nicht als Ratsherren ('Regidores') zuzulassen. Aus dem Verständnis heraus, daß diese Haltung das Land in seiner wirtschaftlichen Entwicklung behinderte, stellte die Krone im späten 17. Jahrhundert wiederholt fest, daß die Zugehörigkeit zum Adel einer kommerziellen Tätigkeit nicht im Weg stehe, vorausgesetzt sie beinhalte keinerlei körperliche Arbeit. Damit verband man indessen kaum die Hoffnung, den Adel enger an eine aktive ökonomische Rolle heranführen zu können, sondern man suchte vorrangig die zum Patriziat aufgestiegenen Kaufleute zur Fortführung ihrer bisherigen beruflichen Tätigkeit zu ermuntern.

Seit dem Tod Philipps II. war es den Magnaten gelungen, ihren politischen Einfluß in einem bis dahin unbekannten Maß auszuweiten, so daß Spanien als einziges westeuropäisches Land auch noch im späten 17. Jahrhundert weitgehend von seinem Hochadel beherrscht wurde. Allerdings erwies sich dieser als zunehmend unfähig, diese Führungsrolle im Staat auch würdig auszufüllen. Vergnügungssüchtig und lediglich zu kleinlichen Intrigen fähig, zeigte sich die zum Hofadel gewandelte Hocharistokratie außerstande, ihre traditionellen Aufgaben im diplomatischen Dienst und im Wehrwesen wahrzunehmen. Das Offizierskorps zeigte sowohl qualitativ wie auch quantitativ erhebliche Mängel. Bezeichnend für diese Entwicklung ist die Tatsache, daß Philipp IV. glaubte, die 'Caballeros' und 'Hábitos' der großen Ritterorden 1643 nur durch die Androhung hoher Geldstrafen zur Teilnahme am Feldzug gegen Katalonien bewegen zu können. Der Staatsrat sah die Ursache für dieses Verhalten vorrangig in der finanziellen Schwäche des Adels und schlug 1642 eine Erhöhung seiner geldlichen Zuwendungen vor.

Trotz dieses mangelnden Dynamismus war der Adel mehr denn je eine Kraft, an der vorbeiregieren zu wollen für jeden 'Válido' – ungeachtet der Legitimation, die dieses Amt 1612 durch Philipp III. erfahren hatte – mit ungeheuren Risiken verbunden war. Sowohl Lerma wie auch Olivares – letzterer bekannte nach seinem Sturz, daß es in seiner Absicht gelegen hatte, die politischen Schaltstellen erneut vornehmlich mit bürgerlichen Juristen und Kleinadligen zu besetzen – bezahlten die Herausforderung an den Hochadel mit ihrem Sturz. Die bereits im 16. Jahrhundert beobachtete Vermehrung des Adels sollte sich infolge der genannten gesellschaftlichen Bestrebungen unter den letzten Habsburgern erheblich beschleunigen. Die Krone war aus materiellen und machtpolitischen Gründen nur zu bereit, dieser Entwicklung entgegenzukommen. Zahlenmäßig drückte sich dies wie folgt aus: die Kategorie der 'Grandes' und 'Titulos' erweiterte sich zwischen 1581 und 1621 von ca. 100 auf über 140 Fami-

lien. Philipp IV. gewährte während seiner 44jährigen Regierungszeit
104 Adelspatente. Karl II. schließlich sollte während der 25 Jahre seiner
mehr oder minder direkten Machtausübung, durch die Ernennung von 26
,Grandes', 12 ,Vicomtes', 8 Grafen und 236 Markgrafen die höhere Ebene
der Aristokratie in ihrem Umfang nahezu verdoppeln.

Das geographische Verteilungsmuster des Adels unterlag weiterhin
sehr erheblichen regionalen Unterschieden. Während sich in den baskischen Provinzen die überwiegende Mehrheit der männlichen Bevölkerung diesem Stand zugehörig betrachtete, war dies in dem von krassen
sozialen Gegensätzen geprägten Andalusien weniger als ein Prozent.
Auch in den Ländern der Krone Aragon hatte der Hochadel infolge der
machtpolitischen Randstellung dieser Gebiete verhältnismäßig wenige
Vertreter.

Die von Karl I. (V.) eingeleitete Hierarchisierung hatte bereits im späten 16. Jahrhundert auch in den unteren Ebenen des zweiten Standes zu
einer klaren Abstufung geführt. Die unterste Rangstufe bildete der ,Hi-
dalgo de sangre', den infolge seiner häufig sehr schwierigen wirtschaftlichen Lage neben einem Familienwappen und gewissen Steuerprivilegien
gewöhnlich nur wenig von seinen nichtadligen Mitbürgern unterschied.
Die auf der nächsthöheren Ebene angesiedelten ,Caballeros' und ,Nobles'
residierten zwar ebenfalls vornehmlich in den Städten, verfügten jedoch
gewöhnlich über sehr erhebliche Ländereien. Ebenfalls zu dieser Kategorie gehörten die Komture der fünf großen Ritterorden, die häufig Landgüter in ,Encomienda' besaßen.

Eine besondere gesellschaftliche Stellung nahmen die ,Ciutadans honrats' der nördlichen Mittelmeerhäfen ein. Obwohl die ,Ehrenwerten Bürger' von Barcelona seit den ,Cortes' von Monzón (1510) den katalanischen ,Cavallers' und ,Nobles' rechtlich gleichgestellt waren – ihre Standesgenossen aus Valencia besaßen dieses Privileg bereits seit 1420 – befanden sie sich in der Praxis doch erst im Übergangsstadium zwischen
Hochbürgertum und niedrigem Adel. So waren sie z. B. seit 1671 auch
nach ihrer Erhebung in den Adel gezwungen, zur Finanzierung der Einquartierung königlicher Streitkräfte beizutragen. Lediglich die Mitglieder
der ,Junta' – jener seit 1519 in Barcelona bestehenden Elite innerhalb
dieses Sektors, die das Recht besaß, verdiente Mitbürger unabhängig von
der Krone in die ,Ciudadá' zu erheben – verfügte über eine dem Hochadel entsprechende Machtfülle und kontrollierte die Schlüsselstellungen
der kommunalen Verwaltung.

Sozialgeschichtlich von besonderem Interesse ist die Tatsache, daß –
ähnlich gewissen Patriziergeschlechtern der baskischen und andalusischen Handelsstädte und dem Kleinadel Kantabriens und Mallorcas –

einige wenige ‚Ciutadans honrats' trotz ihrer Zugehörigkeit zum Adel
weiterhin eine aktive Rolle im Wirtschaftsgeschehen erfüllten. Die Mehrheit jedoch folgte dem Verhaltensmuster des kleinen und mittleren Bür-
gertums und bemühte sich nach der Erlangung des Adelspatents, ihre
frühere Tätigkeit durch den Erwerb von Grundbesitz vergessen zu machen. Folglich waren nur wenige erfolgreiche Kaufleute auch in der zweiten Generation noch im Handel tätig.

Seine sich im Gefolge der Machtausweitung vollziehende gesellschaftliche Aufwertung und der sich besonders unter Philipp IV. entfaltende
Glanz der Madrider Residenz – gerade damals bildete das spanische Hof-
zeremoniell den Maßstab für das höfische Leben Westeuropas – stellten
an den Hochadel Anforderungen, die er teilweise nur um den Preis des
wirtschaftlichen Ruins erfüllen konnte. Die aufwendigen Palais und das
Heer von Bediensteten konnten nicht vergessen machen, daß allein die
Unveräußerlichkeit ihrer Landgüter (‚Mayorazgo') viele Adlige vor der
völligen Mittellosigkeit bewahrte.

Die männliche Mode, die in der Ära Karls I. unter dem Einfluß deutscher und burgundischer Vorbilder gestanden hatte, um dann unter Philipp II. zu einem nüchternen, von dunklen Farben geprägten Stil zurückzukehren, bestach im 17. Jahrhundert erneut durch ihre Eleganz. Den
Bemühungen Lermas und Olivares', den auf diesem Gebiet betriebenen
Aufwand einzuschränken, war nur wenig Erfolg beschieden. Auch in der
Haar- und Barttracht gab man im Unterschied zu der unter Karl I. üblichen Mode dem langen Haupthaar und dem Schnurr- und Kinnbart den
Vorzug.

Infolge der Vielfalt der auf sie einströmenden Einflüsse – katholische
Orthodoxie und maurisches Erbe einerseits, Verstädterung und Locke-
rung der Sitten andererseits – war die spanische Gesellschaft des 17. Jahrhunderts reich an Gegensätzen. Die Kluft zwischen der zur Schau getragenen Frömmigkeit und den in den großen Städten zu beobachtenden
moralischen Zerfallserscheinungen, bot nicht wenigen ausländischen Besuchern Anlaß zu heftiger Kritik. Während sich das Leben der spanischen
Frau, die – ausgenommen im Norden und Nordwesten des Landes – ihr
Gesicht in der Öffentlichkeit weiterhin mit einem Halbschleier verhüllte,
vornehmlich im Kreis der Familie entfaltete, unterwarf sich ihr männli-
cher Widerpart gewöhnlich weniger strengen moralischen Maßstäben. So
verfügten z. B. alle größeren Städte über eines oder mehrere Bordelle,
deren Existenz durch eine Reihe von Verordnungen auch von der Krone
zur Kenntnis genommen wurde. Die Syphilis, die Spanien Anfang des
16. Jahrhunderts erreicht hatte, war nach Ansicht einiger zeitgenössischer
Beobachter in den oberen sozialen Schichten besonders weit verbreitet.

Auch unter den Gesetzesbrechern, insbesondere in Verbindung mit Blutfehden und dem aragonisch-katalanischen Bandenunwesen, waren Edelleute unverhältnismäßig häufig anzutreffen. Während in den meisten Städten die Kriminalität einen solch geringen Umfang hatte, daß ein Büttel ("Alguacil") allein gewöhnlich ausreichte, um die Aufrechterhaltung der öffentlichen Ordnung zu gewährleisten, konnte diese Aufgabe in Madrid nur mit Mühe bewältigt werden. Die Stadt war nicht nur natürlicher Sammelpunkt für die verbrecherischen Elemente der gesamten Pyrenäenhalbinsel, sondern auch häufig Schauplatz von Ausschreitungen des Adels und dessen Bediensteten. So wurden den städtischen Behörden während des Zeitraums 1665–80 im Jahresdurchschnitt 18 Morde angezeigt. Man hatte daher mit der dem Kastilienrat angeschlossenen "Sala de Alcaldes" eine relativ umfangreiche Institution zur Verbrechensbekämpfung in der Hauptstadt geschaffen.

Stierkämpfe, Autodafés und der alljährliche Höhepunkt des Karnevals ("Carnestolendas") boten den städtischen Massen Abwechslung in ihrem an Zerstreuung armen Dasein. Der Klerus suchte die Bevölkerung durch eine ständig wachsende Anzahl von Prozessionen, Heiligenfeiern ("Verbenas") und Wallfahrten aus ihrer religiösen Passivität herauszureißen. Sehr großer Beliebtheit erfreute sich das Theater. Das spanische Schauspiel war aus den Mysterien- und Passionsspielen des späten Mittelalters hervorgegangen. Einen wichtigen Abschnitt in seiner Entwicklung bildeten jene Laienspiele religiösen Inhalts, die zum Lehrplan aller dem Jesuitenorden unterstehenden Lateinschulen gehörten. Während Gil Vicente, Juan del Encina und Torres Naharro noch vornehmlich Dramen und Komödien für Privataufführungen schrieben, gewann seit Mitte des 16. Jahrhunderts (Lope de Rueda) das der allgemeinen Öffentlichkeit zugängliche Theater zunehmend an Bedeutung. Die Schöpfungen Lope de Vegas oder Calderóns sollten dann im frühen 17. Jahrhundert bereits Tausende begeistern. Die provisorischen Bühnen ("Corrales"), die gewöhnlich unter freiem Himmel im Innenhof eines Hauses aufgeschlagen wurden, sollten daher seit Mitte des 16. Jahrhunderts zunehmend permanenten Einrichtungen weichen. So gab es 1584 in Madrid bereits drei Theater.

3. Wirtschaft und Finanzen

Der ökonomische Niedergang Spaniens sollte trotz einer schrittweisen Abkehr von jener Großmachtpolitik, die so wesentlich zu dieser Entwicklung beigetragen hatte, auch im 17. Jahrhundert unvermindert anhalten. Die Ursachen lagen teilweise in dem ungeheuren Ausmaß der von

Karl I. und Philipp II. angehäuften Erblast, aber auch in jener Geisteshaltung, die, wie bereits erwähnt, in großen Teilen der spanischen Gesellschaft nicht den Willen zur wirtschaftlichen Regeneration aufkommen ließ. Zudem verloren die Tuchindustrie und andere Gewerbezweige infolge der Epidemien und Hungersnöte einen Großteil ihrer Fachkräfte, der Markt unterlag einem permanenten Schrumpfungsprozeß und in den ländlichen Bezirken vollzog sich eine weitgehende Entvölkerung ganzer Landstriche. Häufig wiederkehrende Überschwemmungen und Dürreperioden verschärften noch die in weiten Teilen des kastilischen Hochlandes ohnehin sehr beträchtlichen Hindernisse für einen gedeihlichen Akkerbau. Die im 17. Jahrhundert bestehende Relation von 1 : 4 zwischen Saatgut und Ernteerträgen lag infolgedessen nicht nur unter dem Niveau anderer westeuropäischer Länder, sondern unterschritt sogar die Ergebnisse vergangener Zeiten.

Die Vernachlässigung des Ackerbaus seitens der politischen und geistigen Elite des Landes – eine der wenigen, der Landwirtschaft gewidmeten Abhandlungen jener Epoche ist das 1617 in Barcelona erschienene ‚Llibre dels secrets de Agricultura‘ des Katalanen Agustín – spiegelte sich auch in den veralteten Bebauungsmethoden und dem primitiven Gerät des spanischen Bauern wider. Infolge der daraus resultierenden vorzeitigen Auszehrung der Ackerkrume war man in gewissen Gegenden gezwungen, neben der allgemein üblichen Zweifelderwirtschaft (‚Año y vez‘) eine Drei-, Vier- und sogar Fünffelderwirtschaft zu betreiben.

Die ‚Mesta‘, der traditionelle Erzfeind des kastilischen Ackerbaus, hatte zwar durch den Niedergang der spanischen und flandrischen Tuchindustrie erheblich an wirtschaftlicher Substanz eingebüßt, erfreute sich jedoch weiterhin des Wohlwollens der Krone. Obwohl ihr Anteil am gesamten Schafbestand erheblich geschrumpft war, garantierte man ihr 1633 erneut den Fortbestand aller Privilegien, untersagte das Einzäunen landwirtschaftlicher Nutzflächen und gestattete die Umwandlung von Weide- in Ackerland nur in Ausnahmefällen.

Die wohl stärkste Belastung für die Landwirtschaft bildeten jedoch weiterhin die Abgaben und Steuern. So umfaßte der Kirchenzehnt zwar lediglich ein Zehntel der gesamten Ernte, bedeutete jedoch für den abgabenpflichtigen Bauern nach Abzug aller Unkosten den Verlust von bis zu 50% seines Einkommens. Während dieser Prozentsatz jedoch mehr oder minder konstant blieb, konnte der Anteil der Pacht, der eine von der Ertragslage unabhängige Summe darstellte, in schlechten Jahren bis zu 75% der bäuerlichen Einkünfte ausmachen. Diese Tatsache war häufig der Ursprung einer Entwicklung, die über die Aufnahme von Hypotheken, unzureichende Erträge und geringe Erlöse, zur Einziehung des bäuerlichen Anwesens und seiner Umwandlung in adliges Stammgut führte.

Die Verelendung der bäuerlichen Schichten bewirkte, daß die ohnehin unausgewogene Verteilung der Steuerlast weiteren Verzerrungen ausgesetzt war. So wurde der Anteil des kastilischen Dörfchens Melgar an den direkten Steuern 1680 allein von den 13 hier ansässigen Bauernfamilien aufgebracht. Die restlichen 65 Haushalte gehörten Angehörigen des Klerus, Witwen, Tagelöhnern ('Jornaleros') oder den Dorfarmen und waren daher nahezu alle von Abgaben dieser Art befreit. Da selbst größere Kommunen im Landesinnern gewöhnlich noch die soziale Struktur von Ackerbauernstädten besaßen, waren Stadt und Land von dieser Entwicklung gleichermaßen betroffen. So waren im kastilischen Talavera de la Reina nur 42% der hier ansässigen Familien für die Entrichtung der direkten Steuern verantwortlich.

Obwohl, wie bereits angedeutet, das Reformprogramm des 'Condeduque' schon in seinen Anfängen von einer Reihe schwerwiegender Mißerfolge gekennzeichnet war, bildete es dennoch einen historischen Präzedenzfall, dessen Impulse für den Regenerationsprozeß der Aufklärungszeit in ihrem Gewicht kaum zu überschätzen sind. Insbesondere die im Mai 1626 getroffene Entscheidung, bis auf weiteres die Ausgabe von neuen 'Vellones', der gebräuchlichsten Handelsmünze Kastiliens, auszusetzen, war ein kühner Versuch, der jahrelangen Münzverschlechterung ein Ende zu setzen. Hatte doch Philipp III. trotz der Bewilligung zusätzlicher Subsidien durch die 'Cortes' immer wieder auf diese Mittel zurückgegriffen, um der drohenden Zahlungsunfähigkeit zu entgehen, so daß sich zum Zeitpunkt der Reform Münzen im Wert von ca. 20 Millionen Dukaten im Umlauf befanden.

Die Entschlossenheit des 'Condeduque', die Sanierung der Staatsfinanzen auch gegen individuelle Interessen durchzusetzen, richtete sich vor allem gegen die ausländischen, insbesondere die italienischen Gläubiger der Krone. Die bestehenden Verpflichtungen wurden Ende 1627 annulliert und neue 'Asientos' mit portugiesischen Konvertiten zu günstigeren Bedingungen abgeschlossen. Zudem nahm man die durch Mißernten bedingte Wirtschaftskrise jenes Jahres zum Anlaß, um im August 1628 den 'Vellón' um 50% abzuwerten. Diese Maßnahmen bewirkten zwar die Auslöschung vieler – auch adliger – Privatvermögen, brachten jedoch der Krone erhebliche Vorteile und schufen die Voraussetzungen für einen wirtschaftlichen Neubeginn. Der Ausbruch des Mantuanischen Erbfolgestreits, die wachsenden Beiträge zum Unterhalt der kaiserlichen Streitkräfte und der erstmalige Verlust der Silberflotte sollten diese Möglichkeit freilich bald wieder zunichte machen.

Die Jahre 1626 bis 1628 signalisierten in vieler Hinsicht das Scheitern der Reformpolitik des ‚Condeduque‘. Insbesondere die Pläne, die Kronländer der Peripherie stärker zur Finanzierung der Staatsausgaben heranzuziehen, mußten in diesen Jahren endgültig begraben werden. Die Länder der Krone Aragon hatten infolge der Ausweisung der Morisken eine empfindliche Schwächung ihrer wirtschaftlichen Leistungskraft erfahren, eine Tatsache, die von Olivares offensichtlich verkannt wurde. Schließlich war es nicht nur der Verlust einer besonders rührigen und für ihr landwirtschaftliches Geschick bekannten Volksgruppe, der diesem Vorgang eine besondere Bedeutung verlieh, sondern auch die Tatsache, daß sowohl die von den Morisken bewirtschafteten Latifundien Valencias und Niederaragons wie auch die moriskischen ‚Aljamas‘ in ihrer Mehrheit sehr erheblich mit Schuldverschreibungen belastet waren. Die Krone hatte zwar nicht gezögert, den Großgrundbesitzern durch die Senkung des Zinssatzes auf maximal 5% zur Hilfe zu eilen, war jedoch nicht bereit, auch die Großbürger Valencias und Kataloniens, die einen Großteil ihrer Vermögen in diesen ‚Censos‘ angelegt hatten, für deren Verlust zu entschädigen. Sowohl Teile des Patriziats als auch die valencianische ‚Taula de canvi‘ bezahlten diese Entwicklung mit dem finanziellen Ruin.

Angesichts der ablehnenden Haltung der Peripherie und der Tatsache, daß der Amerikahandel infolge seines allmählichen Übergangs in ausländische Hände nicht mehr die erforderlichen Mittel bereitzustellen vermochte, flüchtete sich Olivares zu Beginn der dreißiger Jahre in eine beispiellose Steuerausweitung. Die steuerlichen Mehrbelastungen betrafen, wenn auch nicht in gleichem Maße, alle sozialen Schichten, eine Tatsache, die die bestehende Kluft zwischen dem Adel und dem königlichen Günstling nur vertiefen konnte.

Jahrzehnte einer unverantwortlichen Haushaltspolitik hatten jedoch zu tiefe Wunden geschlagen, als daß diese Maßnahmen oder die nach dem Sturz des ‚Condeduque‘ eingeleitete Liquidation seiner Großmachtpolitik eine Besserung hätte herbeiführen können. So mußte sich die Krone – wie schon im Jahre 1627 – 1647 und erneut 1653 für zahlungsunfähig erklären. Ein Jahr später unterrichtete Philipp IV. die ‚Cortes‘, daß die Hälfte des sich auf 18 Millionen Dukaten belaufenden Steueraufkommens der Krone bereits verpfändet sei und die Schulden einen Umfang von insgesamt 120 Millionen Dukaten erreicht hätten.

4. Kultur

Trotz der sich ständig vertiefenden wirtschaftlichen und staatspolitischen Krise schien Spaniens Literatur zunächst noch von ungebrochener Schaffenskraft. Nicht nur der unvergleichliche Cervantes und das Dreigestirn der Dramatiker Lope de Vega, Tirso de Molina und Calderón de la Barca, sondern auch die in ihrem Schatten stehenden Ruíz de Alarcón und Guillén de Castro verliehen durch ihre Werke dem Spanischen den Rang einer großen Kultursprache.

Ganz anders als Lope de Vega und Calderón, deren gelegentlich als revolutionär verstandene ‚Capa y espada'-Stücke (‚Fuenteovejuna', ‚Der Richter von Zalamea', usw.) doch im eigentlichen Sinn eine Verherrlichung des Absolutismus darstellten, reflektierte der satirische, häufig in der Nähe des Absurden angesiedelte Stil des Francisco de Quevedo beispielhaft den Pessimismus seiner Epoche. Eine ähnlich pessimistische Geisteshaltung wie in Quevedos ‚Sueños' und seinem Schelmenroman ‚La Vida del Buscón' äußert sich, wenn auch in ruhigeren Tönen, in dem ‚Criticón' des Jesuiten Gracián.

Quevedos großer Gegenspieler als Dichter und als Verfasser satirischer Aphorismen war der Andalusier Luis de Góngora. Paradigmen des spanischen Sonetts und der iberischen Barockdichtung überhaupt, waren seine kunstvollen Wortgebilde der aufs Höchste gesteigerte Ausdruck des ‚Culteranismo', jenes Sprachstils, der von Quevedo und den Verfechtern des ‚Conceptismo' heftig bekämpft wurde.

Neben der Literatur war es vor allem die Malerei, die dem späten ‚Siglo de Oro' seinen besonderen Glanz verlieh. Der Bogen großartiger Meister spannte sich von dem im frühen 17. Jahrhundert wirkenden Ribera über die Vertreter der Sevillanischen Schule (Zurbarán, Murillo) bis hin zum genialen Velázquez. So wie auch noch nach dem offiziellen Schlußpunkt des Jahrhunderts literarischer Größe, dem Todesjahr Calderóns (1681), die Werke Bances Cándamos und des Satirikers Solís den vergangenen Glanz noch einmal in Erinnerung zu rufen vermochten, so endete auch das Goldene Jahrhundert der spanischen Malerei eigentlich nicht mit dem Tod Murillos (1682), sondern fand im Schaffen des Freskenmalers Francisco Herrera, des Sevillaners Valdés Leal und des Hofmalers Karls II., Carreño de Miranda, seinen würdigen Ausklang.

Bevor der wirtschaftliche und politische Niedergang der spanischen Oligarchie sich seit der Mitte des Jahrhunderts zunehmend negativ auf das Kulturschaffen des Landes auswirkte, hatten insbesondere die Magnaten noch einmal eine große Bereitschaft gezeigt, sich ihrer jahrhundertealten Verpflichtung als Mäzene und Literaten (Graf Caracena, Herzog von Medina de las Torres usw.) würdig zu erweisen. Auch bewiesen das gegen Olivares gerichtete ‚Cargos contra el Conde Duque' (Madrid, 1643) und die Replik (‚Nicandro'), wie sehr der Adel sich der Feder als politischer Waffe zu bedienen wußte.

Auch die Architektur vermochte nicht, sich den neuen wirtschaftlichen Gegebenheiten zu entziehen. Im Unterschied zum frühen 17. Jahrhundert, als der Ausbau von Madrid zur königlichen Residenz eine Vielzahl von Palais', Kirchen und Klöstern hervorgebracht hatte, entstanden unter Philipp IV. und seinem Nachfolger nur einige wenige Repräsentativbauten. Der einzige neue Sakralbau jener Epoche war die Kathedrale von Zaragoza. Die Entwicklung des barocken Stils, der durch den Italiener Creszenzi auf der Pyrenäenhalbinsel Eingang gefunden hatte, sollte jedoch dadurch kaum beeinträchtigt werden. Er entfaltete sich vor allem in einer Vielzahl von Umbauten und gebar in den Schöpfungen Juan Bautista Pérez' und in dem nach Benito Churiguera benannten ‚Churiguerismo' eine besonders extravagante Variante. Das Gegenstück dazu in der Bildhauerkunst lieferten der auch als Architekt bekannte Alonso Cano sowie die Andalusier Martínez Montañés, Juan de Mesa und José Mora.

Auch im 17. Jahrhundert war die überwiegende Mehrheit der spanischen Bevölkerung des Lesens und Schreibens unkundig. Dennoch verfügte fast jede Stadt von mehr als 3000 Einwohnern über ein oder mehrere Kollegien, in denen die Schüler durch Unterricht in Latein, Griechisch und Vermittlung von Grundkenntnissen in Mathematik auf das Universitätsstudium vorbereitet wurden. Allein die Jesuiten leiteten um 1600 in Kastilien über 100 dieser Anstalten. Ebenfalls unter der Leitung dieses Ordens befand sich das ‚Colegio Imperial'. Olivares hatte es 1625 in Madrid gegründet, um die begabtesten Söhne des Adels in angemessener Weise auf ihre spätere Führungsrolle vorzubereiten.

Ein weiterer Beweis der beherrschenden Stellung der Jesuiten im Erziehungswesen waren die ‚Estudios Generales' genannten Sonderhochschulen, die von dem Orden in Konkurrenz zu den übrigen Universitäten unterhalten wurden. Das gesamte Hochschulwesen hatte infolge jener gesellschaftlichen Tendenz, die die spanische Jugend zu Tausenden in den Dienst der Kirche und der Krone strömen ließ, im Verlauf des 16. Jahrhunderts eine beispiellose Ausweitung erlebt. So waren von den insgesamt 33 Universitäten, die um 1650 noch den Lehrbetrieb aufrechterhielten – 19 in Kastilien und 14 in den Ländern der Krone Aragon – 21 erst nach 1616 entstanden. Freilich verfügte die spanische Universität im Vergleich zu den Hochschulen Nord- und Westeuropas gewöhnlich über ein sehr begrenztes Angebot an Studienfächern, studierten doch etwa

zwei Drittel der Studenten Kirchenrecht. Diese Tatsache festigte die bereits bestehende Vorherrschaft der Theologen, insbesondere der Jesuiten
und Dominikaner, unter dem Lehrpersonal und bewirkte, daß andere
Studienfächer, vor allem die Naturwissenschaften, zunehmend vernachlässigt wurden. Nicht wenige Historiker sehen in dieser Tatsache – mehr
noch als in dem Wirken der Inquisition oder der Zensur – die wahre
Ursache des kulturellen Niedergangs im 17. Jahrhundert.

VI. Verfall der Großmachtstellung (1665–1714)

1. Staatskrise und politische Ohnmacht

Nichts symbolisierte deutlicher den Niedergang der einstigen europäischen Ordnungsmacht als die Persönlichkeit Karls II., der, kaum vierjährig, im September 1665 das Erbe seines Vaters angetreten hatte. Zwar sollte es dem Monarchen in späteren Jahren gelingen, seine anfänglich sehr ausgeprägten geistigen Unzulänglichkeiten weitgehend auszugleichen, doch schienen die regelmäßig wiederkehrenden gesundheitlichen Krisen auf einen frühen Tod hinzudeuten. Die sich daraus ableitende Frage der spanischen Thronfolge wurde sehr bald zum Leitmotiv der europäischen Diplomatie und prägte aufs entscheidendste die machtpolitischen Auseinandersetzungen zwischen Frankreich und seinen Nachbarn.

Die Bemühungen Philipps IV., durch die Schaffung des Regentschaftsrates der Regierungsführung auch nach seinem Ableben eine gewisse Kontinuität zu verleihen, wurden von seiner Witwe sehr bald durchkreuzt. Die ‚Junta de Gobierno‘ wurde von Marie Anna von Österreich ebenso politisch kaltgestellt wie die beiden Günstlinge des Verstorbenen, Graf Castrillo und der Herzog von Medina de las Torres, die nach dem Tod Haros (1661) weitgehend die spanische Politik bestimmt hatten. Die dominierende Stellung am Hof nahm nun der Beichtvater der Regentin, der tirolische Jesuitenpater Johann Eberhard Nithard, ein. Da jedoch Nithards Führungsrolle trotz seiner Ernennung zum Großinquisitor vom Hochadel nur bedingt akzeptiert wurde, mangelte es dieser Konstellation an der für eine wirkungsvolle Regierungsführung notwendigen inneren Ausgewogenheit.

Die ohnehin beträchtlichen Gefahren für den Bestand des spanischen Reiches hatten infolge der noch von Philipp IV. betriebenen Vermählung seiner Töchter Maria Theresia und Margarethe mit Ludwig XIV. von Frankreich bzw. Kaiser Leopold I., eine besondere dynastische Komponente. Zwar hatte Maria Theresia vor ihrer Vermählung ausdrücklich auf ihre spanischen Thronrechte verzichtet, doch hatte man die mit diesem Verzicht verbundene Mitgift nie ausgezahlt. Der französische König benutzte diese Tatsache als Vorwand, um, gestützt auf das sogenannte brabantische Devolutionsrecht, im Frühling 1667 Teile der Spanischen Niederlande und die Freigrafschaft Burgund an sich zu bringen. Zudem kam der ,Sonnenkönig' am 19. Januar 1668 mit Kaiser Leopold I. überein, daß spätestens nach dem Tod Karls II. der spanische Thron samt den Kolonien und Mailand an Österreich fallen solle, während Frankreich sich Neapel, Sizilien, Navarra, die Freigrafschaft Burgund und die Spanischen Niederlande sichern würde. Angesichts der Untätigkeit der deutschen Fürsten blieb es England und Holland vorbehalten, sich diesen Plänen entgegenzustellen. Paris begnügte sich daher im Frieden von Aachen (2. Mai 1668) mit der Annexion von Lille und weiterer elf, im Artois und in Flandern gelegenen Festungen. Der Devolutionskrieg machte deutlich, daß Spanien nicht länger in der Lage war, die Unversehrtheit seines Staatsgebietes aus eigener Kraft zu gewährleisten.

Der im Frühling 1672 lediglich als Nachfolgekrieg konzipierte Angriff Frankreichs auf die Vereinigten Provinzen sollte sich innerhalb weniger Monate zu einem großen europäischen Konflikt ausweiten. Den seit Mitte 1673 an der Seite Österreichs, Dänemarks sowie einiger deutscher Fürstentümer kämpfenden spanischen Truppen gelang es anfänglich, die außeriberischen Besitzungen weitgehend zu behaupten. So wurde der Aufstand in Sizilien trotz mehrerer französischer Seesiege 1676 niedergeschlagen und versetzte die Krone zum ersten Mal in die Lage, in einem Teilreich bedeutende konstitutionelle Strukturen durch absolutistische Machtmechanismen zu ersetzen. Spätere französische Erfolge zwangen Spanien jedoch im Vertrag von Nymwegen (17. September 1678), die Freigrafschaft Burgund sowie weitere Städte im Artois und in Wallonien endgültig an Frankreich abzutreten.

Während dieses sogenannten ,Holländischen Krieges' hatten sich die Zeichen gemehrt, daß der Reformgedanke im Begriff war, in der spanischen Oligarchie erneut an Rückhalt zu gewinnen. Der illegitime Sohn Philipps IV., Don Juan José de Austria, hatte Anfang 1669 seine machtpolitischen Differenzen mit Pater Nithard durch einen unblutigen Militärputsch (,Pronunciamiento') zu seinen Gunsten entschieden, und konfrontierte die Regentin mit einem breitgefächerten Katalog von Reformwünschen. Nachdem man diesen in einigen Punkten entsprochen hatte, wurde Don Juan José jedoch erneut als Generalvikar der Länder der Krone Aragon in die Peripherie verbannt. Nach einer achtjährigen Übergangsphase, in deren Verlauf die Zügel der Macht in den Händen des andalusischen Abenteurers und engen Vertrauten der Regentin, Fernando Valenzuela, lagen, gelang es dem Prinzen jedoch mit einem erneuten ,Marsch auf Madrid' am 23. Januar 1677 seine Ernennung zum (de facto) ersten Minister der Krone zu erwirken.

Allerdings zeigte es sich bald, daß es ihm infolge der enormen wirtschaftlichen und politischen Probleme des Landes bestenfalls ansatzweise gelingen würde, die notwendigen Reformen durchzuführen. Diese Tatsache, die sich schon vor dem frühen Tod des Prinzen (17. September 1679) in einem insgesamt negativen Urteil über seine Regierungszeit niederschlug, sollte jedoch nicht darüber hinwegtäuschen, daß Don Juan José neben Olivares wohl die einzige Persönlichkeit jenes Jahrhunderts war, die über die nötige Tatkraft verfügte, um Spaniens Schicksal in andere Bahnen zu lenken.

Nach Pater Nithard und dem auch als ‚Palastgeist‘ (‚Duende de Palacio‘) bekannten Valenzuela, die formell lediglich als Berater der Regentin fungiert hatten – Don Juan José nahm infolge seiner königlichen Abstammung ohnehin eine Sonderstellung ein – verkörperte der Nachfolger des Prinzen, der Herzog von Medinaceli, erneut den Typus des traditionellen ‚Válido‘, ein Amt, das nun auch offiziell die Bezeichnung ‚Premierminister‘ trug.

Die Hoffnung, die noch von Don Juan José initiierte Vermählung Karls II. mit Marie Luise von Orleans (November 1679) würde die Beziehungen zu Paris freundlicher gestalten, sollte sich nicht erfüllen. Die Außenpolitik Ludwigs XIV. befand sich zu jenem Zeitpunkt – mit der Intensivierung der sogenannten Reunionspolitik – in ihrer wohl aggressivsten Phase, und das militärisch geschwächte Spanien mußte ihr geradezu als eine Aufforderung zu weiteren expansionistischen Aktionen erscheinen. Unter Ausnutzung des Umstandes, daß Österreich, Spaniens nun schon traditioneller Bündnispartner, sich bei der Verteidigung Wiens in einem Existenzkampf befand, besetzte Frankreich Luxemburg und vermochte es im sogenannten Regensburger Stillstand (15. August 1684) zusammen mit weiteren Reunionen auch zu behaupten.

Auch dem durch den französischen Einfall in das Reich provozierten Ausbruch des Pfälzischen Erbfolgekrieges folgte kaum ein halbes Jahr später (April 1689) ein Angriff auf spanisches Gebiet. Der zeitliche Zusammenfall beider Aktionen war keineswegs unbeachsichtigt. Die geplante Vermählung Karls II. mit Marie Anna von Pfalz-Neuburg, der Tochter eben jenes pfälzischen Kurfürsten, dem Ludwig XIV. Teile seines Besitzes streitig zu machen suchte, drohte das Bündnis zwischen den beiden Häusern Habsburg noch enger zu knüpfen. Die französischen Bemühungen, dieser Entwicklung frühzeitig entgegenzuwirken, wurden durch die Tatsache begünstigt, daß erneut große Teile Kataloniens vom Aufruhr erfaßt wurden. Die jahrzehntealte Unzufriedenheit über die drückende Abgabenlast und die nahezu permanente Einquartierung königlicher Streitkräfte hatte im Gefolge der Mißernte des Jahres 1687 ihren Höhepunkt erreicht und artikulierte sich schließlich im Oktober jenes

Jahres im sogenannten Aufstand der ‚Barretines'. Im Gegensatz zu den Ereignissen von 1640 wurde diese Bewegung, die erst Ende 1689 unter Kontrolle gebracht wurde, fast ausschließlich von den bäuerlichen Schichten Nord- und Mittelkataloniens getragen und trug daher unmißverständlich sozialrevolutionäre Züge. Frankreich, das den Aufstand durch geldliche Zuwendungen unterstützt hatte, vermochte das damit geschaffene Wohlwollen in Katalonien freilich nicht auszuwerten. Die weitgehende Zerstörung Barcelonas und Alicantes (10. bzw. 25.–29. Juli 1691) durch die französische Flotte schürte den Haß auf den Aggressor und festigte erneut die lehnsrechtlichen Bande zur Krone. So sollten die katalanischen Milizen (‚Miguelets') neben den von Georg von Hessen-Darmstadt befehligten königlichen Streitkräften das wichtigste Element des anti-französischen Abwehrkampfes werden.

Im Gegensatz zu seinen militärischen Erfolgen auf der Pyrenäenhalbinsel mußte Frankreich im Kampf gegen die Große Allianz, das europäische Militärbündnis, dem seit Juni 1690 auch Spanien angehörte, eine Reihe empfindlicher Niederlagen einstecken. Die daraus resultierende Kriegsmüdigkeit der französischen Krone verhalf auch Spanien im Frieden von Rijswijk (September 1697) zu relativ günstigen Ergebnissen. Frankreich gab an Spanien Luxemburg und andere seit 1679 einverleibte Reunionen zurück, behauptete jedoch den westlichen Teil der Insel Santo Domingo.

Die Abmachungen von Rijswijk waren indessen für den Madrider Hof nur von sekundärer Bedeutung, stand er doch, gespalten in drei Interessengruppen, mehr denn je im Zeichen des diplomatischen Kampfes um den spanischen Thron. Die österreichische Kronkandidatur hatte durch die Vermählung Karls II. mit Marie Anna von Pfalz-Neuburg erheblich an Boden gewonnen. Der ohnehin pro-österreichische Graf Oropesa, der im April 1685 Medinaceli als Premierminister abgelöst hatte, wurde schon im Juni 1691 erneut seines Amtes enthoben. Die Madrider Politik entwickelte sich nun, unter dem Einfluß des kaiserlichen Botschafters Harrach, zunehmend im Einklang mit den österreichischen Intentionen. Karl II. hatte indessen, dem Drängen seiner Mutter nachgebend, den bayerischen Kurprinzen Joseph Ferdinand im September 1693 zu seinem Nachfolger bestimmt. Diese Entscheidung erfreute sich insbesondere der Unterstützung des an der Erhaltung des europäischen Kräftegleichgewichts interessierten englischen Hofes, wurde aber auch von Ludwig XIV. zeitweilig als Kompromißlösung akzeptiert.

Seit Beginn des Jahres 1698 gelang es jedoch Botschafter d'Harcourt, gestützt auf das Argument, nur eine französische Thronfolge könne die territoriale Unversehrtheit des spanischen Reiches gewährleisten, eine

wachsende Zahl einflußreicher Persönlichkeiten des Madrider Hofes für
die Thronkandidatur Philipps von Anjou, eines Enkels des ‚Sonnenkö-
nigs‘, zu gewinnen. Kurprinz Joseph Ferdinand starb im Februar 1699,
und als nach dem Rücktritt Oropesas, der seit 1698 erneut die Regierungsgeschäfte geführt hatte, sich die Macht am Hof zunehmend in den
Händen des französisch gesinnten Kardinalerzbischofs von Toledo, Por-
tocarrero, konzentrierte, schien es, als seien die Würfel bereits gefallen.
Ludwig XIV. verkannte indessen nicht, daß die spanische Thronfolge
weniger von Madrid als von dem Willen der europäischen Großmächte
abhing. Er kam daher im Juni 1699 und erneut im Februar 1700 mit
England und den Vereinigten Provinzen überein, das spanische Reich –
mit Ausnahme der italienischen Kronländer und Guipúzcoas – Erzherzog Karl, dem Sohn Kaiser Leopolds I., zu überlassen. Die wenige Wochen vor seinem Tod (1. November 1700) gefällte Entscheidung Karls II.,
dennoch Philipp von Anjou zu seinem Universalerben einzusetzen, war
der – letzten Endes gescheiterte – Versuch des Monarchen, zu verhindern, daß mit dem Ende der spanischen Habsburger auch deren Erbe
erlösche.

Die Möglichkeit, die zu diesem Zeitpunkt sehr wohl gegeben war, den
Kampf um das spanische Erbe auf Österreich allein zu beschränken,
wurde von der französischen Krone durch ihre anmaßende und unkluge
Politik selbst zunichte gemacht. Österreich, das bereits im April 1701
allein den Kampf aufgenommen hatte, vermochte daher gemeinsam mit
England und den Vereinigten Provinzen eine Allianz (7. September 1701)
gegen Frankreich zu schmieden, der sich bis 1703 auch Preußen und eine
Reihe deutscher Fürstentümer anschließen sollten. Heerführer wie Eugen
von Savoyen, Marlborough oder Villars, und Schlachtenorte wie Höch-
städt, Ramillies, Turin und Malplaquet wurden nun die Fluchtpunkte
einer mehr als zehnjährigen Auseinandersetzung, die – zeitweise verknüpft mit dem Nordischen Krieg (1700–21) – nicht nur wahrhaft europäische Dimensionen hatte, sondern infolge ihrer Ausweitung auf die
amerikanischen Gewässer zeitweilig ein nahezu universales Ausmaß erreichte.

Auf der Pyrenäenhalbinsel war der Konflikt nach der Ausrufung Erzherzog Karls zum König der Spanier (‚Karl III.‘) seit 1703 sowohl ein
europäischer Machtkampf als auch ein Bürgerkrieg. Während sich in
Kastilien die Mehrheit der Magnaten, wohl aus Furcht, die Herrschaft
der Bourbonen bedeute das Ende ihrer politischen Führungsrolle, gegen
den jungen Philipp wandte, trug die Unterstützung der unteren Bevölke-
rungsschichten und weiter Kreise des Klerus erheblich dazu bei, daß
‚Karl III.‘, trotz zeitweiliger militärischer Überlegenheit, Madrid 1706

und erneut 1710 jeweils bereits nach wenigen Monaten wieder aufgeben mußte. Sehr vielschichtig dagegen waren die Gründe, die in den Ländern der Krone Aragon die Unterprivilegierten, die Geistlichkeit und die Mehrheit des Adels bewogen, sich für die Sache des österreichischen Prätendenten zu erklären. Die insbesondere in Aragon sehr ausgeprägte Abneigung gegen alles Französische, ein weitverbreitetes Mißtrauen hinsichtlich der Intentionen der neuen Dynastie, der pro-österreichische Einfluß Georgs von Hessen-Darmstadt, der seit 1704 in den Kronländern als Generalvikar wirkte, und nicht zuletzt die Hoffnung der valencianischen Bauern, der Habsburger werde die bedrückenden sozialen Verhältnisse in ihrer Region zu ihren Gunsten verändern, all dies trug dazu bei, den alten Gegensatz zwischen den Mittelmeerprovinzen und Kastilien erneut aufbrechen zu lassen.

Die Furcht vor dem bourbonischen Zentralismus war indessen nur zu berechtigt. Nachdem der Sieg bei Almansa (25. April 1707) den Krieg endgültig zugunsten Philipps V. entschieden zu haben schien, beraubte man die Länder der Krone Aragon per Dekret ihrer regionalen Vorrechte – Valencia verlor zudem sein jahrhundertealtes Zivilrecht –, und es erschienen nun die ersten einer Reihe von Verordnungen, die in ihrer Gesamtheit später als die ‚Leyes de Nueva Planta‘, die ‚Neuen Gesetze‘, in die Geschichte eingehen sollten. Die dadurch ausgelöste Abkehr vieler Parteigänger der Bourbonen schien, im Verein mit den Hungersnöten des Jahres 1710 und einer Reihe französischer Niederlagen auf dem westeuropäischen Kriegsschauplatz, eine Wende anzuzeigen. Doch während Frankreich bereits Friedensfühler ausstreckte, gelang es den spanischen Bourbonen mit dem Doppelsieg bei Brihuega und Villaviciosa (Dezember 1710), das Ruder erneut herumzureißen. Politische Veränderungen in der englischen Führung und die Furcht, Karl, der im April 1711 als Karl VI. die Nachfolge seines verstorbenen Bruders im Kaisertum angetreten hatte, könne im Falle eines Sieges die Vorherrschaft in Europa an sich reißen, bewirkten überdies den Zerfall der Großen Allianz. Bereits Ende 1711 wurden daher die ersten Friedensverhandlungen angeknüpft.

Die Vertragswerke von Utrecht und Rastatt (Juli 1713 bzw. März 1714) veränderten von Grund auf die europäischen Machtverhältnisse zugunsten Englands und Österreichs. Philipp V. dagegen, der am 13. September 1714 mit der Einnahme Barcelonas auch den letzten Widerstand im Inland beseitigt hatte, erkaufte sich die Legitimation seiner Position um den Preis der Aufgabe aller außeriberischen Besitzungen. Mailand, Neapel, Sardinien und die Spanischen Niederlande fielen an Österreich, Sizilien an Savoyen, und Spanisch Gelderland an Preußen. Deutlicher noch als diese Verluste unterstrich indessen die Abtretung von

Gibraltar und Menorca an England, daß Spanien endgültig ins zweite
Glied der europäischen Mächte zurückgetreten war.

2. Demographie und Wirtschaft

Im Gegensatz zum machtpolitischen Bereich gelang es bereits im späten
17. Jahrhundert, den wirtschaftlichen Niedergang der vorangegangenen
Jahrzehnte spürbar zu verlangsamen und ansatzweise eine Wende einzuleiten. Eine wichtige Voraussetzung dafür war das demographische
Wachstum, das sich trotz weiterhin auftretender Epidemien und häufiger
Mißernten in der zweiten Hälfte des Jahrhunderts in steigenden Agrarer-
trägen und einer erhöhten Nachfrage nach Verbrauchsgütern niederschlagen sollte. Die spanische Industrie, insbesondere die Tuchindustrie,
profitierte allerdings nur bedingt von diesem Wandel. So war zwar in
Segovia die Zahl der Webstühle, die zwischen 1640 und 1682 von 300 auf
50 abgesunken war, bis zum Jahre 1697 wieder auf 252 angestiegen, doch
bestanden in Avila, einem weiteren traditionellen Schwerpunkt der Tucherzeugung, nur noch 14 Webstühle. Der nicht minder ausgeprägte Niedergang der Seidenerzeugung begrenzte sich nicht auf die Zentren dieses
Industriezweiges – Granada hatte mit einer Einwohnerschaft von ca.
100000 einstmals als die größte Industriestadt Spaniens gegolten –, sondern zerstörte auch den für die Landwirtschaft so wichtigen Zweig der
Seidenraupenzucht. Selbst die Roheisenindustrie des Baskenlandes, die,
gleich dem Quecksilberbergbau von Almaden, sehr auf den Auslands-
markt orientiert war, erschöpfte keineswegs die bestehenden Wachs-
tumsmöglichkeiten.

Die namentlich zwischen den Jahren 1688 und 1707 so häufig erhobene
Forderung, die Krone solle die Einfuhr von ausländischem Roheisen
weitgehend unterbinden, machte deutlich, warum sich das Land in dieser
Zeit wirtschaftlich nur wenig erholte. Ausländische Erzeugnisse waren
infolge modernerer Herstellungsmethoden und der höheren spanischen
Inflationsrate weiterhin konkurrenzfähiger als spanische Produkte. Insbesondere die Zünfte, die in Anbetracht ihrer fortschreitenden politischen Entmachtung keine andere Möglichkeit sahen, sich der wachsenden Ausbreitung des Verlagswesens zu erwehren, als Herstellungsmethoden und -mengen einer minutiösen Reglementierung zu unterwerfen,
bildeten ein wesentliches Hindernis für die Ausweitung und Modernisierung der Tuch- und Seidenherstellung.

Die enge Korrelation zwischen ausländischen Einfuhren und dem
Stand der spanischen Wirtschaft läßt sich an einem Beispiel besonders

deutlich aufzeigen. Weitgehend bedingt durch jene Konzessionen an die englische und französische Tuchindustrie, die man Spanien in den Friedensverträgen von 1604 bzw. 1659 abgepreßt hatte, war die katalanische Tuchweberei während der gesamten ersten Hälfte jenes Jahrhunderts in einem desolaten Zustand. Erst als Spanien im Gefolge der aggressiven Politik Ludwigs XIV. sich zunehmend den französischen Einfuhren verschloß, begann in Katalonien jene Wende, von der noch zu sprechen sein wird.

In Anbetracht der Tatsache, daß einige angesehene ‚Arbitristas‘ (Moncada u. a.) bereits zu Beginn des Jahrhunderts den totalen Protektionismus als das wirtschaftliche Allheilmittel beschrieben hatten und dieses Prinzip ein wichtiger Bestandteil des gerade zu jenem Zeitpunkt so gefeierten Merkantilismus war, ist es nur schwer verständlich, daß Spanien zeitweilig von ausländischen Erzeugnissen geradezu überflutet wurde und die spanischen Kaufleute am lukrativen Amerikahandel kaum noch beteiligt waren. Von den führenden 87 Handelshäusern, die im letzten Viertel des Jahrhunderts in Cádiz, dem neuen monopolistischen Zentrum des Überseehandels, beheimatet waren, befanden sich nur zwölf in spanischen Händen. Während das Verzeichnis der Ausfuhrsteuer (‚Blanca al millar‘) der Hafenbehörde von Sevilla zwischen 1667 und 1690 einen Anstieg des Exportvolumens um 50% anzeigte, verlor der amerikanische Markt für die spanischen Erzeugnisse zusehends an Bedeutung. Sevilla und Cádiz erfüllten für diese ausländischen Produkte lediglich die Funktion von Transithäfen. Auch ein Großteil der Einfuhren aus den Kolonien wurde lediglich in diesen Häfen registriert und anschließend sofort nach West- und Nordeuropa weitergeleitet.

Ein noch widersprüchlicheres Bild gab es im Bereich der Silbereinfuhren. Während Generationen von Historikern, gestützt auf Dokumente der Krone, zu dem Schluß gelangten, die Silbereinfuhren hätten sich nach 1595 in einem stetigen Niedergang befunden, kommt der belgische Geschichtswissenschaftler Everaert zu einem völlig anderen Ergebnis.[5] Eine Überprüfung der Unterlagen der ausländischen Konsulate in Cádiz ergab, daß sich der Wert der Silberimporte pro Jahrfünft von 1671–75 bis 1695–1700 von 35 auf 66 Millionen Pesos gesteigert hatte. Allerdings wurde der Großteil der Silberbarren nie von den Organen der ‚Casa de Contratación‘ registriert, sondern bereits in der Bucht von Cádiz heimlich auf ausländische Schiffe umgeladen.

Ein 1668 von der Krone gemachter Versuch, durch die Schaffung einer

---

[5] J. Everaert, De internationale en koloniale Handel der Vlaamse Firma's te Cadiz 1670–1700, Brügge 1973

privilegierten Handelsgesellschaft die Kontrolle über den Amerikahandel wiederzugewinnen, scheiterte bereits im Planungsstadium. Dennoch ist er geschichtlich von gewisser Bedeutung, markiert er doch den Beginn jener Reformbewegung, die auf das engste mit der Persönlichkeit des Prinzen Don Juan José de Austria verbunden ist. Dieser hatte bereits im Gefolge seines ersten ‚Pronunciamiento‘ die Bildung eines Regierungsausschusses durchgesetzt, mittels dessen er einen Prozeß der wirtschaftlichen Erneuerung in Gang zu bringen hoffte. Tatsächlich erarbeitete die ‚Junta de Alivios‘ in der Folge eine Reihe von Reformvorschlägen, die jedoch wegen der erneuten Entmachtung des Prinzen vorläufig zu den Akten gelegt wurden. Als Generalvikar der Krone Aragon vermochte er zwar die Regenerationsbestrebungen in den östlichen Provinzen – so, unter anderem, durch die Bildung der ‚Junta Grande‘ – erheblich zu fördern, doch erst seine Regierungsübernahme (1676) versetzte ihn in die Lage, an die sieben Jahre zuvor gemachten Anstrengungen wiederanzuknüpfen.

Die von ihm angeregten Reformen schlugen sich vor allem im Währungs- und Steuerwesen nieder. Die jahrzehntelange Münzverschlechterung hatte insbesondere hinsichtlich des ‚Vellón‘ zu einem solchen Vertrauensverlust geführt, daß die Münze, ungeachtet ihres Nominalwerts, nur noch gemäß ihres Gewichts gehandelt wurde. Nachdem man ihren Wert bereits 1664 von 24 auf 12 ‚Reales‘ gesenkt hatte, verlor sie im Februar 1680 75% ihres Nennwertes. Im Mai desselben Jahres schließlich wurden im Rahmen einer weitgehenden Währungsreform alle Münzen aus dem Verkehr gezogen. Diese Maßnahmen fügten zwar gewissen Finanzkreisen kurzfristig erheblichen Schaden zu – so mußten innerhalb weniger Monate 22 Banken des Finanzzentrums Medina del Rioseco ihre Tore schließen –, verliehen jedoch dem kastilischen Währungssystem langfristig eine ungewohnte Stabilität und beendeten die inflationäre Entwicklung der vergangenen Jahrzehnte.

Die Mechanismen des kastilischen Steuersystems hatten sich seit den Zeiten Philipps II. kaum verändert. Der größte Anteil am königlichen Steueraufkommen wurde weiterhin von Steuerpächtern (‚Arrendamiento‘) eingezogen; ein gewisser Teil der Abgaben floß der Krone im Rahmen des ‚Encabezamiento‘ zu, d. h. die Kommunen und Provinzverwaltungen erfüllten selbst die Rolle der Steuerbehörde. Lediglich 7% wurden vom Finanzrat direkt eingezogen, obwohl dieser nach Schätzungen aus dem Jahre 1667 nominal über mehr als 200000 Beamte verfügte. Angeregt durch die Behauptung, die Steuerpächter entzögen der Krone alljährlich mehr als vier Fünftel ihres Steueraufkommens, beschloß man im März 1680, das ‚Encabezamiento‘ auf das Gros der königlichen Abgaben auszudehnen. In jahrelangen Verhandlungen gelangte die ‚Junta de Encabezamiento' zu einer Neuverteilung der Steuerlast, die einigen Kommunen eine Abgabenminderung von bis zu 32% erbrachte. Allerdings zeigte es sich bald, daß die Krone durch das neue System finanzielle Einbußen erleiden würde, und man beschloß daher bereits im März 1684, die Steuerneueinstufung auf jene 17 Provinzen zu begrenzen, in denen die notwendigen Verhandlungen bereits abgeschlossen waren.

In der 1679 auf Veranlassung Don Juan Josés geschaffenen ‚Real y General Junta de Comercio' sowie in den regionalen Gremien, die ihr in Granada (1683), Sevilla (1687) und Valencia (1692) folgen sollten, vereinten sich Elemente des traditionellen kastilischen Wirtschaftsdirigismus mit den Prinzipien des französischen Merkantilismus. Unter ihrer Ägide gründete man in Burgos, Segovia, Sigüenza und Plasencia Textilmanufakturen, in San Martin entstand eine Glasfabrik, und ausländische Fachkräfte, vornehmlich aus den Spanischen Niederlanden, wurden ins Land gerufen, um ihr Können in den Dienst der spanischen Wirtschaft zu stellen. Vor allem der Gründer der katalanischen ‚Junta Particular de Comercio' (1692), Feliu de la Peña – Mitverfasser des 1683 erschienenen Werkes ‚Fénix de Cataluña', mit dem er zu einem der Väter des wirtschaftlichen Aufstiegs Kataloniens wurde –, erkannte, wie notwendig es war, vom Ausland zu lernen, und förderte dieses Ziel auch unter Einsatz seines Privatvermögens.

Der Erfolg dieser Bemühungen, der sich ohnehin im wesentlichen auf Katalonien, Valencia und die andalusische Seidenindustrie beschränkte, blieb infolge der kriegerischen Ereignisse des späten 17. Jahrhunderts und des Zerfalls des internationalen Handelswesens zwangsläufig eng begrenzt. Dennoch orientierten sich die wirtschaftspolitischen Maßnahmen der Regierung Philipps V. während der Kriegsjahre und der unmittelbaren Nachkriegszeit weitgehend an den hier gemachten Erfahrungen – so, unter anderem, die Konstituierung der ‚Real Junta de Comercio (1707), die Gründung der Textilmanufaktur von Guadalajara (1718) und der Eisengießerei von Genal (1725) sowie die Schaffung der ‚Compañía de Montesacro', der man 1714 das Handelsmonopol für Honduras und Venezuela übertrug.

Die volkswirtschaftlich wohl bedeutendste Maßnahme des ersten Bourbonen erbrachte endlich jene Beseitigung des steuerlichen Ungleichgewichts zwischen Kastilien und den Ländern der Krone Aragon, die Generationen von kastilischen Politikern vergeblich angestrebt hatten. Die 1715 in Katalonien unter der Bezeichnung ‚Catastro' geschaffene Abgabe – in Valencia (‚Equivalente') und Aragon (‚Unica contribución') beschritt man wenig später denselben Weg – unterteilte sich in eine

Grund- oder Gebäudesteuer („Rentas reales') und eine Einkommensteuer („Rentas personales'). Die Steuerfreiheit der privilegierten Klassen wurde mit dieser Maßnahme allerdings nicht angetastet. Dagegen scheiterte die geplante Aufhebung aller Binnenzölle 1717 am Widerstand der Ständeversammlungen Navarras und des Baskenlandes. Man war daher gezwungen, jene Zollgrenze zu belassen, die die sogenannten ,Provincias unidas', d. h. Kastilien und die Länder der Krone Aragon, von den ,Provincias exentas' (Navarra und das Baskenland) teilte. Auch die bestehende Vielfalt regionaler Maße und Münzen blieb unverändert, wenn auch die ,Peseta', eine Silbermünze, die Erzherzog Karl während des Erbfolgekriegs in Katalonien eingeführt hatte, in allen Kronländern zunehmend Verwendung fand.

3. Verwaltung und Gesellschaft

Die königlichen Ratskollegien bildeten auch im späten 17. Jahrhundert die Grundlage des zentralen Verwaltungsapparates, doch hatten sie infolge der Führungsschwäche der letzten Habsburger erhebliche Veränderungen durchgemacht. Während nämlich die Spitzen der Aristokratie dank ihrer sehr beträchtlichen Machtmittel in der Lage waren, direkt auf den Monarchen einzuwirken, bediente sich vor allem der mittlere Adel dieser Gremien, um seinen politischen Einfluß zu artikulieren. Ihre personelle Geschlossenheit ergab sich vornehmlich aus der Tätigkeit der ,Hacedores', d. h. jener besoldeten Fürsprecher am Hof, die dafür sorgten, daß die Absolventen der ,Colegios Mayores' (,Colegiales') bei der Besetzung hoher Verwaltungsämter bevorzugt berücksichtigt wurden. Ihre daraus resultierende Verselbständigung sowie interne Rivalitäten und eine personelle Überbesetzung führten wiederholt zu Versuchen der ,Válidos', die Rolle des Nervenzentrums des spanischen Imperiums kleinen, flexibleren Ausschüssen zu übertragen. Im Unterschied zur ,Junta de Ejecución', die ganz an die Person Olivares' gebunden war und folglich dessen Sturz nicht überlebte, erfreute sich das ,Despacho Universal', das 1621 ebenfalls unter der Ägide des ,Condeduque' entstanden war, großer Kontinuität. Vom Privatsekretariat Philipps IV. wandelte es sich im Laufe der Jahrzehnte zur unmittelbaren Befehlszentrale des Monarchen, um schließlich unter Philipp V. die Grundlage für den ersten Ministerrat moderner Prägung zu bilden.

An seine Stelle traten im Juli 1705 drei Ministerien (,Secretarías') – ihre Zahl und ihr Aufgabenkreis wurden in der Folgezeit häufig verändert –, deren Verantwortliche von nun an in regelmäßig stattfindenden Kabinettssitzungen die Grundlinien der spanischen Politik festlegten. Um sie zu den ausschließlichen Exekutivorganen der Krone werden zu lassen, hätte es jedoch einer klareren Abgrenzung ihrer Kompetenzen hinsichtlich anderer, bereits bestehender Gremien bedurft. Neben dem Finanz- und dem Kriegsrat – der Staatsrat besaß nur noch repräsentative Aufgaben, die Territorialräte für Italien und Flandern wurden dagegen 1713 bzw. 1720 aufgelöst – verfügte vor allem der Kastilienrat weiterhin über erheblichen Einfluß. Mit der Übernahme der Kompetenzen des Aragonrates, der 1707 den Zentralisierungsmaßnahmen der Kriegsjahre zum Opfer gefallen war, und der Erweiterung seiner rechtsprechenden Befugnisse (1715) war er oberstes Appellationsgericht und höchste Verwaltungsbehörde zugleich. Da seine Führungskräfte auch weiterhin vorrangig von den ‚Colegiales‘ gestellt wurden, bildete der Kastilienrat ein konservatives Machtzentrum, das sich im Verein mit der Inquisition und dem Jesuitenorden insbesondere in den Anfängen der neuen Ära vielen, von Botschafter Amelot und dem französischen Ratgeber des Königs, Jean Orry, initiierten Reformen erfolgreich widersetzte.

Die Auflösung der ‚Cortes‘ von Aragon, Katalonien und Valencia und die Übernahme ihrer Kompetenzen durch die kastilische Ständeversammlung, die damit – ausgenommen Navarra und die baskischen Provinzen – diese Funktion für ganz Spanien erfüllte, war ein Ereignis von großer historischer Signifikanz, machtpolitisch jedoch weit weniger bedeutsam. Zum einen hatten die Landtage der drei Ostprovinzen ihre Aufgabe während der vorausgegangenen Jahrzehnte kaum noch wahrgenommen, zum anderen wurden die ‚Cortes‘ in Madrid auch von den Bourbonen lediglich als Repräsentationsinstrument ohne eigene Machtbefugnisse benützt.

Auch in anderer Hinsicht dienten die Länder der Krone Aragon als Experimentierfeld der bourbonischen Zentralisierungsbestrebungen. An die Stelle der Vizekönige traten nun Generalkapitäne. Sie waren sowohl oberste Militärbefehlshaber ihrer Provinz als auch Vorsitzende der ‚Audiencias‘ von Barcelona bzw. Zaragoza und Valencia, Institutionen, die neben ihrer gewohnten rechtsprechenden Funktion nun auch die Rolle der obersten regionalen Verwaltungsbehörde erfüllten. (Das Amt des Generalkapitäns sollte in der Folgezeit, mit Ausnahme Neukastiliens und Navarras, auch auf das restliche Spanien ausgedehnt werden.) Das nach französischem Vorbild als Bindeglied zwischen der Krone und den lokalen Behörden konzipierte Amt des Intendanten, das im militärischen Bereich bereits während des Erbfolgekriegs in Katalonien und Valencia Eingang gefunden hatte, wurde 1718 infolge des Widerstands des Adels wieder aufgegeben. Der ‚Corregidor‘, der in den im Kronland geschaffenen Bezirken ('Corregimientos') die Zivil- und Steuerverwaltung leitete, sowie die von der Krone ernannten 'Regidores' und 'Capitulares', vervollständigten die Strukturen des neuen Staates.

Ungeachtet dieser Neuerungen, sollten Philipp V. und seine französischen Ratgeber bei dem Bemühen, Spanien in einen Einheitsstaat moderner Prägung zu verwandeln, wiederholt auf erhebliche Widerstände stoßen. So scheiterte der Versuch, die Wehrpflicht ('Quinta') auch in den Ländern der Krone Aragon einzuführen, am Widerstand des katalanischen Volkes. Sie wurde hier folglich erst 1724 – zwanzig Jahre später als in Kastilien, und selbst dann nur für kurze Dauer – durchgesetzt.

Die Unsicherheit, mit der die Krone auf solche Widerstände selbst aus den unteren Volksschichten reagierte, läßt erahnen, wie sehr das Regime Philipps V. weiterhin der Unterstützung des Adels bedurfte. Obwohl die Aristokratie der Krone Aragon zu Ende des Erbfolgekrieges mehrheitlich im Lager der Besiegten gestanden hatte, wagte es die Krone nur ansatzweise, die Prinzipien des französischen Absolutismus auch gegen diesen Stand voll zu verwirklichen. Folglich waren die Amtsträger des neuen Systems nicht etwa bürgerliche Legisten oder kleine Geistliche, sondern entstammten, wie ihre Vorgänger, dem hohen und mittleren Adel.

Die Möglichkeit, die sich mit dem wirtschaftlichen Verfall des Adels bot, den zweiten Stand einem notwendigen und längst überfälligen Regenerationsprozeß auszusetzen, blieb ungenutzt. Anstatt einen allmählichen Abbau der Schutzmechanismen des 'Mayorazgo' in Angriff zu nehmen, bediente man sich einer Vielzahl juristischer Kunstgriffe – so, unter anderem, der Berufung von Treuhändern ('Juez conservador'), die entweder die wirtschaftliche Leitung des Mayorats übernahmen oder lediglich die schrittweise Tilgung der Schuldenlast sicherzustellen hatten –, um den hochverschuldeten Adligen auch weiterhin die Verfügungsgewalt über ihr Stammgut zu erhalten.

Die Gründe für den wirtschaftlichen Niedergang des Adels sind neben der anhaltenden Wirtschaftskrise und der fortschreitenden Entvölkerung vieler ländlicher Bezirke – zwischen 1600 und 1650 hatte die Pacht stellenweise eine Wertminderung von ca. 30% erfahren – vor allem in seinem ausschweifenden Lebensstil zu suchen. Insbesondere die oberen Ränge der Aristokratie hatten ihren Wandel zum Hofadel um einen sehr hohen Preis erkauft: aufwendige Stadtpalais, der Unterhalt einer Vielzahl von Bediensteten, die insbesondere unter Philipp III. sehr häufigen Rundreisen ('Jornadas') der Monarchen, die ständig steigenden Mitgiften sowie die vom Monarchen so häufig geforderten 'Donativos' – all dies ließ riesige Vermögen in wenigen Jahrzehnten dahinschmelzen. Da der Adel jedoch dank der Unveräußerlichkeit seines Besitzes weiterhin als kreditwürdig galt, war er von den Auswirkungen des von ihm mitverschuldeten wirtschaftlichen Niedergangs weitgehend abgeschirmt und folglich an tiefgreifenden Reformen nur wenig interessiert.

4. Kirche und Kultur

Die spanische Kirche der Gegenreformation, gekennzeichnet durch religiöse Militanz und den Willen zur inneren Erneuerung, verfiel, nicht zuletzt als Folge der freiwilligen Isolation vom übrigen Abendland, im späten 17. Jahrhundert erneut der geistigen Stagnation. Obwohl der Probabilismus und der Quietismus in Antonio de Escobar und Miguel de Molinos über hervorragende spanische Exponenten verfügten, wurde Spanien von diesen bedeutenden theologischen Strömungen nur am Rande berührt. Erst nach der Inhaftierung Molinos' durch die römischen Kirchenbehörden (1685) entdeckte man auch im spanischen Klerus Jünger des Molinismus. Von wesentlich größerer Bedeutung für die Mehrheit der spanischen Katholiken war dagegen die Frage der Unbefleckten Empfängnis, die in Andalusien bereits seit Jahrzehnten als Dogma betrachtet wurde. Der Heilige Stuhl folgte schließlich dem Drängen der Krone und schuf 1696 ein Kirchenfest der Unbefleckten Empfängnis mit eigener Oktave.

Selbst die wirkungsvolle Abwehr ,ketzerischen' Gedankenguts reichte nicht aus, um die katholische Lehre auch unter der breiten Volksmasse von unerwünschten Einflüssen reinzuhalten. Die häufigen Missionierungskampagnen der Jesuiten und ähnliche Phänomene zeigten überdeutlich, daß die während der Karwoche und anderen hohen Kirchenfesten gezeigte religiöse Inbrunst der Gläubigen oft wenig mehr war als eine Fassade, hinter der sich Unwissenheit und Aberglauben verbargen. Erreichten doch, wie in anderen europäischen Ländern auch, der Hexenwahn und die Furcht vor Dämonen gerade in der späten Barockzeit ihren Höhepunkt. So wurden allein in Katalonien von 1620 bis 1622 mehr als 300 Frauen der Hexerei beschuldigt und hingerichtet.

Die Einflußnahme geistlicher Scharlatane auf den Hof und die hohe Politik – bereits in den dreißiger Jahren war es einem gewissen Jerónimo de Liébana gelungen, Philipp IV. und Olivares von seinen überirdischen Fähigkeiten zu überzeugen – sollte unter dem willensschwachen Karl II. besonders groteske Züge annehmen. Die Tatsache, daß der Monarch in seinen zwei Ehen ohne Nachkommen blieb, hatte unter seinen Zeitgenossen die Überzeugung geschaffen, es läge ein Fluch auf ihm – er ist daher in der spanischen Geschichtsschreibung auch als ,el Hechizado' (der Verzauberte) bekannt – und verhalf insbesondere den königlichen Beichtvätern zu großem Einfluß.

Wie bereits erwähnt, war die Kirche im Kampf um den spanischen Thron nicht neutraler Beobachter geblieben. Die sich daraus ergebende Identifikation weiter Teile des Klerus mit der österreichischen Thronkandidatur sollte sich zu einem Politikum erster Ordnung entwickeln, nachdem Papst Klemens XI., dem militärischen Druck Österreichs weichend, 1709 die Legitimität der Ansprüche Erzherzog Karls formell anerkannt hatte. Die damit geschaffene Möglichkeit, die Macht der Krone auch hinsichtlich der Kirche erheblich auszuweiten, wurde von Philipp V. nur bedingt genutzt. Zwar antwortete der Monarch mit dem Abbruch der Beziehungen zum Heiligen Stuhl und verwies den Nuntius sowie viele geistliche Anhänger der österreichischen Thronkandidatur des Landes – 1713 hatten allein in Rom mehr als 3000 von ihnen Zuflucht gefunden –, doch versagte er dem Mitglied des Kastilienrates Macanaz, der auf eine vielfältige Weise für die Stärkung des Regalismus eingetreten war, seine Unterstützung. Macanaz wurde nach dem Tod der Königin Marie Luise von seinen Gegnern, unter denen die Inquisition erneut ein Bündnis mit den ‚Colegiales‘ eingegangen war, jansenistischer Verfehlungen bezichtigt und gezwungen, 1714 das Land zu verlassen.

Die Inquisition hatte zwar unter den breiten Volksmassen wenig von ihrem Schrecken verloren, doch minderte sich im Gefolge der – insbesondere unter Philipp IV. – allmählichen Abkehr vom militanten Geist der Gegenreformation ihr politischer Einfluß; das kam vor allem den vermögenden Schichten zugute. So blieben Bankiers und andere bedeutende Persönlichkeiten der portugiesischen Konvertitengemeinde, von den Verfolgungen, der sich diese Volksgruppe seit 1650 erneut ausgesetzt sah, weitgehend verschont. Neben der Ausweisung der jüdischen Bürger Orans, mit der im April 1669 die letzte Insel religiöser Toleranz im spanischen Herrschaftsbereich beseitigt wurde, erinnerte indessen vor allem die Verfolgung der Konvertiten Mallorcas (‚Chuetas‘) im letzten Viertel des Jahrhunderts daran, daß die religiöse Festungsmentalität der Epoche Philipps II. unter seinen Nachfolgern nur in ganz bestimmten Bereichen einer gewissen Duldsamkeit gewichen war.

Einer dieser Bereiche waren die Natur- und Geisteswissenschaften. Die Einfuhr ausländischer Druckwerke und ihre Veröffentlichung in spanischer Sprache wurde von der Inquisition meistens stillschweigend geduldet. Zudem wagten es bereits einige Gelehrte, wie z. B. der berühmte Anatom Crisóstomo Martínez, sich dem immer noch gültigen Edikt Philipps II. mit dem Besuch ausländischer Hochschulen offen zu widersetzen. Dieses Bemühen, Anschluß an die geistigen Strömungen des übrigen

Abendlandes zu gewinnen, artikulierte sich vor allem in den Salons, die in Valencia, Sevilla und anderen Städten der Peripherie unter dem Schutz des Adels entstanden waren, wurde aber während der kurzen Regierungszeit des Prinzen Don Juan José auch vom Hof ganz erheblich gefördert. Einen historischen Meilenstein in dieser Entwicklung bildet der ‚Philosophische Brief' des valencianischen Mediziners Cabriada. Dieser forderte 1687, man solle durch die Gewährung der Forschungsfreiheit, die Schaffung königlicher Akademien und einer Reihe anderer Maßnahmen endlich der Vernachlässigung der Naturwissenschaften ein Ende setzen. Bereits im selben Jahr nahm eine ‚Academia' in Valencia ihre wissenschaftliche Tätigkeit auf, doch war es die gleichnamige Institution in Sevilla, der Karl II. im Jahre 1700 schließlich den Status einer ‚Königlichen Gesellschaft für Medizin und andere Wissenschaften' verlieh.

Obwohl bereits seit Mitte des 17. Jahrhunderts eine wachsende Zahl unregelmäßig erscheinender Nachrichtenblätter zu verzeichnen war, markierte doch erst das Erscheinen der ‚Gazeta' (Januar 1661) die Geburt des spanischen Pressewesens. Herausgeber dieser Publikation sowie der seit 1677 wöchentlich erscheinenden ‚Gazeta Ordinaria de Madrid' war der Burgunder Bremundan. Ihr geistiger Mentor war indessen Don Juan José de Austria, der sich der Veröffentlichungen vornehmlich zur gezielten Verbreitung seiner politischen Ziele bediente. Aus der Fusion dieser und anderer Zeitschriften entstand schließlich 1697 die ‚Gazeta de Madrid', die erst in der Mitte unseres Jahrhunderts ihr Erscheinen einstellen sollte.

Die Thronbesteigung des ersten Bourbonen bewirkte auch im kulturellen Bereich eine spürbare Stärkung der nationalen Erneuerungstendenzen. Diese sollten sich allerdings in einer bewußten Hinwendung zur französischen Kulturentwicklung manifestieren. Zwar war es den Gebrüdern Churiguera und ihren Nachfolgern Pedro Ribera und Tomé gerade unter Philipp V. vergönnt, dem ‚Churiguerismo' in einer Reihe bedeutender Bauten bleibende Zeugnisse seiner Größe zu setzen, doch symbolisierten die vom französischen Klassizismus und italienischem Barock gleichermaßen beeinflußten Lustschlösser von Aranjuez und San Ildefonso sowie das Madrider Königsschloß, daß auch auf kulturellem Gebiet „die Pyrenäen aufgehört hatten zu bestehen". Die Maler Philipps V. waren entweder Italiener (Amiconi, Rocaccini, Sani), Niederländer (Vanloo) oder Franzosen (Houasse, Ranc), und auch die Schriften des französischen Reformkatholizismus waren für die geistige Entwicklung einer wenn auch immer noch kleinen Gruppe spanischer Kleriker von entscheidender Bedeutung. Die Bemühungen des ersten Bourbonen, Spanien auch auf sprachlichem Gebiet zu vereinheitlichen, schienen, nach-

dem man bereits im Verlauf des Erbfolgekrieges das Kastilische zur allei-
nigen Amtssprache erhoben hatte, mit der Gründung der ‚Real Academia
Española de la Lengua' 1714 einen erfolgreichen Abschluß gefunden zu
haben.

VII. Spanien im Zeitalter der Aufklärung
(1715–1800)

1. Das Jahrhundert der Reformen

Die in der spanischen Geschichtsschreibung übliche Konvention, dieses Jahrhundert als das Zeitalter des aufgeklärten Absolutismus oder, in Anlehnung an das französische ,siècle éclairé', als das ,Siglo de las luces' zu bezeichnen, ist vorrangig Ausdruck des oft unbewußten Bestrebens, die Vorgänge auf der Pyrenäenhalbinsel in jene für Westeuropa so bedeutsame geistige und politische Strömung einzureihen und somit einmal mehr die Zugehörigkeit Spaniens zum abendländischen Kulturraum hervorzuheben. Es heißt nicht, diese Zugehörigkeit in Frage stellen zu wollen, wenn man feststellt, daß sowohl die Errungenschaften als auch die geistigen Grundlagen dieser Epoche nur begrenzt mit den herausragendsten Beispielen des aufgeklärten Absolutismus im übrigen Europa zu vergleichen sind.

Bereits Konetzke hat festgestellt, daß dem Grafen Aranda, der Hauptfigur des aufgeklärten Absolutismus, die Gedanken der Aufklärung nur Mittel und nicht Ziel der Macht waren.[6] Das aus Frankreich und England einströmende aufklärerische Gedankengut führte keineswegs zu einer großen geistigen Auseinandersetzung über Religionsfragen oder einer Annäherung an die Prinzipien der Volkssouveränität, sondern wurde von der Krone nur in dem Maße toleriert, in dem es geeignet schien, die geistigen Barrieren zu einer größeren Effizienz des spanischen Gemeinwesens niederzureißen. Selbst Jovellanos, der zuweilen als der ,iberische Voltaire' bezeichnet wird, begnügte sich angesichts der geistigen Grundstimmung seiner Zeit damit, einem von den französischen Physiokraten beeinflußten Utilitarismus das Wort zu reden. Da ein entsprechendes geistiges Klima fehlte, kann es nicht verwundern, daß die aufklärerische Komponente der – insbesondere unter Karl III. – forcierten ,Revolution von oben' erheblich hinter der des österreichischen Josephinismus zurückblieb. So setzte sich der Toleranzgedanke – trotz der in ihm enthaltenen staatlich-nationalökonomischen Intentionen – auch im Spanien des

---

[6] R. Konetzke, Die Politik des Grafen Aranda, Historische Studien, Heft 182, Berlin 1929, S. 205

aufgeklärten Despotismus nicht einmal ansatzweise durch. Zwar verfügte man 1788 per Dekret die rechtliche Emanzipation der ‚Chuetas' Mallorcas, doch sorgte der bei der Besetzung aller militärischen und politischen Ämter obligatorische Ahnennachweis (‚Prueba de sangre') dafür, daß die Konvertiten in der Praxis auch weiterhin einer grundsätzlichen Diskriminierung ausgesetzt waren. Den Zigeunern brachte diese Epoche gar eine tiefgreifende Verschlechterung ihrer Lage. 1749 hatte man innerhalb eines kurzen Zeitraums gegen ca. 12000 Angehörige dieser Minderheit die Galeerenstrafe bzw. eine unbefristete Festungshaft verfügt. 1783 schließlich forderte man sie auf, endgültig seßhaft zu werden und drohte ihnen bei Zuwiderhandeln mit der Brandmarkung.

Daß das bourbonische Reformprogramm letztlich nur bescheidene Ergebnisse erbrachte, war neben seiner begrenzten Zielsetzung vor allem in der Tatsache begründet, daß es der Krone nicht gelang, ihre Interessen gegen die des Adels und der Kirche wirkungsvoll durchzusetzen. Im Unterschied zum friderizianischen Preußen oder zu den Reformen des Marquis Pombal, gelang es den Bourbonen nicht, den Adel in eine klar definierte staatstragende Rolle einzubinden, geschweige denn sein politisches und wirtschaftliches Gewicht nachhaltig zu beschneiden. Der Erlaß Karls III., der die königliche Zustimmung zur Einrichtung neuer Majoratsgüter von deren Ertragsfähigkeit abhängig machte, konnte die fortschreitende Ausdehnung der ‚Mayorazgos' und der adligen Grundherrschaft kaum aufhalten.

In Anbetracht der Tatsache, daß noch zu Ende des 18. Jahrhunderts 15 Bischofsstädte, 2286 Kleinstädte und rund 6000 Dörfer der adligen Gerichtsbarkeit unterlagen – in Altkastilien waren es 50% der Bevölkerung und 59,3% des Bodens –, war diese Entwicklung von großer wirtschaftlicher und machtpolitischer Signifikanz. Lediglich der zumeist unvermögende Kleinadel sah sich in wachsendem Maße mit den Machtansprüchen der Krone konfrontiert. Folglich sollte die Zahl der steuerrechtlich privilegierten ‚Hidalgos' von 722794 im Jahre 1768 auf ca. 402000 im Jahre 1797 absinken.

Mit dem Tod Kardinal Alberonis (1720) – dessen Regierungsführung im Dienst eines aufstrebenden Regalismus die römische Kurie heftig bekämpft hatte – begann dann eine schrittweise Annäherung zwischen der Krone und dem Heiligen Stuhl. Sie fand im Konkordat von 1737 ihren vorläufigen Abschluß. Allerdings wurde dieses Konkordat von den Regalisten als unbefriedigend betrachtet und bereits 1752 durch ein neues Vertragswerk abgelöst, welches das von den ‚Katholischen Königen' erkämpfte Patronat über die Kirchen Spanisch-Amerikas und Granadas auf den gesamten spanischen Herrschaftsbereich ausdehnte. Weitere Meilensteine des bourbonischen Regalismus waren die Wiederherstellung des ‚Regium exequatur' (1762), eines Privilegs also, das bereits Philipp II. erfolgreich für sich beansprucht hatte, und die Ausweisung der Jesuiten.

Offizieller Anlaß für diesen Schritt – der für das katholische Europa jener Epoche eine nicht untypische Maßnahme gewesen ist – war die angebliche Mitverantwortung des Ordens am sogenannten ‚Hutaufstand', oder ‚Motín de Esquilache'. In ihm hatten, ausgehend von Madrid, im März 1766 die Volksmassen in 25 Städten des Landes ihren Unmut über gewisse Neuerungen der Krone und die durch die Freigabe des Getreidehandels verursachte Teuerungswelle zum Ausdruck gebracht. Die Ausweisung als einen entscheidenden Beitrag zur Beschneidung des kurialistischen Ultramontanismus zu interpretieren, hieße indessen, der Societas Jesu eine Bedeutung zuzugestehen, die sie zu jenem Zeitpunkt bereits nicht mehr besaß. (Diese Tatsache wurde sechs Jahre später durch ihre Auflösung auf eine augenfällige Weise bestätigt.)

Zwar vermochte die Krone durch diese und andere Maßnahmen – so z. B. durch die Reform des Nuntiaturtribunals (1771) – die spanische Kirche enger an sich zu binden, doch gelang es ihr nicht, die grundsätzlich konservative Haltung des Klerus nachhaltig zu beeinflussen. Das von Campomanes und anderen Aufklärern gehegte Projekt, die Dorfgeistlichen – z. B. durch die an sie gerichtete Wochenzeitschrift ‚Semanario de Agricultura y Artes dirigido a los párrocos' – zum Boten einer neuen Ethik der Arbeit und Utilität zu machen, war daher von vornherein zum Scheitern verurteilt. Es rächte sich, daß Philipp V. und seine unmittelbaren Nachfolger den Bemühungen des Heiligen Stuhls um die geistige und organisatorische Erneuerung der spanischen Kirche (‚Apostolici Ministerii') ihre Unterstützung versagt und somit zum Scheitern dieser Reform beigetragen hatten. Geistliche wie der Benediktiner und bedeutende Aufklärer Feijóo, der den französischen Enzyklopädisten gegenüber aufgeschlossene Großinquisitor Felipe Bertrán oder die Bischöfe von Málaga und Palencia, die Diozesanvermögen zum Bau von Straßen und Hafenanlagen bereitstellten, waren Ausnahmeerscheinungen.

Obwohl die paradoxe Tatsache, daß es in dem menschenleeren Land an Ackerland fehlte, ihre Ursache vor allem in der Unveräußerlichkeit des Kirchenbesitzes (‚Mano muerta') und des adligen Fideikommisses hatte – die Kirche verwaltete am Ende des 18. Jahrhunderts ca. 33% des Volkseinkommens und verfügte über ein Viertel des spanischen Bodens –, wurde das Besitzrecht des Klerus auch unter den Bourbonen nur in einigen wenigen, vorrangig sekundären Bereichen angetastet.

Die verschiedenen Bemühungen der Krone, das Steuerrecht zu verändern, wurden ebenfalls von Kirche und Adel vereitelt. Ein erster Versuch,

auch in Kastilien die Steuervielfalt durch eine dem katalanischen ,Cata-
stro' ähnliche Abgabe abzulösen und gleichzeitg gewisse Steuervorrechte
abzubauen, scheiterte, nachdem man das Projekt in gewissen Regionen
bereits verwirklicht hatte, 1757 am Widerstand der privilegierten Klassen.
Sein Initiator, der Marquis Ensenada, verlor, wenn auch teilweise aus
außenpolitischen Gründen, das Vertrauen seines Monarchen und ging ins
Exil. Ein zweiter Anlauf wurde, nachdem Karl III. bereits 1770 das bestehende Steuerrecht per Dekret aufgehoben hatte und man fünf Jahre später auch die Neuverteilung der Abgabenlast abschloß, ebenfalls durch das
Bündnis zwischen Kirche und Adel vereitelt.

Daß die Epoche der ersten Bourbonen dennoch mit einiger Berechti-
gung als das Jahrhundert der Reformen bezeichnet wird, verdankt sie vor
allem der Tatsache, daß man während dieses Zeitraums zum ersten Mal
seit dem Spätmittelalter bewußt den Versuch unternahm, wirtschaftlich,
militärisch und kulturell Anschluß an das übrige Europa zu gewinnen.

Im außenwirtschaftlichen Bereich sollte sich vor allem die Öffnung des
Amerikahandels als eine überaus positive Maßnahme erweisen. Nach einer Reihe kleinerer Schritte öffnete man 1778 zwanzig amerikanische
Häfen für den Warenaustausch mit Spanien und gewährte zwei Jahre
später auch Privatunternehmern die Teilnahme am Überseehandel. Die
damit angestrebte Liberalisierung stand indessen in scharfem Widerspruch zu einem anderen Grundsatz der bourbonischen Wirtschaftspolitik, der Schaffung mächtiger Monopolgesellschaften. In Unternehmen
wie der ,Compañía de Comercio de Carácas' (1728) und der ,Real Compañía de Comercio de Barcelona' (1756) verbanden sich die merkanti-
listisch-nationalökonomischen Intentionen der Krone mit dem Bestreben
der katalanischen und baskischen Kaufmannschaft, sich endlich aus der
wirtschaftlichen Vormundschaft Kastiliens zu befreien.

Im binnenwirtschaftlichen Bereich suchte man die Tatsache, daß Adel
und Kirche sich auch in Zukunft einer grundlegenden Veränderung der
bestehenden Besitz- und Steuerstruktur widersetzen würden, durch eine
Vielzahl von kleineren Reformen auszugleichen, die sich vor allem dadurch auszeichneten, daß sie die standesherrlichen Rechte kaum beeinträchtigten.

Da man etwa zur Mitte des Jahrhunderts von den merkantilistisch-
protektionistischen Grundsätzen Uztáriz' zu einer von Jovellanos, dem
Iren Ward und den Physiokraten beeinflußten Volkswirtschaftslehre
übergegangen war, sollten sich diese Reformen vornehmlich in der Landwirtschaft niederschlagen. Eine Reihe von Stauseen und Bewässerungskanälen, mit deren Bau man teilweise bereits unter Karl I. begonnen hatte,
wurden endlich fertiggestellt (,Canal Imperial', Tortosa, u. a.), und die

Aufhebung der Preisbindung für den Getreidehandel führte nach anfänglichen Teuerungen zu einer Steigerung der Erträge. Die Siedlungsvorhaben in der Provinz Salamanca (1791) und in der Berglandschaft der Sierra Morena – letzteres unter massiver Beteiligung deutscher Bauern – waren die ersten Unterfangen dieser Art seit der Wiederbesiedlung der Alpujarres unter Philipp II. Allerdings sollten sie sich letztlich als wenig erfolgreich erweisen.

Geradezu kennzeichnend für diese Bestrebungen, die Agrarfrage jenseits aller politischen Interessenkonflikte zu lösen, war der Verkauf des Gemeindelandes, der nach mehreren vergeblichen Versuchen 1770 endgültig durchgeführt wurde. Das angestrebte Ziel, die Schaffung eines ländlichen Mittelstands, erreichte man freilich nicht. Der durch Los zugewiesene Boden erwies sich in seinem Umfang und seiner Qualität als nicht ausreichend, um den neuen Besitzern eine Existenzgrundlage zu gewährleisten, mit dem Ergebnis, daß ein Großteil der Ländereien von Großgrundbesitzern aufgekauft wurde.

Im handwerklich-industriellen Bereich förderte die Krone durch gesetzliche Maßnahmen den Zerfallsprozeß des Zunftwesens und verfügte die Auflösung der ‚Cofradías‘. Die Gründung königlicher Manufakturen wurde auch von den Nachfolgern Philipps V. als unverzichtbarer Teil einer fortschrittlichen Wirtschaftspolitik betrachtet. Freilich erwiesen sich ihre Erzeugnisse nur in Ausnahmefällen als wettbewerbsfähig, wie überhaupt der historische Widerhall dieser Maßnahmen in keinem Verhältnis zu ihrem tatsächlichen wirtschaftlichen Nutzen stand.

Die Tatsache, daß das 18. Jahrhundert weitgehend als eine Epoche des wirtschaftlichen Wiederaufstiegs erscheint, war nur in geringem Maße das Ergebnis einer dirigistischen Wirtschaftspolitik oder der Arbeit der ‚Sociedades de Amigos del País‘ – die, mit maßgeblicher Beteiligung des aufgeklärten Adels, sich unter Karl III. durch eine Vielzahl nützlicher, aber letztlich doch wirkungsloser Denkschriften auszeichneten –, sondern gründete sich vornehmlich auf den wirtschaftlichen Aufschwung der spanischen Peripherie. Die Tuchfabriken von Zaragoza, die katalanischen Baumwollwebereien, die zu Ende des Jahrhunderts etwa 100000 Arbeiter beschäftigen sollten, die Seidenindustrie von Valencia und Granada, die Eisenindustrie der kantabrischen Küste und die rege Handelstätigkeit der katalanischen Häfen hatten sich weitgehend unabhängig von der staatlichen Reformpolitik zum wirtschaftlichen Rückgrat des Landes entwickelt. Eine kluge Zollpolitik und die Förderung der Gewerbefreiheit waren letztlich nur flankierende Maßnahmen für eine Entwicklung, die sich vor allem auf das demographische Wachstum der Küstenprovinzen und deren günstige geographische Lage stützte.

Dagegen liegt die Verantwortung dafür, daß diese Ansätze nicht in einen breitgegliederten Industrialisierungsprozeß mündeten, ganz deutlich bei der Krone. Da sie es versäumte, die feudalen Besitzstrukturen durch einen leistungsfähigen und innovationsfreudigen Mittelstand zu ersetzen, war die spanische Landwirtschaft weder in der Lage, die für eine Industrialisierung notwendigen Gewinne zu akkumulieren, noch ein wachsendes städtisches Proletariat billig mit Nahrungsmitteln zu versorgen. Da man überdies dem demographischen Wachstum nicht durch verbesserte Anbaumethoden, sondern durch die Ausweitung der Agrarflächen auf bis dahin ungenutzte und folglich ertragsarme Böden zu begegnen suchte, band der Agrarsektor eine ständig steigende Zahl von Arbeitskräften, anstatt sie an das Handwerk und die Industrie abzugeben.

Die von Philipp V. noch während des Erbfolgekriegs geschaffenen Ansätze zur Modernisierung der Streitkräfte wurden in der Folgezeit durch José Patiño – von 1726 bis 1736 Minister für Finanzen, Seefahrt und die Kolonien – und den Marquis Ensenada zielstrebig weitergeführt. 1717 entstand unter der Leitung des Flamen Verboon das Pionierkorps. Den Linienregimentern, die zu Ende des 17. Jahrhunderts an die Stelle der wehrtechnisch veralteten ‚Tercios' getreten waren, verlieh man durch die Ordonnanzen von 1734 bzw. 1768 einen zeitgemäßeren Rahmen. Allerdings präsentierte sich das Offizierkorps infolge seiner rechtlichen Sonderstellung (‚Fuero militar') und der rigorosen Handhabung der ‚Pruebas de oficio' dem Nichtadligen weiterhin als eine ihm weitgehend verschlossene Kaste. Die 1767 von Karl III. verfügte Wiederbelebung der ‚Quinta' mußte infolge der Ausnahmestellung Katalonies und des Baskenlands und ihrer mannigfaltigen rechtlichen Lücken bereits nach wenigen Jahren als gescheitert betrachtet werden. Daß diese Reformen nicht ausgereicht hatten, um die Versäumnisse des 17. Jahrhunderts auch nur annähernd wettzumachen, zeigte sich spätestens am völligen Versagen der spanischen Streitkräfte zu Beginn der napoleonischen Kriege.

Zwar sollte auch die Marine wenig später bei Trafalgar ihr Cannae erleben, doch sagt dies wenig über die Fortschritte aus, die man in diesem Bereich während des vorangegangenen Jahrhunderts erzielt hatte. Da die Habsburger auf die Aufstellung einer kostspieligen Seestreitmacht verzichtet hatten und sich statt dessen, wann immer es die Umstände erforderten, ausländischer oder sich im Privatbesitz befindlicher Schiffe bedient hatten, galt es zu Beginn der neuen Ära vor allem die materiellen und personellen Grundlagen für den Aufbau einer Kriegsmarine zu schaffen. Diese Aufgabe wurde von Patiño und seinem Nachfolger, José del Campillo, durch die Gründung einer Marineschule (1717) sowie der Arsenale von Cádiz, La Carraca, Cartagena und El Ferrol befriedigend gelöst. Ensenada, der als Minister für Finanzen, Krieg, Seefahrt und die Kolonien über eine ähnliche Machtfülle verfügte wie seine Vorgänger, vermochte Ferdinand VI. 1748 von der Notwendigkeit eines umfassenden Schiffsbauprogramms zu überzeugen. Die spanische Marine sollte folglich zu Ende des Jahrhunderts insgesamt 79 Fregatten und Linienschiffe umfassen und machte Spanien erneut zu einer der stärksten Seemächte Europas.

2. Kirche und Gesellschaft

Inbesondere in der zweiten Hälfte des Jahrhunderts sah sich die Kirche neben den schon traditionellen Spottliedern und -reimen der niederen Volksschichten mit der wachsenden Kritik der Aufklärer und Teilen des Hofes konfrontiert. Allerdings bewegte sich diese fast ausschließlich im Rahmen des Regalismus oder sozio-ökonomischer Überlegungen, ohne die Rolle der Kirche als Institution ernsthaft in Frage zu stellen. Machten doch die Verfolgung mehrerer prominenter Regalisten durch die Inquisition und die unnachgiebige Haltung hinsichtlich der Verbreitung der ‚Encyclopédie Méthodique‘ (1784) deutlich, daß die Kirche ungeachtet gewisser Konzessionen an die Krone ihren machtpolitischen Einfluß in der Gesellschaft weitgehend bewahrt hatte. Diese Tatsache stützte sich vor allem auf drei Faktoren. Da war zum einen die rein zahlenmäßige Bedeutung der Kirche. Zum Zeitpunkt des Zensus von 1768 zählte man 148 805 Kleriker, die sich auf 60 Bischofs- und Erzbischofssitze, 3030 Klöster und Abteien und 18 922 Sprengel verteilten. Nur ein relativ geringer Teil – etwa 15 000 – wirkte als Gemeindepfarrer, doch reichte dies aus, um die Präsenz der Kirche auch dort zu gewährleisten, wo die Krone nur sporadisch oder überhaupt nicht vertreten war. Der Geistliche war mithin für breite Volksschichten das einzige Bindeglied zur Außenwelt.

Eng damit verbunden war die Tatsache, daß die Mittlerrolle des Geistlichen, trotz eines wachsenden Antiklerikalismus, auf den entscheidenden Stationen im Leben eines jeden Spaniers – Geburt und Taufe, Hochzeit und Tod – von der Gesellschaft nicht ernsthaft in Frage gestellt wurde, wie überhaupt die Religion im täglichen Leben der Nation auch weiterhin einen für Westeuropa ungewöhnlich hohen Stellenwert einnahm. Darüber hinaus war die Kirche in der Lage, wirtschaftlich auf vielfältige Weise auf die Gesellschaft einzuwirken. Ihre Institutionen boten auch noch in Krisenzeiten durch die Vergabe von Aufträgen für die Erstellung oder Restaurierung sakraler Bauten Handwerkern und anderen Berufen eine sichere Existenzgrundlage. Auch trugen die regelmäßige Verteilung von Almosen und der Unterhalt von Garküchen durch die Kirche dazu bei, daß sie für viele ein freigiebiger Brotherr war.

Die unzweifelhaft größte Veränderung in der spanischen Gesellschaft ergab sich aus dem ungebrochenen demographischen Wachstum jener Epoche. Die Bevölkerung, die um 1700 etwa 7,5 Millionen betrug, hatte 1768 bereits die 9,3 Millionenmarke überschritten, und erreichte 1787 10,4 Millionen (neuere Forschungen sprechen sogar von 11 Millionen im Jahre 1787 und 11,5 Millionen zehn Jahre später). Dieser Prozeß konzentrierte sich vornehmlich in den Küstenprovinzen des nördlichen Mittelmeers und den kantabrischen Provinzen, und schlug sich vor allem im Agrarsektor – in dem zu Ende des Jahrhunderts noch 71% der arbeitenden Bevölkerung tätig waren – nieder. Die Folge war in vielen Regionen eine Ausweitung der landwirtschaftlichen Nutzfläche und der verstärkte Anbau gewisser Nahrungspflanzen, insbesondere Reben in Katalonien sowie Mais, Rüben und Bohnen in den kantabrischen Gebieten. Infolge der Finanzschwäche der kleinen und mittleren Bauern und der Gleichgültigkeit der überwiegenden Mehrheit der Großgrundbesitzer sollte sich diese Entwicklung jedoch nur stellenweise in einer spürbaren Verbesserung der Leistungsfähigkeit des Agrarsektors ausdrücken. Zudem wurde das extreme Ungleichgewicht in der Besitzstruktur durch den fortschreitenden Konzentrationsprozeß in den Reihen des Adels und die in Altkastilien und den kantabrischen Gebieten übliche Erbteilung ständig vergrößert.

Der Versuch der Krone, durch die Gründung von Manufakturen und die Schaffung einer textilverarbeitenden Heimindustrie in Zentralspanien jenen wirtschaftlichen Aufschwung zu erzielen, der sich in den Ostprovinzen weitgehend spontan aus dem Zusammenwirken marktwirtschaftlicher Faktoren ergeben hatte, scheiterte nicht zuletzt an dem Konservatismus der Kastilier. Die jahrhundertealte Abneigung gegen eine Vielzahl von Gewerbe (‚Oficios viles‘) hatte sich unverändert erhalten und schloß nun auch eine Reihe von Berufen in der Textilindustrie ein. Das Ergebnis war zwangsläufig ein ausgesprochen industriefeindliches Klima.

3. Kultur

Das Kulturleben Spaniens, das sich unter den Habsburgern weitgehend spontan und fernab jeder Institutionalisierung entwickelt hatte – eine Tatsache, die unzweifelhaft mit dazu beitrug, daß Spaniens kultureller Einfluß in Westeuropa trotz seiner zeitweiligen militärischen und wirtschaftlichen Vormachtstellung stets sehr begrenzt blieb –, wurde erst unter den Bourbonen Gegenstand einer gezielten Politik. An die Seite der bereits erwähnten ‚Real Academia Española de la Lengua‘, die sich durch die Herausgabe des sechsbändigen ‚Diccionario de Autoridades‘ (1726–39) und weiterer der Rechtschreibung (1741) und der Grammatik (1771) gewidmeter Nachschlagwerke große Verdienste um die Konsolidierung der spanischen Sprache erwarb, traten im Verlauf des Jahrhunderts die Akademien der Geschichtswissenschaften und die der Schönen Künste (‚Real Academia de Bellas Artes des San Fernando‘). Sowohl in diesem als auch in anderen Bereichen erfüllte das Vorbild Frankreichs und Italiens weiterhin eine richtungweisende Rolle. Unter der Führung Ventura Rodriguez’ (Palais von Liria und Boadilla del Monte) und des Italieners Sabatini festigte sich in der Architektur der Wechsel von den opulenten Formen des spanischen Barocks zu der verhalteneren Linienführung der italienischen Spielart dieses Stils. Folglich sollte sich der Klassizismus in Spanien erst zu Ende des Jahrhunderts in einem von allen barocken Stilelementen freien Gewand (Pradomuseum) präsentieren.

In der Skulptur vollzog sich dieser Wandel dagegen erheblich früher. Die bedeutendsten Epigonen des französischen Klassizismus waren Carnicero, Pascual de Mena und Manuel Alvarez, die insbesondere in der Ausgestaltung des neuen Madrider Palastes hervortreten sollten. Trotz der Förderung junger spanischer Künstler durch die Akademie von San Fernando gab man am Hof weiterhin ausländischen, insbesondere italienischen Malern den Vorzug. Unter Ferdinand VI. waren Amiconi und Giaquinto die herausragendsten Figuren, während Karl III., der als König von Neapel-Sizilien die italienische Schule besonders schätzen gelernt hatte, Tiepolo und den in Neapel tätigen A. R. Mengs zur Ausgestaltung des Königspalastes nach Madrid berief. Mengs zeichnete sich darüber hinaus als großartiger Theoretiker und als Mentor einer neuen Generation spanischer Maler aus. So war es sein Vorschlag, zu den Entwürfen für die königliche Gobelinmanufaktur vorzugsweise heimische Talente heranzuziehen, die Goya, der großen Figur der spanischen Malerei des ausgehenden Jahrhunderts, zum Durchbruch verhelfen sollte.

In der Literatur hinterließen lediglich Jovellanos und Feijóo, die beiden Schlüsselfiguren des aufgeklärten Katholizismus, sowie der Dramaturg und Dichter Moratín Werke von bleibender Größe. Über der Dichtkunst lag weiterhin der Schatten der Auseinandersetzung zwischen den Epigonen Góngoras (León y Mansilla, Alvarez de Toledo) und den Vertretern des französischen Klassizismus, insbesondere Luzán, ohne daß dieser Konflikt zu einer spürbaren Erneuerung dieses Genres geführt hätte.

Die Entwicklung des Hochschulwesens spiegelte in vieler Hinsicht das

Schicksal der spanischen Aufklärung. Aufbauend auf den Thesen Pérez Bayers und des Franco-Portugiesen Verney, hatte Olavide, einer der tatkräftigsten Reformer Karls III., den Leitgedanken formuliert, das höhere Bildungswesen habe vornehmlich der Ausbildung fähiger Staatsdiener zu dienen und sei folglich ein Anliegen der gesamten Gesellschaft. Den damit erhobenen Anspruch auf ein Mitspracherecht in der Verwaltung der Hochschulen verwirklichte man erstmals 1769 mit der Ernennung eines Mitglieds des Kastilienrats zum Universitätsdirektor der Universität Sevilla. Aufgabe dieses Beamten war es, gemeinsam mit dem Rektor (,Canciller'), diese und später auch andere Hochschulen nach dem Vorbild der Universität Salamanca – der man allerdings erst 1786 auch offiziell Modellcharakter zuerkannte – zu reformieren. Wo die geforderten pädagogischen oder finanziellen Kriterien nicht erfüllt waren, griff man zur vorübergehenden oder auch definitiven Suspendierung des Lehrbetriebs. Freilich führte der erbitterte Widerstand der ,Colegiales' in den Schlüsselstellen der staatlichen Verwaltung schon sehr bald zu ernsten Rückschlägen und bewirkte letztlich das Scheitern der Reform. Allerdings bedeutete dies nicht die völlige Wiederherstellung des status quo ante. So war die auf der Grundlage der Reform vollzogene Auflösung der sechs ,Colegios Mayores' durch die Regierung Karls IV. (25. September 1798) der Schritt, mit der man der Klasse der ,Colegiales' endgültig den Todesstoß versetzte.

Auch in anderen Bereichen erbrachte die Reform, ungeachtet ihres letztlich unbefriedigenden Ausgangs, Errungenschaften von bleibendem Wert. Die Lehrstühle für Naturrecht, spanisches Recht, Rechtsgeschichte und eine Reihe weiterer Fachrichtungen, die man im Gefolge der Ausweisung der Jesuiten an vielen Hochschulen eingerichtet hatte, sollten gemeinsam mit einer verstärkten Pflege der Naturwissenschaften und der neueren Philosophie die weitere Entwicklung der spanischen Wissenschaften ganz entscheidend beeinflussen. Ihr Schwerpunkt lag, begünstigt durch den Utilitarismus der Aufklärungszeit, vor allem in der Botanik und der Medizin. Unter dem Einfluß Loefflings, eines Schülers Linnés, der 1751 in Madrid weilte, entwickelte sich in der zweiten Hälfte des Jahrhunderts ein zunehmend reges Interesse an der Flora und Fauna Spaniens. Wissenschaftler wie der als der Verfasser der ,Principios de Botánica' bekannte Bernardes, Jordán de Assó, Cavanilles und Minuart, erforschten und katalogisierten zum ersten Mal die Pflanzenwelt der Pyrenäenhalbinsel und wurden dabei von den noch jungen Botanischen Gärten von Madrid, Sevilla, Zaragoza und Cartagena tatkräftig unterstützt.

Das wachsende Interesse der Krone an einer gründlichen Erforschung der Pflanzen- und Tierwelt Spanisch-Amerikas und seiner Rohstoffvorkommen führte im letzten Viertel des Jahrhunderts zu einer Reihe von staatlich geförderten Forschungsexpeditionen, an denen sowohl Spanier – V. Cervantes, Sessé, Mutis, Mociño, Ruiz Pabón u. a. – als auch bekannte ausländische Wissenschaftler wie A. von Humboldt, Bonpland und die Gebrüder Heuland ganz wesentlich beteiligt waren. Zur gleichen Zeit bezeugten die Forschungsergebnisse namhafter Anatomen und Chirurgen wie Gimbernat, Bonell, Cibat und Ruiz de Luzuriaga, daß die spanische Medizin im Begriff war, erneut Anschluß an die internationale Entwicklung zu gewinnen.

Freilich begrenzte sich diese Woge intellektueller Neugier nicht auf die sogenannten ‚nützlichen‘ d. h. volkswirtschaftlich verwertbaren Naturwissenschaften, wenn auch das Argument der Utilität bei der Pflege der Geisteswissenschaften häufig eine notwendige Schutzfunktion erfüllte. Die spanische Historiographie hatte sich, beeinflußt durch die kritischen Methoden Muratoris und der Mauriner, bereits unter Philipp V. zunehmend um eine wissenschaftliche Erfassung der Geschichte bemüht. Doch erst die von den Aufklärern propagierte These, das Gelingen der karolinischen Reformen sei eng mit dem Verständnis des historischen Werdegangs der Nation verknüpft, beflügelte in der zweiten Hälfte des Jahrhunderts eine ganze Generation von Historikern, die Geschichte der spanischen Sprache (Mayans), des Theaters (Moratín), der Dichtkunst (Sarmiento), der Literatur (Gebrüder Mohedano, Pater J. Andrés) sowie der Wirtschaft und des Rechts (I. Assó, M. Manuel, Sempere u. a.) mit einer zum Teil bewundernswerten Sorgfalt und Objektivität zu erforschen.

Die bereits erwähnte Einrichtung von Lehrstühlen für spanisches Recht und Rechtsgeschichte trug dazu bei, den jahrhundertealten Widerspruch zwischen dem auf das römische Recht gegründeten abstrakten Rechtsstudium und der konkreten Rechtspraxis allmählich abzubauen. Das daraus resultierende veränderte Rechtsdenken fand in der Kodifizierung des spanischen Rechts seinen Niederschlag. Freilich sollte die sogenannte ‚Novísima Recopilación‘ erst 1805 vollendet werden.

4. Außenpolitik

Die spanische Außenpolitik, die während der ersten Jahre der Epoche Philipps V. sehr stark von französischen Belangen beeinflußt wurde, bewegte sich nach 1714 unter der Leitung Kardinal Alberonis und der zweiten Gattin des Monarchen, Elisabeth Farnese von Parma, im Rahmen einer völlig anderen Zielsetzung. Die Königin, die aufgrund der fortschreitenden Schwermut und zeitweisen Regierungsunfähigkeit Philipps V. zur eigentlichen Regentin wurde, suchte vor allem für ihre Söhne Karl und Philipp, die in Spanien keinen unmittelbaren Thronanspruch besaßen, souveräne Fürstentümer auf der Apenninenhalbinsel zu gewinnen.

1717 bzw. 1718 eroberte ein spanisches Expeditionsheer nach nur geringem Widerstand Sardinien und Teile Siziliens, wurde jedoch durch das militärische Eingreifen der sogenannten Quadrupelallianz – tatsächlich umfaßte sie nur England, Frankreich und das Haus Habsburg – an der Vollendung der Operation gehindert. Unter Alberonis Nachfolger, dem ehemaligen niederländischen Gesandten, Baron Ripperda, sicherte sich Spanien in einer überraschenden Kursänderung durch den Vertrag von Wien (30. April 1725) die Anwartschaft auf Parma, Piacenza und die Toskana, verzichtete jedoch auf seine Ansprüche auf Neapel und Sizilien. Dieses Bündnis erbrachte jedoch weder in der Frage der italienischen Herzogtümer noch hinsichtlich der englischen Besitzungen auf spanischem Boden (Gibraltar, Menorca) die gewünschten Ergebnisse. Spanien suchte daher durch den Abschluß des ersten bourbonischen Familienpakts (1733) erneut das Bündnis mit Paris.

Nachdem der Infant Karl bereits die Reichslehen Parma und Toskana mit Billigung Frankreichs und Englands besetzt hatte, vermochte er im Verlauf des Polnischen Thronfolgekriegs (1733–1738), fast ungehindert Sizilien und Sardinien unter seine Kontrolle zu bringen. Im Frieden von Wien (18. November 1738) erreichte Karl die Anerkennung seiner Position als König von Neapel-Sizilien, mußte jedoch Parma und Piacenza erneut an Österreich abtreten. Geleitet von den revisionistischen Bestrebungen der Krone und den dynastischen Intentionen Königin Elisabeths, bewegte sich Spanien auch weiterhin im Mittelpunkt des politischen Geschehens im westlichen Europa. So schuf z. B. das im Subsidienvertrag von Nymphenburg (28. Mai 1741) geschlossene Bündnis mit Kurfürst Albrecht von Bayern eine der wesentlichsten Voraussetzungen für den Ausbruch des Österreichischen Erbfolgekriegs (1741–48). Spaniens Beteiligung an diesem Konflikt, der man im zweiten bourbonischen Familienpakt (1743) eine weitere vertragliche Grundlage geschaffen hatte, fand im Aachener Frieden (18. Oktober 1748) mit der Einsetzung einer zweiten Sekundogenitur in den Herzogtümern Parma, Piacenza und Guastalla in der Person des Infanten Philipp einen befriedigenden Abschluß.

Sowohl die knapp dreizehnjährige Herrschaft Ferdinands VI., der 1746 seinem Vater auf den Thron gefolgt war, als auch die ersten Jahre der Epoche Karls III., der 1759 das Erbe seines Halbbruders antrat, standen außenpolitisch im Zeichen einer bewußten Neutralitätspolitik, die jedoch durch die aggressive Politik Englands zunehmend gefährdet war. Seit 1739 signalisierten die Plünderzüge englischer Korsaren an der Westküste Latein-Amerikas und in der Karibik sowie die verstärkte Präsenz britischer Farbholzfäller in der Bucht von Honduras (Belize) eine wachsende Bedrohung des spanischen Kolonialreiches. Ein englisches Bündnisangebot wurde nach Ausbruch des Siebenjährigen Krieges von Ensenada, der seit 1754 erneut die spanische Politik leitete, mit Rücksicht auf Paris abgelehnt. Statt dessen schloß man 1761 den dritten bourbonischen Familienpakt, der in einem geheimen Zusatzvertrag den spanischen Kriegseintritt vorsah. Großbritannien kam diesem Schritt jedoch mit der Kriegserklärung vom 4. Januar 1762 zuvor. Nach einer schleppenden Kriegführung in Portugal und einer Reihe empfindlicher Niederlagen in der Karibik, verlor Spanien im Pariser Frieden (10. Februar 1763) Florida, erhielt jedoch von Frankreich den westlichen Teil Louisiana. Havanna und Teile der Philippinen, die sich zeitweilig in britischem Besitz befunden hatten, wurden ebenfalls an Spanien zurückerstattet.

Doch bereits wenige Jahre später sollten die latenten Spannungen zwischen Madrid und London erneut zum Ausbruch kommen. Nachdem die Engländer sich 1765 widerrechtlich auf den Falklandinseln niedergelassen hatten, gelang es zwar dem Gouverneur von Buenos Aires, 1770 die Souveränität der spanischen Krone vorübergehend wiederherzustellen, doch wurde Spanien durch die englische Kriegsandrohung schließlich zum Einlenken bewogen. Die Tatsache, daß Frankreich seinem traditionellen Bündnispartner in dieser schwierigen Lage den Beistand versagt hatte, führte zwar zu einer schweren Verstimmung zwischen den beiden Häusern Bourbon, vermochte jedoch den Familienpakt nicht zu zerstören.

Abseits von diesem Geschehen unterbrach der Ausbruch des spanisch-marokkanischen Krieges 1774 vorübergehend jene allmähliche Annäherung zwischen den beiden Erzfeinden, die nur sieben Jahre zuvor mit dem Abschluß eines Friedens- und Handelsvertrags ihren plastischen Ausdruck gefunden hatte. Die Verträge von 1780 und 1785 beendeten den für Spanien weitgehend erfolglosen Konflikt und leiteten eine neue Phase in den Beziehungen zum nordafrikanischen Nachbarn ein.

Wesentlich erfolgreicher gestaltete sich dagegen die erneute Auseinandersetzung mit England. Nachdem Außenminister Floridablanca vergeblich versucht hatte, London am Verhandlungstisch zu Zugeständnissen in der Falklandfrage zu bewegen, setzte sich die Politik des Grafen Aranda durch, der dafür plädierte, England durch die Unterstützung des Aufstands der nordamerikanischen Kolonien gezielt zu schwächen. In dem erneuten Kräftemessen mit der englischen Flotte sollten sich die spanischen Seestreitkräfte dank der Anstrengungen der spanischen Seekriegspolitik ihrem Gegner als nahezu ebenbürtig erweisen. Madrid erwirkte daher im Versailler Frieden (3. September 1783) die Rückerstattung Floridas und Menorcas, nicht jedoch die der Festung Gibraltar, die man zwei Jahre lang vergeblich belagert hatte.

Die Ereignisse der Französischen Revolution, die die politische Ordnung Europas in ihren Grundfesten erschüttern sollte, überraschten Spanien in einer Phase erneuter innerer Führungslosigkeit. Im Dezember 1788 war der vierzigjährige Karl IV., eine Persönlichkeit von geringen intellektuellen Fähigkeiten und keinerlei machtpolitischen Ambitionen, seinem Vater auf den Thron gefolgt. Seine Gemahlin, Marie-Luise von Bourbon-Parma, erwirkte sehr bald die Entlassung einer Reihe verdienter Politiker, unter ihnen Aranda und Floridablanca, und übertrug die Regierungsführung ihrem Liebhaber, dem zu jenem Zeitpunkt (1792) fünfundzwanzigjährigen Manuel Godoy. Unter der Führung dieses militärisch und politisch unerfahrenen Abenteurers erlitten die spanischen Streitkräfte seit dem Frühling 1793 im Kampf mit den französischen Revolutionstruppen eine Reihe empfindlicher Niederlagen. Spanien verlor im Frieden von Basel (22. Juli 1795) den östlichen Teil der Insel Haiti (Santo Domingo) an Frankreich. Dennoch ging es wenig später (18. August 1796) im Vertrag von San Ildefonso ein Bündnis mit dem neuen Regime ein. Die Folgen dieser neuen Allianz waren jedoch sowohl im militärischen – insbesondere die Niederlage der Seestreitkräfte bei San Vicente (1797) und die ein Jahr später erfolgte erneute Besetzung Menorcas durch die Engländer – als auch im politischen Bereich für Spanien ausgesprochen demütigend.

Stammtafeln

Die beiden Häuser Trastámara; die Vereinigung der Kronen von Kastilien und Aragon

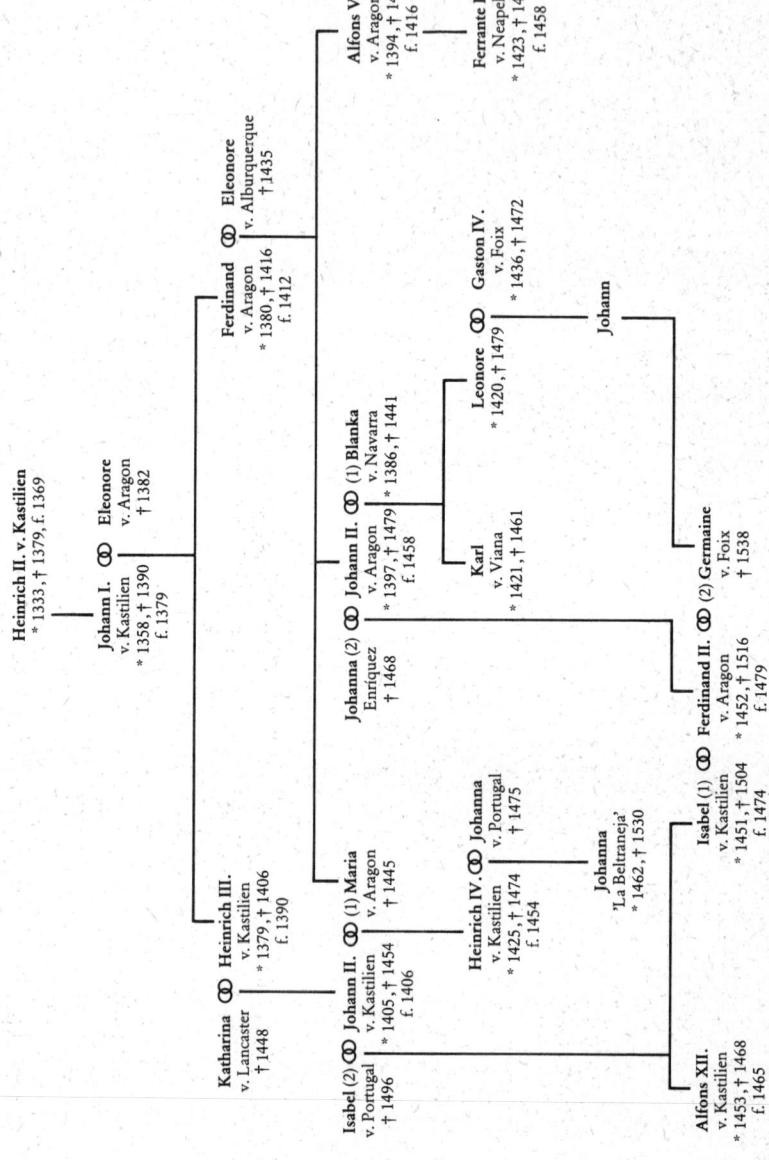

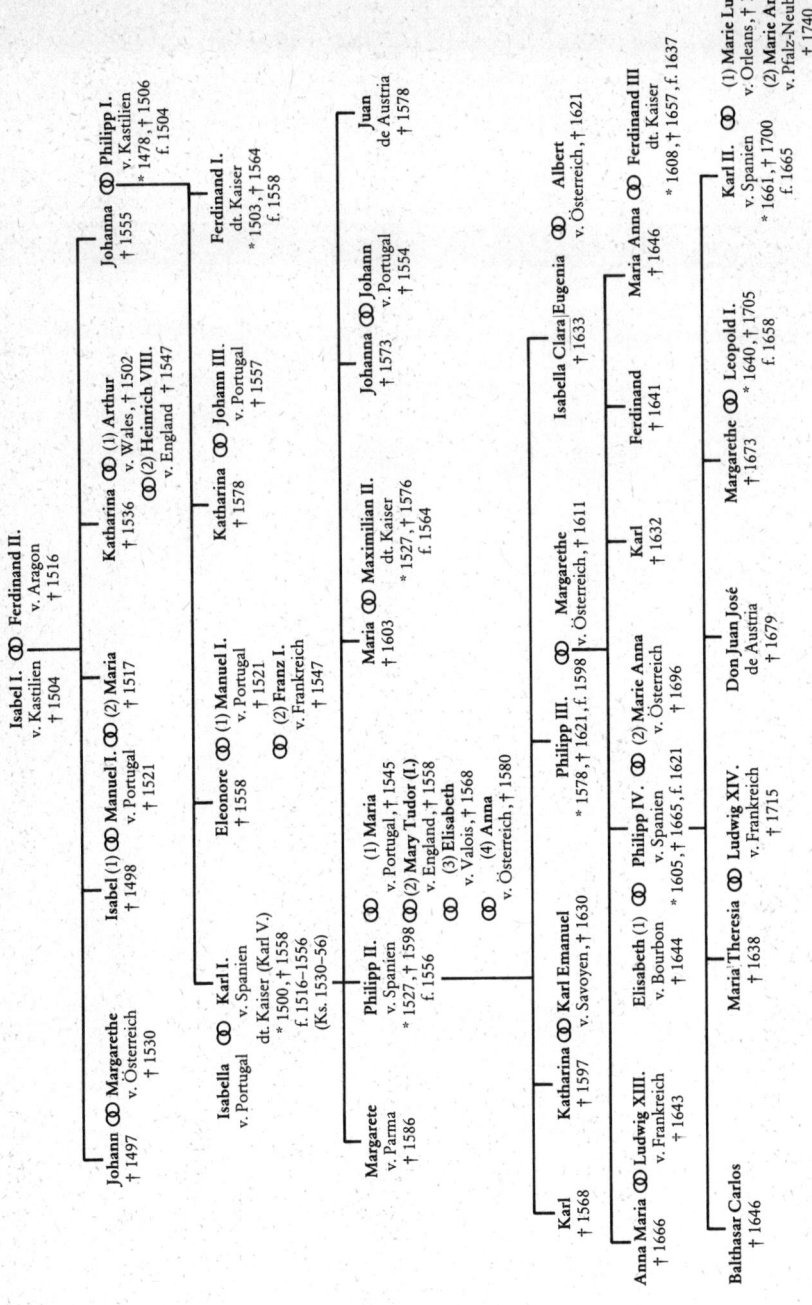

Die spanischen Habsburger

Zeittafel

1504	Tod der Königin Isabel von Kastilien.
	Eroberung des Königreichs Neapel durch Ferdinand II.
1506	Vertrag von Villafáfila.
	Tod Philipps I. von Kastilien
1508	,Amadis de Gaula'
1509	Eroberung Orans.
	Offizieller Beginn der ,Encomienda' in Spanisch-Amerika
1510	Eroberung der Emirate Bugia und Tlemcen.
	Spanische Niederlage bei Dscherba.
	Gründung von Santa Maria de la Antigua, der ersten spanischen Stadt auf dem amerikanischen Festland
1511	Spanien, England, der Heilige Stuhl, Venedig und die Eidgenossenschaft verbünden sich in der (zweiten) ,Heiligen Liga'
1512	Schlacht von Ravenna.
	Eroberung des Königreichs Navarra.
	Verkündung der ,Gesetze von Burgos'
1513	Antón de Alaminos entdeckt und beschreibt den Golfstrom
1516	Tod Ferdinands II.; Kardinal Cisneros übernimmt die Regentschaft Kastiliens
1517	Karl I. betritt spanischen Boden.
	Drucklegung der Polyglotten Bibel.
	Bartolomé de Torres Naharro: ,La Propalladia'
1519	Beginn des Aufstands der ,Germanía'
1520	Beginn der Erhebung der ,Comuneros'
1521	Französischer Einfall in Navarra und Guipúzcoa.
	Niederlage der ,Comuneros' in der Schlacht von Villalar.
	Eroberung des Aztekenreichs durch Cortés.
	Juan del Encina: ,Trivagia'
1522	Sebastián Elcano vollendet die Weltumseglung Magellans
1524	Gründung des Indienrates.
	Beginn der Verfolgung der ,Alumbrados'
1525	Niederlage und Gefangennahme Franz' I. von Frankreich in der Schlacht von Pavia
1526	Friede von Madrid.
	Zweiter italienischer Krieg zwischen Karl I. (V.) und Franz I.
	Vives: ,De subventione pauperum'
1527	Die ,Junta de Valladolid' berät über die Rechtgläubigkeit der erasmischen Theologie.
	,Sacco di Roma'
1528	Niederlage der kaiserlichen Flotte bei Amalfi
1529	,Damenfriede' von Cambrai.
	Juan de Valdés: ,Diálogo de la doctrina cristiana'
1530	Polemik zwischen Las Casas und J. Ginés de Sepúlveda
1533	Pizarro erobert das Inkareich
1534	Boscán übersetzt Castiglliones, Il Cortegiano'
1535	Wiedereroberung von Tunis

1536	Beginn des dritten italienischen Krieges mit Frankreich. Tod des Dichters Garcilaso de la Vega
1537	Miguel Servet entdeckt den kleinen (Lungen-)Kreislauf
1538	Waffenstillstand von Nizza
1540	Karl I. (V.) überträgt Mailand seinem Sohn Philipp
1542	Verkündung der ‚Neuen Gesetze‘ für Spanisch-Amerika
1544	Friede von Crespy
1545	Beginn des Tridentinischen Konzils
1547	Anwendung des Prinzips der Rassenreinheit durch den Erzbischof von Toledo. Lope de Rueda: ‚La Carátula‘
1551	Verlust von Tripolis
1552	Krieg Karls I. (V.) gegen Frankreich. Las Casas: ‚Brevissíma relación de la destruyción de las Indias‘
1553	Tod des Komponisten Cristóbal de Morales
1554	Kronprinz Philipp heiratet Mary Tudor. ‚Lazarillo de Tormes‘
1555	Verlust von Bugia
1556	Abdankung Karls I. (V.)
1556–98	Philipp II.
1556	Waffenstillstand von Vauxcelles. Tod des Ignatius von Loyola. Geldwerttheorie des Martin de Azpilcueta
1557	Spanischer Sieg über die französischen Streitkräfte bei Saint-Quentin
1558	Tod Karls I. (V.)
1559	Friede von Cateau-Cambrésis. Großinquisitor Valdés veröffentlicht den ‚Cathalogus librorum qui prohibentur‘. Verhaftung des Kardinals Carranza durch die Inquisition
1560	Spanische Niederlage vor Dscherba
1561	Fray Luis de Granada: ‚Memorial de la vida cristiana‘. Madrid wird ständiger Sitz des Hofes
1562	Zurita veröffentlicht den ersten Band seiner ‚Anales de la Corona de Aragón‘
1563	Ende des Tridentinischen Konzils. Baubeginn des El Escorial (bis 1584)
1564	Erste anti-spanische Erhebung in den Niederlanden
1567	Alba übernimmt die Verwaltung der Niederlande. Aufstand der Morisken Granadas
1568	Egmont und Hoorn hingerichtet
1569	Antonio de Ercilla: ‚La Araucana‘
1570	Gründung der ‚Heiligen Liga‘
1571	Sieg über die osmanischen Seestreitkräfte bei Lepanto
1573	Requesens löst Alba in den Niederlanden ab
1574	Spanischer Sieg auf der Mooker Heide. Diego Hurtado de Mendoza: ‚De la guerra de Granada‘

1575	Man eröffnet in Sevilla, Valencia und Madrid die ersten permanenten Theater (‚Corrales')
1576	‚Pazifikation von Gent'
1578	Ermordung Escobedos.
	Farnese wird Nachfolger des Infanten Don Juan de Austria in den Niederlanden.
	Antonio de Cabezón: ‚Obras de música para tecla, arpa y vihuela'
1579	‚Union von Arras'; ‚Union von Utrecht'
1580	Anschluß Portugals an die spanische Krone
1583	Schaffung der ‚Junta de Noche'.
	Fray Luis de León: ‚La perfecta casada'
1584	Kardinal Quiroga erläßt den ‚Index librorum expurgatorum'.
	Luis de Molina, S. J.: ‚Concordia liberi arbitrii ...'.
	Die Kartoffel erreicht Europa
1585	Englisch-niederländisches Hilfsabkommen gegen Spanien
1587	Überfall Drakes auf Cádiz
1588	Niederlage der Armada.
	Santa Teresa de Avila: ‚Las Moradas'
1589	Englische Überfälle auf Lissabon und La Coruña.
	Spanien interveniert in Frankreich
1591	Aufstand von Zaragoza.
	Tod des Fray Luis de León
1594	Die spanischen Streitkräfte räumen Paris
1595	Ginés Pérez de Hita: ‚Las guerras de Granada'
1597	Francisco Suárez, S. J.: ‚Disputationes metaphysicae'
1598	Friede von Vervins
1598–1621	Philipp III.
1599	Lope de Vega: ‚La Arcadia'.
	Juan de Mariana, S. J.: ‚De rege et regis institutione'.
	Mateo Alemán: ‚Guzmán de Alfarache'
1600	Moritz von Nassau besiegt die Spanier bei Nieuwport
1601	Niederlage des spanischen Expeditionsheeres in Irland
1603	Francisco de Quevedo verfaßt ‚El Buscón'
1604	Eroberung von Ostende durch Spinola
1605	Cervantes: ‚Don Quijote de la Mancha' (erster Teil)
1609	Spanisch-niederländischer Waffenstillstand.
	Ausweisung der Morisken.
	Lope de Vega: ‚Arte nuevo de hacer comedias'.
	Mateo Alemán: ‚Ortografía castellana'
1611	Tod des Komponisten Tomás Luis de Victoria
1613	Cervantes: ‚Novelas ejemplares'
1615–17	Savoyisch-venezianischer Krieg
1616	Tod des Miguel Cervantes Saavedra
1617	Miguel Agustín: ‚Llibre dels secrets de agricultura'
1618	Beginn des Dreißigjährigen Krieges.
	Sturz Lermas.
	San Juan de la Cruz: ‚Obras espirituales'

1621–65	Philipp IV.
1621	Olivares übernimmt die Leitung der Regierungsgeschäfte
1624	Tirso de Molina: ‚Los Cigarrales de Toledo'
1626	Verlust des Veltlins
1627	Francisco de Quevedo: ‚Los Sueños'.
	Tod des Dichters Luis de Góngora.
	Aufführung der ersten Oper in spanischer Sprache (Librettist Lope de Vega, Komponist unbekannt: ‚La selva sin amor')
1630	Baubeginn des Retiro-Palastes.
	Velázquez: ‚Die Schmiede des Vulkan'
1631	Der Mantuanische Erbfolgestreit endet im Frieden von Cherasco
1635	Spanien im Krieg mit Frankreich.
	Lope de Vega stirbt
1637	Erster Aufstand gegen die spanische Herrschaft in Portugal (Évora)
1638	Spanische Niederlage in der Seeschlacht von Fuenterrabía
1639	Vernichtung einer spanischen Flotte in der Dünenschlacht
1640–51	Aufstand in Katalonien
1640	Beginn des portugiesischen Unabhängigkeitskampfes
1643	Spanische Niederlage bei Roicroi.
	Entlassung Olivares'; Luis de Haro wird Erstminister.
	Philipp IV. beginnt seinen Briefwechsel mit Sor Maria de Agreda
1645	Quevedo stirbt
1647	Aufstände in Sizilien und Neapel
1648	Spanien erkennt im Frieden von Münster die Unabhängigkeit der Vereinigten Provinzen an.
	Separatistische Verschwörungen in Aragon und Navarra
1651	Baltásar Gracián verfaßt ‚El Criticón'
1652	Spanien verliert Jamaica an England
1656	Velázquez: ‚Las Meninas'
1657	Aufführung der ersten ‚Zarzuela' (Singspiel) (Librettist Calderón de la Barca, Komponist unbekannt: ‚El golfo de las sirenas')
1658	Spanische Niederlage in der Dünenschlacht
1659	Spanien verliert im Pyrenäenfrieden die Cerdagne, das Roussillon und Teile des Artois
1660	Tod Diego Veláquez'
1661	‚La Gazeta' beginnt zu erscheinen
1663	Niederlage des Prinzen Don Juan José de Austria bei Ameixial
1664	Portugiesischer Sieg bei Castel-Rodrigo
1665–1700	Karl II.; Regentschaft Marie Annas von Österreich
1667–68	Devolutionskrieg Frankreichs gegen Spanien
1667	Tod des Malers Alonso Cano
1668	Bestätigung der Unabhängigkeit Portugals im Frieden von Madrid
1669	Marsch Don Juan Josés auf Madrid; Entlassung Pater Nithardts
1674	Frankreich erobert die Freigrafschaft Burgund
1674–76	Aufstand in Sizilien gegen die spanische Herrschaft
1677	Verbannung des Günstlings Valenzuela; Don Juan José übernimmt die Leitung der Regierungsgeschäfte

1678	Spanien verliert im Frieden von Nymwegen die Freigrafschaft Burgund sowie Teile des Artois und Walloniens
1679	Tod des Prinzen Don Juan José
1681	Tod Calderóns
1682	Tod Murillos
1683	Einfall Frankreichs in die Spanischen-Niederlande. Feliu de la Peña: ‚Fénix de Cataluña'
1684	Spanien erkennt im Regensburger Stillstand den Verlust Luxemburgs an
1685	Solís y Rivadeneyra: ‚Historia de la conquista de México
1687	Aufstand der ‚Barretines' in Katalonien
1689	Frankreich fällt in Katalonien ein.
	Sor María Inés de la Cruz: ‚Inundación castálida'
1693	Tod des Malers Claudio Coello.
	Karl II. bestimmt den Kurprinzen Joseph Ferdinand von Bayern zu seinem Nachfolger
1697	Friede von Rijswijk
1700–46	Philipp V.
1701–15	Spanischer Erbfolgekrieg
1707	Sieg Philipps V. bei Almansa
1708	Gründung der Madrider Oper
1709	Spanisch-französische Niederlage bei Malplaquet
1710	Philipp V. siegt bei Brihuega und Villaviciosa
1712	Philipp V. begründet die ‚Biblioteca Real'
1713	Spanien verliert im Frieden von Utrecht Sizilien, Gibraltar, Menorca und Spanisch Gelderland
1714	Spanien verliert im Frieden von Rastatt die Spanischen Niederlande, Mailand, Neapel und Sardinien.
	Philipp V. heiratet Elisabeth Farnese von Parma; wachsender italienischer Einfluß am Madrider Hof.
	Gründung der ‚Real Academia Española de la Lengua'
1715	Einführung des ‚Catastro' in Katalonien
1716	Dekrete der ‚Nueva Planta'
1717	Kriegspolitik Kardinal Alberonis: Spanien bemächtigt sich der Insel Sardinien
1718	Spanien besetzt einen Großteil Siziliens; Niederlage der spanischen Seestreitkräfte bei Kap Passaro.
	Aufhebung der ‚Encomienda' in Spanisch-Amerika
1720	Spanien schließt sich der Quadrupelallianz an; Philipp V. verzichtet erneut auf den französischen Thron.
	F. Antonio de Bances Cándamo: ‚Obras líricas'
1724	Thronbesteigung und Tod Ludwigs I.
	Philipp V. besteigt erneut den Thron.
	Jerónimo de Uztáriz: ‚Teoría y práctica de comercio y marina'
1726	Ablösung Ripperdas.
	Die ‚Academia Española' veröffentlicht den ersten Band des ‚Diccionario de Autoridades' (bis 1739)

1728	Gründung der ‚Real Compañía Guipúzcoana de Carácas'
1729	Die europäischen Großmächte erkennen im Vertrag von Sevilla die Ansprüche des Infanten Karl in Italien an
1731	Der Infant Karl besetzt Parma, Toskana und Piacenza
1732	Es erscheint der ‚Diario histórico, político, canónico y moral'
1733	Abschluß des ersten bourbonischen Familienpaktes
1735	Gründung der ‚Academia de la Historia'
1736	Tod des Ministers José Patiño
1737	Veröffentlichung des ersten Bandes des ‚Diario de los literatos de España' (bis 1742)
1738	‚El Mercurio histórico y político' beginnt zu erscheinen
	Anerkennung einer spanischen Sekundogenitur im Königreich Neapel-Sizilien im Friede von Wien
1743	Zweiter bourbonischer Familienpakt
1746–59	Ferdinand VI.
1746	José de Carvajal übernimmt die Regierungsführung.
	Graf Peñaflorida gründet die erste ‚Sociedad Económica de Amigos del País'
1748	Einsetzung einer zweiten Sekundogenitur in Parma, Piacenza und Guastalla im Frieden von Aachen
1751	Verbot der Freimaurerei in Spanien
1752	Gründung der ‚Real Academia de Bellas Artes de San Fernando'
1753	Die Krone erhält das ‚Patronato Real' für ganz Spanien
1754	Tod Carvajals
1759–88	Karl III.
1761	Dritter bourbonischer Familienpakt
1762	Spanien greift in den Siebenjährigen Krieg ein
1763	Friede von Paris: Spanien tritt Florida an England ab, gewinnt aber Teile Louisianas
1766	‚Hutaufstand' (‚Motín de Esquilache').
	Gebrüder Mohedano: ‚Historia literaria de España'
1768	J. J. López de Sedano gibt den ‚Parnaso español' (bis 1778) heraus
1771	Die ‚Academia Española' veröffentlicht die ‚Gramática'
1774	Jovellanos: ‚El delincuente honrado'
1778	Teilweise Freigabe des Amerikahandels
1779	Spanien erklärt England den Krieg.
	Antonio Capmany: ‚Memorias históricas sobre la marina, comercio y artes de Barcelona'
1780	Niederlage der spanischen Seestreitkräfte bei San Vicente
1782	Wiedereroberung Menorcas
1783	Friede von Versailles: Menorca und Florida werden erneut spanisch.
	J. F. Masdeu: ‚Historia crítica de España (bis 1805)
1785	Gründung der ‚Compañía de Comercio de Filipinas'
1787	‚Memorial' des Grafen Floridablanca.
	Gründung der Akademie für Chirurgie ‚San Carlos'
1788–1808	Karl IV.
1789	Leandro Fernández de Moratín: ‚La demora de los pedantes'

Auswahlbibliographie

1. Nachschlagwerke

G. Bleiberg, Diccionario de historia de España, 3 Bde., Madrid 1968–69
J. Vicens Vives, Atlas de historia de España, Barcelona 1965
F. Tolsada Picazo, Bibliografía española de agricultura 1495–1900, Madrid 1953

2. Zeitschriften

Spanische Forschungen der Görresgesellschaft, 1. Reihe, Gesammelte Aufsätze
zur Kulturgeschichte Spaniens, Münster (1928 ff.)
Romanistische Zeitschrift für Literaturgeschichte I (1978 ff.)
Cuadernos de Historia, anexos de la revista ‚Hispania‘, Madrid (1967 ff.)
Cuadernos de Historia de España, Buenos Aires (1944 ff.)
Boletín de la Real Academia de la Historia, Madrid (1877 ff.)
Anuario de Historia Económica y Social, Madrid (1968 ff.)

3. Gesamtdarstellungen

R. Menéndez Pidal (Hg.), Historia de España, 34 Bde. ff., Madrid 1958–81
A. Castro, The Structure of Spanish History, Princeton 1954
C. Sánchez-Albornoz, España, un enigma histórico, 2 Bde., Buenos Aires 1957
J. Vicens Vives, Aproximación a la historia de España, Barcelona 1960
F. Soldevila, Historia de España, 8 Bde, Barcelona 1952–59
J. Lynch, Spain under the Habsburgs, 2 Bde, Oxford 1964/69
J. H. Elliott, Imperial Spain 1469–1716, London 1963
H. Lautensach, Iberische Halbinsel, München 1964

4. Rechts- und Verfassungsgeschichte

M. C. Carlé, Del concejo medieval castellano-leonés, Buenos Aires 1968
B. González Alonso, El corregidor castellano 1348–1808, Madrid 1970
J. Lalinde Abadía, La gobernación general en la Corona de Aragón, Madrid 1963
F. Tomás y Valiente, El derecho penal de la monarquía absoluta (siglos
XVI–XVIII), Madrid 1969
M. Danvila y Collado, El poder civil en España, 6 Bde, Madrid 1885
J. Reglá, Els segles XVI i XVII. Els virreis de Catalunya, Barcelona 1956

5. Wirtschafts- und Sozialgeschichte, Demographie

J. Vicens Vives/J. Nadal Oller, An Economic History of Spain, Princeton 1969

R. S. Smith, The Spanish Guild Merchant. A History of the Consulado 1250–1700, Durham/North Carolina 1940

E. J. Hamilton, American Treasure and the Price Revolution in Spain 1501–1650, Cambridge/Mass. 1934

J. Klein, The Mesta; a study in Spanish economic history 1273–1836, Cambridge/ Mass. 1920

J. v. Kleveren, Europäische Wirtschaftsgeschichte Spaniens im 16. und 17. Jahrhundert, Stuttgart 1960

B. Clavero, Mayorazgo; propiedad feudal en Castilla 1369–1836, Madrid 1974

J. Vicens Vives (Hg.), Historia social y económica de España y América, 5 Bde, Barcelona 1957–59

F. Baer, Die Juden im Christlichen Spanien. Urkunden und Regesten, 2 Bde, Berlin 1929/36

B. Netanyahu, The Marranos of Spain from the Late Fourteenth to the Early Sixteenth Century, New York 1966

B. Caro Baroja, Los Moriscos del Reino de Granada, Madrid 1957

B. Bennassar, Recherches sur les grandes épidémies dans le nord de l'Espagne a la fin du XVIe siècle, Paris 1969

J. Nadal, La población española; siglos XVI a XX, Barcelona 1976

6. Kultur- und Kirchengeschichte

J. S. Díaz (Hg.), Bibliografía de la literatura hispánica, 11 Bde, Madrid 1960–76

R. O. Jones (Hg.), A Literary History of Spain, 8 Bde, London 1971–72

G. Brenan, The Literature of the Spanish People, Cambridge 1951

H. F. Schulte, The Spanish Press 1470–1966, Chicago 1968

J. M. López Piñero, La introducción de la ciencia moderna en España, Barcelona 1969

R. L. Kagan, Students and Society, Baltimore 1974

M. Cocheril, Etudes sur le monachisme en Espagne et au Portugal, Paris 1966

W. E. Shields, King and Church; the rise of the Patronato Real, Chicago 1961

E. van der Vekené, Bibliographie der Inquisition; ein Versuch, Hildesheim 1963

Q. Aldea Vaquero u. a. (Hgg.), Diccionario de Historia Eclesiástica de España, 4 Bde, Madrid 1972–73

7. 15. Jahrhundert

J. Vicens Vives, Juan II. de Aragón (1398–1479); monarquía y revolución en la España del siglo XV, Barcelona 1953

J. Vicens Vives, Fernando el Católico, príncipe de Aragón, rey de Sicilia 1458–79, Madrid 1952

J. N. Hillgarth, The Spanish Kingdoms, Bd. II, 1410–1516, Oxford 1978

R. Konetzke, Das Spanische Weltreich: Grundlagen und Entstehung, München 1943

E. J. Hamilton, Money, Prices and Wages in Valencia, Aragon and Navarra 1351–1500, Cambridge/Mass. 1936

C. Carrère, Barcelone, centre économique à l'epoque des difficultés 1380–1462, 2 Bde, Paris 1967

8. 16. Jahrhundert

C. Brandi, Kaiser Karl V. (Werden und Schicksal einer Persönlichkeit und eines Weltreiches), München 1937

F. Walser, Die spanischen Zentralbehörden und der Staatsrat Karls V., Göttingen 1959

R. Carrande, Carlos V. y sus banqueros, 3 Bde, Madrid 1943/49/67

M. Bataillon, Erasme et l'Espagne, Paris 1937

J. A. Maravall, Las comunidades de Castilla, Madrid 1963

S. Haliczer: The Comuneros of Castile. The Forging of a Revolution 1475–1521, Madison/Wis. 1981

F. Braudel, La Méditerranée et le monde mediterranéen à l'epoque de Philippe II., Paris 1966

J. M. Rubio, Felipe II. de España, Rey de Portugal, Madrid 1939

C. Viñas Mey, El problema de la tierra en la España del siglo XVI, Madrid 1941

I. A. A. Thompson, War and Government in Habsburg Spain 1560–1620, London 1976

G. Mattingly, The Defeat of the Spanish Armada, London 1959

9. 17. Jahrhundert

L. Pfandl, Spanische Kultur und Sitte des 16. und 17. Jahrhunderts, Kempten 1924

A. Domínguez Ortiz, La sociedad española en el siglo XVII, Bd. I, Madrid 1964

J. A. Maravall, La teoría del estado en el siglo XVII, Madrid 1944

A. Domínguez Ortiz, Política y hacienda de Felipe IV., Madrid 1960

J. H. Elliot, The Revolt of the Catalans, Cambridge 1963

R. A. Stradling, Europe and the Decline of Spain. A study of the Spanish system 1580–1720, London 1981

G. Parker, The Army of Flanders and the Spanish Road 1567–1659, Cambridge 1972

Maura, Duque de, Vida y reinado de Carlos II., 2 Bde, Madrid 1954

H. Kamen, Spain in the Later Seventeenth Century 1665–1700, London 1980

10. 18. Jahrhundert

R. Leonhard, Agrarpolitik und Agrarsystem in Spanien unter Carl III., München/Berlin 1909

H. Kamen, The War of Succession in Spain 1700–1715, London 1969

W. Kraus, Die Aufklärung in Spanien, Portugal und Lateinamerika, München 1973

R. Herr, The Eighteenth-Century Revolution in Spain, Princeton 1948

J. Sarrailh, L'Espagne éclairée de la seconde moitié du XVIII e siècle, Paris 1954

A. Domínguez Ortiz, Sociedad y estado en el siglo XVIII español, Barcelona 1976

W. von den Driesch, Die ausländischen Kaufleute während des 18. Jahrhunderts in Spanien und ihre Beteiligung am Kolonialhandel, Köln 1972

C. E. Keny, Life and Manners in Madrid 1750–1800, New York 1970

R. Liehr, Sozialgeschichte spanischer Adelskorporationen. Die Maestranzas de Caballeria 1670–1808, Wiesbaden 1981

Personenregister

Sach- und Ortsregister

Einführung in die Landeskunden

Carmine Chiellino
Italien
Band 1: Geschichte, Staat und Verwaltung
1981. 266 Seiten mit 2 Karten. Paperback

Carmine Chiellino/Fernando Marchio/Giocondo Rongoni
Italien
Band 2: Wirtschaft, Gesellschaft, Politik, Kultur
1983. 255 Seiten mit 1 Graphik. Paperback
(Einführungen in die Landeskunde. Herausgegeben von Günther Haensch)
(Beck'sche Schwarze Reihe, Band 243, 244)

Günther Haensch/Alain Lory
Frankreich
Band 1: Staat und Verwaltung
1976. 245 Seiten mit 3 Karten. Paperback
(Einführungen in die Landeskunde. Herausgegeben von Günther Haensch)
(Beck'sche Schwarze Reihe, Band 148)

Manfred P. Tieger
Irland – Die Grüne Insel
Mit praktischen Hinweisen für Touristen und „Auswanderer"
1984. 203 Seiten mit 2 Karten und 8 Abbildungen. Paperback
(Aktuelle Länderkunden) (Beck'sche Schwarze Reihe, Band 801)

Helmut Riege
Nordamerika
Vereinigte Staaten und Kanada
Band I: Geschichte, Politisches System, Recht
1978. 253 Seiten mit 2 Abbildungen. Paperback
(Beck'sche Schwarze Reihe, Band 174)
Band II: Wirtschaft, Gesellschaft, Religion, Erziehung
1978. 197 Seiten. Paperback
(Einführungen in die Landeskunde. Herausgegeben von Günther Haensch)
(Beck'sche Schwarze Reihe, Band 179)

Oskar Weggel
China – Zwischen Revolution und Etikette
Eine Landeskunde. 1981. 331 Seiten mit 9 Abbildungen und 4 Karten. Paperback
(Beck'sche Schwarze Reihe, Band 239)

Helmut Erlinghagen
Japan
Eine Landeskunde. 1979. 241 Seiten mit 8 Abbildungen. Paperback
(Beck'sche Schwarze Reihe, Band 198)

Verlag C. H. Beck München

Politik und Geschichte Europas

Walther L. Bernecker
Spaniens Geschichte seit dem Bürgerkrieg
1984. 293 Seiten mit 1 Karte. Paperback
(Beck'sche Schwarze Reihe, Band 284)

Robert K. Furtak (Hrsg.)
Politisches Lexikon Europa
Band 1: Albanien bis Luxemburg
1981. 272 Seiten mit 1 Übersichtskarte. Paperback

Band 2: Malta bis Zypern
1981. 292 Seiten mit 1 Übersichtskarte. Paperback
(Beck'sche Schwarze Reihe, Band 236, 237)

Gordon A. Craig
Geschichte Europas 1815–1980
Vom Wiener Kongress bis zur Gegenwart
Aus dem Englischen von Marianne Hopmann
17. Tausend. 1984. 707 Seiten mit 101 Abbildungen
Sonderausgabe in einem Band. Leinen

Günther Haensch/Paul Fischer
Kleines Frankreich-Lexikon
Wissenswertes über Land und Leute
1984. Etwa 160 Seiten mit 5 Karten. Paperback
(Aktuelle Länderkunden) (Beck'sche Schwarze Reihe, Band 802)

Jürgen Voss
Geschichte Frankreichs – Band II
Von der frühneuzeitlichen Monarchie bis zur Ersten Republik 1500–1800
1980. 249 Seiten mit 5 Karten. Paperback (Beck'sche Elementarbücher)

Gottfried Niedhardt (Hrsg.)
Einführung in die englische Geschichte
Von Heiner Haan, Karl-Friedrich Krieger und Gottfried Niedhart
1982. 326 Seiten. Paperback (Beck'sche Elementarbücher)

Verlag C. H. Beck München